ロシアの木霊

中村喜和

ЭХО РОССИИ

風行社

【目　次】

Ⅰ 名所旧蹟（世界遺産）めぐり

イタリア・ルネサンスの余韻——モスクワのクレムリン、ウスペンスキイ大聖堂

ロシアでは、すべての道がモスクワに通じている。これは比喩ではない。地図を見れば一目瞭然で、あらゆる鉄道の幹線や主要な道路の起点がモスクワに集中している。さらにモスクワの市街を眺めると、主だった街道がクレムリンと赤の広場に集まっていて、環状道路が同心円をなして幾重にもクレムリンを取り巻いていることがわかる。そのクレムリンの赤レンガの城壁は、今から五〇〇年ほど前に、実はイタリアの建築家たちによって造られたのだった。

一四七二年、モスクワ大公のイワン三世は、ビザンティンの姫君ゾエと結婚した。ゾエは一四五三年に滅亡した東ローマ帝国の最後の皇帝の姪にあたり、イタリアに亡命中だった。一〇〇頭の馬に花嫁道具をつんだゾエの一行は、一四七二年の六月末にローマを出発し、アルプスを越え、ドイツを北上してバルト海を船でわたり、タリン経由で十一月になってやっとモスクワに到着した。ロシアの支配者とビザンティン皇室との縁組みは、ロシアがギリシャ正教を受容して以来珍しいことではなかったが、ゾエの輿入れは従来にもまして重要な波及効果をもっていた。

十三世紀の前半からロシアは、チンギス・ハーンの子孫たちが建てたキプチャク・ハーン国に服従していた。その支配は「タタールのくびき」と呼ばれた。伝説によれば、モスクワに来てゾエからソフィアと名を

モスクワ川から望むクレムリン。城壁の内側が台地になっていて、その上に宮殿や寺院が建てられている。城壁の上の突起は銃眼の役目を果たした。

改めた大公妃の強いすすめがあって、イワン三世はキプチャク・ハーン国の使節をモスクワから放逐する決意をかためたのだという。いずれにしても、一四八〇年を境としてロシアは、二世紀半ちかくつづいたタタールのくびきから脱したのだった。

ロシアの君主であるツァーリが、東ローマ帝国の衣鉢を継いで正教キリスト教世界全体の保護者をもって任ずるようになったことも、この婚姻関係の結果であると考える歴史家が少なくない。のちにソビエトが社会主義圏の盟主となって自由主義世界と対抗する遠いイデオロギー的淵源をここに求めるのだから、スケールの大きい話である。

大公妃がイタリアから嫁いできた直

接的な結果は、ルネサンスを経て文化の面でも技術の面でも世界第一の先進国となったイタリアの諸都市と、モスクワとのパイプが太くなったことである。

ソフィアを通じてイタリア文明に強い関心をいだいたイワン三世は、腕のいい技術者をロシアに招くために使節団を派遣した。実のところ、ギリシャ正教を国教とするロシアは、カトリック教会に対して強い不信感をいだいていた。それは社会主義圏が資本主義を警戒し敵視した態度と、あまり変わりがなかったかもしれない。しかし高い技術を導入する必要の前では、宗教上の教義のちがいをあげつらってはいられない事情があった。使節団はおそらくソフィアの助言という後盾もあって、リドルフォ・フィオラヴァンティというイタリア人エンジニアを雇い入れることに成功した。

フィオラヴァンティはボローニャ生まれで当時五十八歳、祖父の代からイタリア中に名の知られた工匠で、リドルフォ自身の作品もローマ、ミラノ、ヴェネツィアの町々を飾っていた。トルコのスルタンの熱心な招きを断って、フィオラヴァンティはモスクワへやって来た。報酬は月々銀七二〇グラムという約束だった。まず彼に託されたのは、クレムリン内のウスペンスキイ（聖母被昇天）大聖堂の建立である。このウスペンスキイは、ロシア正教会の首長が勤行をつとめる大聖堂で、正教会の総本山の地位を占めていた。一四七五年に着工された建築は七九年に竣工した。期間が意外に延びたのは、東方正教会の聖堂のスタイルを研究するため、途中でフィオラヴァンティが古都のウラジーミルなどへ足を運んだためと言われている。イタリアの技術だけでは教会は建たなかったのだ。五基の金色の円屋根をもつ重厚壮麗なウスペンスキイ大聖堂は、ロシア革命が起きるまで、歴代のツァーリや皇帝が戴冠式を行う晴れがましい舞台となっていた。

フィオラヴァンティは建築家であったばかりでなく、水力利用、冶金、火薬や花火の製造、さらに築城法などに通じた万能の技術者だった。彼にはアリストテレスという綽名があった。ルネサンス期特有のダ・ヴィンチ風の万能の天才だったらしい。イワン三世が国内や国外の敵に対して軍事行動をおこすときには、彼はかならずその遠征にしたがった。砲術についての知識でモスクワ大公を助けたのである。

それればかりではない。一四八五年からはじまるクレムリンの城壁の建設にも、フィオラヴァンティの参画があったものと考えられている。城壁の項きに鋸の歯を突き立てたような様式は、このころ北イタリアで流行したものだった。今でもアルプスのふもとのいくつかの町には、クレムリンによく似た城壁がのこっている。一四八〇年代にピエトロ・ソラリをはじめイタリア人技師たちがモスクワに呼ばれ、全長で二・二キロにおよぶ三角形の厚い城壁が一四九五年までに完成する。

イタリア・ルネサンスの輝きは、五世紀という長い時間をこえてはるかな北国の都にまでおよんでいるのである。

瘋癲行者にふさわしい墓所——聖ワシーリイ大聖堂

一五五二年にイワン四世のひきいるロシア軍は、カザンの町を占領した。カザンはタタール人の都市だった。それまで東方の遊牧民に支配されてきたロシアが巻き返しをはじめ、やがては全シベリアの支配へといたる東方進出の足場を築いたのである。

イワン四世は、イワン三世とソフィア大公妃の孫にあたっていたが、父親を早く失い、カザンを陥落させたときにはまだ二十二歳という若さだった。雷帝と呼ばれて恐れられるのは何年も先のことで、その当時は国政改革の意気に燃える青年君主である。彼は一五五一年にロシア全土の代表を集めて全国会議を開き、百章からなる新しい法典を制定した。キリスト教信仰を守ることが支配者に課せられた責任であり、東ローマ帝国時代に決められたさまざまな宗法規則を踏みはずすと、神の罰がくだされるものと信じていた。

カザン・ハーン国を滅亡させたイワン四世は、神の庇護をたたえるため、赤の広場の一角に大きな聖堂を建立することにした。建築をまかされたのはバルマとポスニクの二人だった。一五五五年から六年かかって建てられた教会は、そのデザインの奇抜さで人びとの目を奪った。中央の天幕型の尖塔をかこむ四基の玉ねぎ型の大きな円屋根には、風変わりな模様がきざまれ、大胆な色彩をほどこされていた。ロシアのある文化史家は、この寺院は子どものオモチャ箱に似ていると評した。バルマは、これほど美しい教会を二度と造ることができぬよう、イワン四世の命令で両目をつぶされたという言い伝えがあるが、これは雷帝の残忍さから思いついた後代のフィクションにちがいない。彼が造った大寺院は「堀の上のポクロフ（聖母庇護）大聖堂」（昔クレムリンは周囲を堀でかこまれていた）と命名されたが、この名称はすぐに忘れられてしまい、ワシーリイ福者大聖堂と呼ばれるようになった。ワシーリイとは瘋癲《ふうてん》行者の名で知られるロシア独特の聖者で、十六世紀の末に福者という尊称で彼をまつった副祭壇がポクロフ大聖堂に付設されたためだった。

瘋癲行者の姿を自分の目で見たイギリス人がいる。イギリスの女王エリザベス一世の命令でロシアへ派遣されたジャイルズ・フレッチャーという使節で、一五八八年から翌年にかけてモスクワに滞在した。帰国してから書いた本の中で彼は次のように述べている。

ワシーリイ大聖堂。クレムリンの城壁に沿って立つ。ロシア風教会様式の典型とされる。円屋根の造型と色彩が奇抜。

「ロシア人のもとにある種の世捨人がいる。彼らは一枚の布切れを腰のまわりにつけているほかは、まったくのはだかで歩きまわり、髪の毛は長く垂れて肩のまわりをおおっている。彼らは冬のさなかでも首や腰のまわりに鉄の首輪や鎖を巻いている。人びとは彼らを予言者として遇し、彼らが望むままのことを自由にしゃべらせている。もしこの者たちが通りすがりにどこかの店から品物をもち去っていっても、店の持主は腹を立てない。現在モスクワに一人この種の世捨人がいて、国家や政府、とりわけボリス・ゴドゥノーフ一族に対して悪口をあびせている。バジレオ（ワシーリイ）という名の者がもう一人いたのだが、しばらく前に亡くなってしまった……」。

クレムリンの東側に面した赤の広場は、モスクワ大公国と帝政時代を通じて、市の立つ広場だった。小さな物売り小屋が庇を並べ、さまざまな品物を商《あきな》っていた。十六世紀の後半に大火があってからは火事広場と呼ばれた。赤の広場の「赤」は美しいことを意味し、十七世紀になってやっと定着する名称である。フレッチャーが住んだモスクワはちょうど火災の直後だったが、市の小店のあいだをさまよう瘋癲行者が、つねに世間の人びとの尊崇の対象になっていたとは思われない。奇瑞や奇跡を示したことが承認されて、死後、聖者の列に加えられれば別だが、生きているうちは乞食とほとんど変わるところがなかったからである。大人には無視され、子どもには石を投げられ、犬には吠えられるのが日常の暮らしだったはずである。ロシア正教会は、そのうちのとくに徳の高い者を三〇人あまり聖者（正教会の用語では佯狂者《ようきょうしゃ》）と認定した。それは新約聖書の中の次のような章句を実践する者と見なされたためである。「われらはキリストのために愚かなる者となり……今にいたるまで飢え、渇き、またはだかとなり、また打たれ、定まれる住家なく、ののしられるときは祝し、責められるときには忍び、そしられるときには勧めをなせり。われらは今にいたるまで世の塵あくたのごとし、よろずの物の垢のごとくせられたり」（「コリント前書」四章）。

ロシアのツァーリは、クレムリンの宮殿における公式の会食のさいに、瘋癲行者を食卓にはべらせることがあったという。最も高貴な身分の者が、民衆の前で謙譲の徳を示して見せることは、政治を行うための戦略であったにちがいない。

それにしても、この寺院の建築様式の世に類のない道化ぶりは、民衆のイメージの中の瘋癲行者の生き方によくマッチしていたと感心させられる。

森の隠者のもとに集まった修道士たち――セルギエフ・ポサード

セルギエフ・ポサードを私がはじめて訪れたのは一九六五年のことだった。当時この町はザゴールスクと呼ばれていた。ソビエト体制があっけなく倒れると、すぐに昔の名前に戻った。

セルギエフ・ポサードは帝政時代からロシア屈指の聖地だった。セルギイ聖者が創建した修行の道場はラヴラ（大修道院）と呼ばれ、並みの修道院とはちがう高い格式を誇っていたのである。ある革命家の名をとってザゴールスクなどと呼ばれていた時期にも、宗教活動は完全に禁止というわけではなかった。

私の印象に深くきざまれたのは、信者たちのとなえる詩篇と聖歌の声である。聖堂の扉の前で耳にしたとき、私はそれがどこかプロの合唱団のコンサートがラジオで放送されているのではないかと思った。しかし会堂にはいってうす暗がりに目が慣れるにつれて、スカーフを頭にかぶった十人あまりの老女たちが、あるイコンの前に立ち肩を寄せ合いながら、やや声をひそめて詠唱していることがわかった。耳をすますと、文字どおり息をのむようなハーモニーだった。

修道院の境内の片隅には水道があり、巡礼者たちが十字を切りながら次々とアルミニウムの水筒に満たしていた。尋ねるまでもなく、霊験あらたかな聖水にちがいなかった。私はソビエトという国に来て、ようやくロシアにめぐり会えたという気がした。

セルギイの俗名はワルフォロメイである。父親はロストフ地方の公に仕える貴族だった。ロストフがモスクワに併合されたため、生家が零落した。ワルフォロメイ少年が、家で飼っていた馬を探しながら野をさまよっているとき、老修道士に出会って将来を予言されたという逸話がある。両親が他界してから、出家して深い森にはいった。おそらく聖書や祈禱書など最も基本的な書物はたずさえただろうが、基本的には祈りと瞑想、禁欲と労働の日々だったにちがいない。最初のうちはまったくの自給自足だったから、畠仕事にもかなりの時間をさいたはずである。庵の周囲には夜も昼も野獣が徘徊した。そのうち一頭の熊がセルギイになついて、食べ物をねだるようになった。パンがひと切れしかないときにはセルギイはその半分を熊に与えた、と弟子の筆になる聖者伝には書かれている。アッシジの聖者フランチェスコを連想させるようなエピソードである。

森の隠者の評判が高くなるにつれ、弟子たちが集まりはじめた。セルギイが自分で実践し弟子たちにも説いた徳目は次のような一七カ条からなっていた。飢え、渇き、不眠、粗食、地面横臥、心身清浄、沈黙、禁欲、労働、謙譲、不断の祈り、良き分別、完全な愛、粗衣、死を忘れぬこと、柔和、神への不断の恐れ。ここには本を読むことは含まれていなかった。知識をふやすことよりも、人格をみがくことに重点がおかれたのである。

修道士の数が一五人ほどになったときから、農民たちも修道院のまわりに移住して来はじめた。彼らは森を開いて畑をたがやし、村をつくった。この村がのちに門前町＝セルギイの町として発展することになる。そのころまで、修道院はほとんどキーエフをはじめとする都市につくられていた。十四世紀中ごろのセルギイの時代になって、森が修行の場になった。

セルギイの弟子の中には、モスクワの修道院の院長になった者も少なくないが、大部分は師の創建したトロイツェ（三位一体）・セルギイ大修道院よりさらに北方の森に分け入って、新しい修道院をつくった。直接の弟子が創始した修道院は約四〇、孫弟子たちの手になるものは約五〇をかぞえた。修道院は北ロシア地方への植民運動の先導者の役割を果たすのである。

セルギイは国政に関与したことでも知られる。十三世紀以来、ロシアはタタールの軍勢に征服されていた。一三八〇年モスクワ大公ドミートリイがタタール人の建てたキプチャク・ハーン国の軍勢に向かって出陣するさい、モスクワの北東に七〇キロはなれたセルギイのもとまで祝福を求めに来た。セルギイはロシア軍の勝利を予言しただけでなく、ペレスヴェートとオスリャービャという二人の怪力の修道士を大公の部下として与えた。弁慶のような荒法師がセルギイの修道院にもいたのである。モスクワのはるか南、クリコヴォの野での戦闘で二人の修道士は大いに奮戦し、モスクワ大公は大勝利をおさめる。ドミートリイ大公や彼にしたがう武将たちにセルギイ老師が祝福を与えている情景は、今も三位一体大修道院の正門の壁面に大きく描かれている。

キプチャク・ハーン国の支配下という困難な時代の中で、正教会の権威を高め、キリスト教信仰をもってロシア人を団結させようとしたことが、セルギイの最も大きな功績だった。

美しき囚われ人――ウラジーミルとスーズダリ

カトリックの場合と異なり、ロシアにはドミニコ会やイエズス会といった、修道会に相当する組織がなかった。それでは修道院が少なかったかといえば、事実はその正反対である。帝政末期にはロシア国内に千を超える修道院があった。正教会の位階制度によれば、修道院長や主教以上の聖界管理職に就けるのは、修道士身分をもつ黒僧――つまり出家して家族の係累から自由となった者にかぎられていた。特定の教区の俗人信者を司牧する司祭は、妻帯が義務づけられており、白僧と呼ばれる。このしきたりは今も厳然と守られている。この見地から見れば、修道院は正教会のエリートの養成機関と言うことができる。

俗人のための教区教会とちがい、厚い壁をもつ修道院は要塞の役割も果たした。この世とあの世を仕切るための壁は、戦争のさいの銃弾を防ぐのに役立ったからである。それからもう一つ、修道院には牢獄という役目があった。

モスクワの東二〇〇キロにウラジーミルがある。十一世紀末から十二世紀初めにかけてのキーエフ大公ウラジーミル・モノマフの名前をとった州都である。みごとな「金の門」や華麗な浮き彫りの装飾をもつドミートリイ大聖堂などで名高いが、ウラジーミルの北に三〇キロはなれたスーズダリは、修道院だけが集まった閑寂な聖地の趣きを呈している。二つの町は、強力な公の支配する政治的中心地だったこともあるが、モンゴル軍の来襲によって壊滅的な打撃をこうむり、やがてモスクワに繁栄をうばわれたのだった。

一五二六年のことである。スーズダリのポクロフ修道院に前モスクワ大公妃ソロモーニアが流されてきた。彼女の夫はイワン三世とソフィアの子として生まれたワシーリイ三世である。ワシーリイとソロモーニアは結婚して二〇年が過ぎたが、子どもが生まれなかった。ワシーリイは一歳年下の弟のユーリイに公位をゆずるよりは、妻を取りかえて運だめしすることを望んだ。むろん正教会は離婚を認めていなかった。ソロモーニアの実家を含む貴族たちも反対した。しかしワシーリイには意中の乙女がいた。ポーランドから亡命してきた貴族グリンスキイ家のエレーナである。彼女はカトリック的な教養を身につけた美人だった。ワシーリイは無理やりソロモーニアを剃髪させた上、スーズダリのポクロフ女子修道院に送った。エレーナとワシーリイのあいだに生まれるのがイワン四世、のちの雷帝である。

しかし、まもなくモスクワに不吉な噂がとどいた。ソロモーニアはモスクワを追放される前に身ごもっており、修道女ソフィアと名を変えてから息子が生まれたというのである。息子にはゲオルギイという名前が与えられた。モスクワから探索の役人が派遣されてくる前に、賢いソフィアは信頼できる里親の手に息子をわたし、見せかけの葬式をあげた、と長く語り伝えられてきた。

ソビエト時代になってから、ポクロフ大聖堂の中のソフィア＝ソロモーニアの墓が掘り返されたとき、彼女の石棺の真下にもうひとつ白い石の柩が見つかった。その中には、絹の産着につつまれ、真珠をちりばめたおむつをあてた人形が納められていた。イワン雷帝の常軌をはずれた残虐な振る舞いは、正統な帝位継承者である異母兄ゲオルギイの出現に雷帝が絶えずおびえていたためである、という説が歴史家の一部から提出されている。

ピョートル一世の最初の妻エヴドキアが修道女となってとじこめられたのも、ポクロフ修道院だった。内気で引っこみ思案のエヴドキアの場合は、夫と性格がちがいすぎていたから、出家はむしろ望むところだったかもしれない。

スーズダリの別の修道院スパース・エフィーミイは、男の囚人を引き受けたことで知られる。十九世紀中葉のクリミア戦争のあとで、正教会が異端と宣告していた旧教派の三人のロシア人聖職者が、バルカン半島のトルコ領から送られてきた。ロシア人でありながら祖国に逆らったという罪状だった。三人のうち一人は正教徒に転向し、もう一人は五年目に牢死し、最後の一人は二八年間を地下牢で過ごして一八八一年に釈放された。そのとき彼の両脚はまったく動かなくなっていたという。

要塞監獄で息を引き取った公女——ペトロパウロ要塞

ペテルブルグで最も古い建物は要塞である。一七〇三年、ピョートル一世はネヴァ川の河口の島の一つにまず堅固な要塞を築き、バルト海進出の足がかりとした。政府そのものがモスクワから移ってきて首都となるのはそれから一〇年後である。

幸いなことにこの要塞は一度も敵の攻撃を受けることがなかったが、十八世紀の後半から最も警戒が厳重な監獄として使われるようになった。ここに収容されるのは政治犯だった。一七七五年の十二月に、この監獄の一室でタラカーノワ公女と名のる二十三歳の女性が息を引き取った。その知らせを聞いてだれよりも安堵の胸をなでおろしたのは、時の女帝エカテリーナ二世だった。少なくとも、西ヨーロッパの国々ではそう受けとられた。タラカーノワ公女は、ピョートル一世を父とするエリザヴェータ女帝から生まれた娘であると自称していたからである。

エリザヴェータが女帝になってまもなくウクライナ・カザーク出身の美青年アレクセイ・ラズモフスキイと結婚したことは、特別秘密というわけではなかった。ただ身分がちがいすぎるので、この結婚から生まれる子どもには帝位継承権がないとされていた。それにしても、エリザヴェータの甥のもとへドイツから嫁いで女帝にのぼりつめたエカテリーナにとって、タラカーノワ公女は厄介な存在だった。

公女が取り巻きをしたがえてロンドンからパリに乗りこんできたのは一七七二年の春のことだった。頭の切れる美人で、フランス語、ドイツ語、イタリア語、英語を自由に話した。ただしロシア語もポーランド語も知らなかった。

派手な暮らしで次々と何人かの貴族を破産させているうちは、社交界によくある御落胤ゴシップの対象にすぎなかったが、ポーランドでも指折りの名家であるラジヴィール公が支持者の一人として乗り出してきたことで、一挙に国際政治の脚光を浴びることになった。ロシアとプロイセンとオーストリアの三国によるポーランドの第一次分割は一七七二年の出来事だった。その翌年にはヴォルガの流域地方でプガチョーフを首領とする農民暴動がはじまる。この時期にロシアの女帝にゆさぶりをかける理由は充分にあったのである。

ロシアの歴史家によると、ラジヴィール公とその一味はエリザヴェータの遺言書を偽造して、タラカーノワ公女こそロシアの正統的な支配者であるという噂をヨーロッパ中にふりまいていた。タラカーノワ公女はヴェネツィアに到着すると、フランス大使の公邸に宿をとった。これもラジヴィール公の配慮によるものだった。アドリア海の東岸のラグーザ（現ドゥブロヴニク）では市民の熱狂的な歓迎を受けた。ここではエカテリーナに対する反感がとくに強かったのである。ラグーザでタラカーノワ公女は、地中海を遊弋中のロシア艦隊の水兵たちにあてたアピールを書いた。プガチョーフこそロシア皇帝の血筋をひく人物で、自分はその妹にあたる。現在の女帝を廃して、ロシア人民を早く破滅から救わねばならぬ、という内容の呼びかけだった。

ロシアの地中海艦隊を指揮していたのは、アレクセイ・オルローフである。トルコと戦うために、ロシアはこのころからイタリアのリヴォルノを拠点とする艦隊を維持していた。アレクセイの兄のグリゴーリイはひところエカテリーナ二世の愛人で、彼女が帝位に就くのを助けた。彼はすでに女帝の寵愛を失っていたが、弟のアレクセイはまだ要職にあって活動をつづけていた。一七七五年の時点で彼はまだ三十八歳の若さである。そのオルローフがエカテリーナの命を受け、謀略と見せかけの騎士道のかぎりを尽くしてタラカーノワ公女を籠絡し、ロシア艦隊の旗艦である「三主教」号にさそいこんで逮捕するまでの起伏に富んだドラマは、多くの文学作品に素材を提供している。最終的にアレクセイ・オルローフは公女に言い寄って結婚の申し込みまでしたらしい。

獄中で洪水におびえるタラカーノワ公女。没後 100 年、彼女は世間の記憶では伝説上の人物になっていた。

二月にイタリアを出帆したロシアの軍艦は、五月になってペテルブルグに着いた。タラカーノワ公女はただちにペトロパウロの要塞に収監され、取調べを受けた。そのときの調書がのこっているというが、公女ではないと自供したことだけが確かで、依然として彼女の正体は明らかになっていない。公女が獄中でオルローフの娘を生んだという伝説もある。彼女の死因は肺結核だった。

史実がこれほど判然としていないながら、十九世紀半ばの画家のフラヴィツキイが、ネヴァ川の洪水（一七七七年）のためタラカーノワ公女が今まさに獄中で溺死しかかっている絵を描いたのはなぜか。それは、大胆不敵な偽公女に対して世間が共感をおぼえていたからではないだろうか。この絵はフラヴィツキイの代表作とされ、モスクワのトレチヤコフ美術館に収められている。

日本人女流画家のイコンを収蔵する美術館――エルミタージュ美術館

友人の日本学者ユーリイ・スヴィリードフさんとエルミタージュ美術館の館長室をたずねたことがある。正面玄関ではなく、むかし王宮だったころの北側の通用門から顔パスではいった。そのときの館長は東洋学者のボリス・ピオトロフスキイ博士で、彼はスヴィリードフのお父さんで有名な作曲家ゲオルギイ・スヴィリードフと親友の間柄だった。エルミタージュをおとずれた用件は、伊勢の漂流民大黒屋光太夫（後述「目黒髪黒の唄」参照のこと）の肖像を美術館の収蔵品の中から探し出してほしい、と依頼するためだった。

光太夫が女帝エカテリーナ二世に謁見して帰国を願い出たのは一七九一年の夏である。江戸にもどってから蘭学者の桂川甫周が編んだ『北槎聞略』の中で光太夫はこう語っている。「ペテルブルグにオランダの画家が来ていた。稀に見る妙手であって、年俸八〇〇ルーブリで招かれたのである。肖像を描かせると髪の毛一本にいたるまで実物そっくりなので、本人と対面しているような気分になる」。光太夫の肖像の多くも彼の筆になるものだった。

それほどの巨匠なら、エカテリーナは自分が創設したエルミタージュ・コレクションに少なくとも一枚は加えたのではないか――と私は想像したのである。とは言っても、現在エルミタージュ美術館が所有する芸術作品や骨董品の総数は二六〇万点に達するというから、その中から未知のものをあらたに探し出すのは、太平洋の海底から一粒の小石を拾い上げるようなものであろう。ユーリイさんの説明に快く耳をかたむけてくれた好々爺然としたピオトロフスキイ博士も今は亡く、息子のミハイルさんが館長の椅子にすわっている。彼も専門は東洋学なのである。

山下りんのイコンの場合はもっと運がよかった。明治二十四年（一八九一）に大津事件と呼ばれる変事が起きた。ロシアの皇太子でのちに皇帝となるニコライが来日中に琵琶湖見物に出かけ、警官の一人に斬りつけられたのである。本来ならば、ニコライは東京へ来て明治天皇と会見することになっていた。突然の事件のため、ペテルブルグからの指示で皇太子は東京訪問をとりやめた。明治天皇は自ら京都におもむいて、負傷した皇太子を見舞った。正教会からもニコライ主教が駈けつけた。主教の命をうけて、東京で皇太子に献上するはずだった日本人の女流画家山下りんの作品である聖像が、出航まぎわの皇太子のもとへとどけられた。図柄は大聖堂の名にちなんで、復活するキリストである。珍しいことに、板の裏面にはこの年に竣工した復活大聖堂（いわゆるニコライ堂）の完成図が描かれていた。額縁は金の蒔絵が施してあった。ロシアから伝わったキリスト教の信仰を日本の伝統美術が装飾していたのである。

山下りん（洗礼名はイリーナ）にはもともと浮世絵の素養があった。開校されたばかりの東京美術学校に入学して、イタリア人フォンタネージの指導も受けた。まもなくニコライ主教のはからいで、イコン（聖像）画家になるため一八八一年にロシアへわたって聖像画の描き方を学びはじめた。ビザンティン時代から伝来する規則ずくめのイコン画法は、りんの気に入らなかった。日記の中で「オバケ」画と悪態をついている。彼女を魅了したのは、エルミタージュ美術館に収蔵された西ヨーロッパの絵画だった。しかしニコライの依頼で彼女をあずかった女子修道院は、りんがエルミタージュに入りびたることには反対で、最終的には外出を禁じてしまう。彼女は悩みぬいてついには神経衰弱におちいり、予定より早く帰国する。それでもりんは、ニコライ主教のもとで長期間イコンを描きつづけた。彼女の作品は日本各地の正教会の聖堂を飾っている。そのうちの一点が皇太子ニコライの手を通じて、奇しくもエルミタージュにおさまったわけである。このイコンの存在は日本正教会の信者たちのあいだで知られてはいたが、関係者の努力によって日の目を見たのは比較的最近のことである。

りんのイコンについての研究はこのところ目ざましい勢いですすんでいる。函館の正教会の聖堂（いわゆるガンガン寺）をはじめ日本各地に伝わるどのイコンを見ても、筆使いにこの作者特有のやわらかみが感じられる。それが彼女の画風であり、芸術家としてのスタイルだった。ビザンティンやロシアのイコンよりも、ルネサンス期のイタリアの作品に近いのではないかというのが私の率直な印象である。

自由都市の気風——ノヴゴロドの歴史的建造物とその周辺地区（1）

ヴォルホフ川をはさんで東西の両岸にひろがるノヴゴロドは、中世ロシアでは最大の国際的商業都市だった。ラドガ湖とネヴァ川によってバルト海に通じていたところから、ハンザ商館が常設されてドイツ商人たちが絶えず出入りしていた。クロテン、リス、ビーバーなどの毛皮や蠟などが主要な輸出商品で、代わりに毛織物や銀や塩などがヨーロッパから運びこまれてきた。

この商業都市には、古くから自主独立を尊ぶ伝統的な気風があった。キーエフやモスクワなどロシアの他の都市とちがい、特定の公の系統によって支配されることがなかった。公の立場は傭兵隊長以上のものではなく、政治上の実権は貴族層の手ににぎられていた。しかも形式上の最高権力はヴェーチェ（民会）と呼ばれる市民集会に属し、正教会の大主教や市長や市民軍の指揮官は、この市民集会の席で選出されていた。十五世紀の後半モスクワ大公国と戦って決定的な敗北を喫するまで、ノヴゴロドは共和制的な都市国家だったのである。

都市の自由闊達な気風は、住民の暮らしぶりに反映していた。口承叙事詩ブィリーナの中で、キーエフの勇士たちは大公に仕えながら手柄を立てるが、ノヴゴロドの勇士をうたったブィリーナでは、公は姿を見せない。貴族や商人、ときには吟遊詩人が主人公として登場するのである。

貴族のワシーリイをうたったブィリーナは次のようなものである。

ワシーリイは幼いときに父を失ったが、賢母アメルファの配慮のおかげで文字の読み書きを学び、教会の聖歌ではだれにも引けをとらぬ名手となった。しかし生来酒を好み腕力が強いため、彼のいたずらに対する苦情が絶えなかった。成人するとワシーリイは仲間を集めはじめた。ウォトカの大樽を庭にすえ、どれほど酒が飲めるか、飲んだ上でどれほど力が振るえるかを基準にして、三〇人の仲間を選んだ。彼らは同じ色染めの衣装を身にまとって町をのし歩いた。

聖ニコライの祭りの日がやって来た。この日には町じゅうが酒宴をひらいて陽気にさわぐのである。ワシーリイとその仲間は大枚の参加費をはずんで酒盛りに加わった。酒の酔いがまわったころ、なぐり合いがはじまった。ワシーリイの一党に対してノヴゴロドの全市民が立ち上がった。このなぐり合いは、半分はスポーツだった。どちらか負けた方が相手に大金を払うという約束をする。市民側の旗色が悪くなったので、彼らはアメルファに贈り物を与えてワシーリイを地下室にとじこめてもらう。ワシーリイ党が全滅しそうになった瞬間に、下女のチェルナワが天秤棒をもって応援にかけつけ、勝負は逆転。結局ワシーリイが賭け金を手に入れる。貴族たる者、ワシーリイのように元気がなくてはつとまらなかったのである。

これよりもっと有名なブィリーナはサドコの物語であろう。

主人公のサドコはグースリという弦楽器を奏でながらうたう吟遊詩人である。貴族や商人の酒宴の席をわたり歩いて生計をたてていた。あるとき、ばったりお呼びの声がかからなくなり、サドコはヴォルホフ川が流れ出るイリメニの湖へ出かけ、岸辺でぼんやりグースリを弾いていた。すると湖から水の王があらわれて、サドコの演奏に礼を言った上、ここには金のひれをもつ魚がいると教えた。翌日、ある商人の酒盛りに呼ばれたサドコは、イリメニ湖に金のひれをもつ魚がいるのを知っていると自慢して、並みいる商人たちと賭けをした。勝てば商人たちの品物を受けとるし、負ければ自分の首を差し出すという約束である。もちろんサドコが勝って、一夜にして彼は大商人の仲間入りをした。

二度目の賭けは、サドコが町じゅうの商品を買い占めることである。彼はこの賭けには負けてしまい、大金を払って手を引いた。最後にサドコは三〇艘の船に全商品をつみこんで、外国へ交易におもむく。行く先をキプチャク・ハーン国と名ざしているヴァリアントもある。いずれにしても取り引きはうまくいき、莫大な利益をあげて帰途につく。ところが帰国の途中で凪《なぎ》にあい、船が動かなくなった。籤引きのすえ、サドコが人身御供となって海の王のもとへおもむくことになった。海の王の前でサドコはまたもやグースリを弾くはめになる。彼が弦を爪びくと、海全体が嵐のときのように波立った。このときニコライ聖者が助けにあらわれた。聖者の忠告でサドコはグースリの弦を切る。海の王の結婚のすすめにはノヴゴロドを流れる川の名を挙げ（ロシア語で川は女性名詞）、例の三〇艘の船と同時に無事にノヴゴロドの町へ帰りついた。サドコがただちに聖ニコライを記念する教会を建てたことは言うまでもない。

冒険商人サドコの物語はリムスキイ＝コルサコフの手でオペラ化され、世界的に知られている。

白樺の樹皮に書いた手紙——ノヴゴロドの歴史的建造物とその周辺地区（2）

共和制都市国家としてノヴゴロドが栄華を誇り、現在に伝わる寺院を次々と建立していたとき、この町に住む市民はどのような生活をしていたのであろうか。この疑問に答えてくれるものは年代記をはじめとする各種の文書であるが、とくにこの町では白樺の樹皮を用いた手紙が普及していたおかげで、人びとの暮らしの息づかいまで感じとることができる。

白樺の手紙が最初に発見されたのは一九五一年である。それ以来半世紀のあいだに一千点ちかい白樺文書が地中から掘り出された。その文書の多くは十二世紀から十五世紀までのものだった。白樺の幹の表皮を丹念にのばし、先のとがった鉄や骨のペンで文字を刻みこんだのである。ノヴゴロドでは十世紀から十五世紀まで平均して一年に一センチの割合で表土が堆積した。つまり五〇〇年間に五メートルの土がつもった。しかも地中には水がしみこんで有機物が腐敗することをさまたげた。こうして、道路の舗装に用いられた木材をはじめ、多くの品物が昔のままの姿でのこった。

都市国家といっても、ノヴゴロドは広大な領域を支配していた。北ロシア全体がノヴゴロドの町に属していたから、広さという点ではモスクワ大公国に引けをとらなかった。白樺はロシアならどこでも生えているから、仕事で遠隔の地に出かけたとしても、ノヴゴロドへの連絡に不便することはなかった。

オンツィフォル一族は有力な貴族として知られ、何代にもわたってノヴゴロドの市長を出したが、その屋敷跡を発掘してみると、十四世紀の中ごろの当主が白樺の手紙で次のような指示を与えていたことが判明した。「拝啓、母上様。ネストルに一ルーブリをためて事業仲間のユーリイのもとに行くよう命じてください」。ネストルとはおそらく家令だったと思われる。このころの一ルーブリは大金だった。

白樺文書の捜索が本格化してまもなく、オンツィフォルの屋敷と同じ地区のヴェリーカヤ通りから、オンフィームという子どもの手習いらしい、十六葉の白樺の樹皮がまとめて見つかった。そのうちの一枚には、とがった耳をもちモミの木の葉のような形をした舌をつき出し、くるくると渦巻いた尻っ尾をそなえた、恐ろしげな獣の姿が描かれ、そのわきに「おれは怪獣だ」と書かれていた。馬に乗った人物が長い槍で敵を突きたおしている絵では、馬上の騎士の横に「オンフィーム」という文字が見られる。地上に横たわっている方ではなく、馬に乗っているのが自分であると説明しているのである。これらの樹皮が埋まっていたのは一二二四年から一二三八年のあいだの地層だった。ドイツ騎士団を撃破したアレクサンドル・ネフスキイ公の時代の雰囲気が子どもの絵にも反映している。このグループの文書には「主よ、汝のしもべオンフィームを助けたまえ」という文言も含まれていた。これは中世ロシアで寺子屋的教育の最初に習わせられる決まり文句であった。これまでは、文字を読み書きする能力は聖職者か貴族の特権であると考えられていたが、オンフィームの習字ノートと落書きによって、その通説がくつがえされることになった。

白樺文書の中には次のようなものもあった。「ミキータからアンナへ。私のところへ嫁に来てください。私は君を望んでいるし、君も私を望んでいる。証人はイグナート・モイセーエフです。もし神が……」。この文書が発見されたのは十三世紀の末ごろの地層である。手紙の最後の部分は欠けているが、これはラブレターというより、一種の結婚契約書であったらしい。

年代記などの文献史料と白樺文書が補い合って、個人の伝記や事件の真相が明らかになるケースも多い。十二世紀の末から十三世紀の三〇年代にかけて、オリセイ・グレチンという司祭兼イコン画家がいた。彼がイコン画家だったことは、住居跡が発掘されて、イコン用の各種の絵具とともに、白樺に書かれたグレチン宛の注文書が発見されたことで判明した。彼は一一九三年と一二二九年の二回にわたってノヴゴロド大主教の候補に挙げられたものの、いずれも籤引きでやぶれた。三人の候補を立て最終的には籤で決めるのが当時のならわしだった。一二二六年にグレチンは、ノヴゴロドで一番格式の高いユーリエフ修道院の院長に任命された。修道院長の身分になってからは、サーヴァと名を改める。ところが、どういう過失があったものか、それから五年後の一二三一年には別の人物が院長に任命され、サーヴァは強制的に引退させられた。落胆したサーヴァはまもなく他界する。グレチン＝サーヴァの描いたフレスコ画の傑作が、第二次大戦中ドイツ軍に破壊されるまでノヴゴロド市内のネレジーツァ教会にのこっていた。

シベリアの詩はバイカルからはじまる――バイカル湖

第二次大戦後シベリアに抑留された日本人の多くにとって、バイカル湖は印象的なランドマークだった。列車の窓から湖を右に見ながら西にすすむときは、前途にいつ果てるともしれぬ収容所生活が待っていたし、左に見て東進する者は帰国の期待で胸をふくらませていたからである。それはシベリア横断鉄道がバイカル湖の南を走っているからだったが、バイカル湖の北を通るバイカル＝アムール鉄道、通称バムの建設に駆り立てられた旧日本軍将兵も少なくなかった。

バイカル湖は三日月状の特異な形をしている。長さは六三六キロであるから、東京＝神戸間の鉄道の距離を上回っている。それに対して幅の方は最大で七九キロ、平均して四八キロにすぎない。注目されるのは水深が一六二〇メートル（一説には一七〇〇メートル以上）あって、これは世界最深である。水の透明度が四〇メートルあることも世界で一、二を争うとされている。

ロシア人がウラル山脈を越えてシベリアへ進出を開始するのが一五八〇年前後で、それから四〇年後の一六二〇年ころにはすでにバイカル湖に到達した。毎年一〇〇キロという速さで東の方向に領土を拡大していった計算になる。最初は、クロテンの毛皮を求めて、狩猟家がタイガ（シベリア特有の疎林）にわけ入った。つづいて軍隊が進軍した。原住民を銃器の力でおさえつけ、やはり小動物の毛皮を税金として取り立てるためだった。

まもなくシベリアは、重い罪をおかした犯罪人や、国家権力にとって不都合な政治犯の流刑地になった。最も初期の流刑囚の一人は、アヴァクームという司祭である。彼は一六五〇年代、正教会の総主教ニーコンが断行した儀礼改革に反対を唱えたかどで、シベリア派遣軍づきの従軍聖職者に任命された。実質は家族ぐるみの流刑である。アヴァクーム一家は、バイカル湖をわたって、いわゆるザバイカル地方に達し、アムール川の支流であるインゴダ川を筏でくだった。それは言語に絶するつらい行軍だった。

数年後にいったん赦免をうけて、アヴァクームはロシアへ戻ることになった。彼の場合の帰国は、後代のすべての政治犯と同様に、バイカル湖を東から西へわたるのである。心がはずんでいたせいか、船に乗ってバイカル湖を横断して岸に着いたとき、不思議な体験をした。アヴァクームの有名な自伝には次のように書かれている。「はげしい嵐がおこり、われわれは岸辺にようやく波しぶきをしのぐ場所を見つけた。断崖の上にいくつもの館と櫓があり、門や円柱、石垣や庭園がつくられていた。すべて神の御手によってつくられたものであった。そこには玉ねぎとにんにくが生えており、玉ねぎはロシアのものより大きくて甘かった。庭には色とりどりの草が茂り芳香を放っていた。鳥もたくさんいて、雁や白鳥が湖面を泳ぐのがまるで雪のようである。湖にはチョウザメ、イトウ、オームリ、白鱒などさまざまの魚が泳いでいる。水は淡水であるが、巨大なアザラシやオットセイも棲んでいた。バイカルの海には魚が群れているのだ」。

アヴァクームが見たものはユートピア風の白昼夢のようでもあるが、リアリティに富んでいる。

「豊かなるザバイカルの」ではじまる、日本でも親しまれているロシア民謡は、脱獄囚がバイカルを東から西にわたる歌である。十九世紀になると、シベリアへ送られる流刑囚の数は年間一万人を超えた。彼らは髪の毛を頭の半分刈りおとされ、重い足かせをはめられて流されるのだったが、中には脱走を試みて稀に成功する者もいたのである。民謡の主人公は、バイカル湖にたどり着くと運よく岸辺に一隻の漁船を見つける。その船で湖を漕ぎ切ったとき、出迎えにあらわれた母親と出会う。家族の安否を尋ねた元囚人は、父親が死んで葬られたこと、弟がやはりシベリア送りになったこと、しかし妻や子どもたちが彼の帰りを待ちわびていることを知らされる。

シベリア鉄道がウラジヴォストークまで完成するのは、二十世紀の初頭である。一九〇四〜一九〇五年の日露戦争にようやく間に合ったのだった。しかしバイカルの南の湖岸は岸辺が切り立っていて、レールの敷設がむずかしく、はじめのうち車両は湖を船で運ばれていた。

バイカル湖自身は人間の生活のいとなみを無表情に眺めてきたが、ここを通過する旅行者で景色に心を奪われぬ者はなかった。一八七八年八月末にイルクーツクから船着場のリストヴャンカに着いた初代ロシア公使榎本武揚は「湖畔の景色画のごとく、ほとんど筆すべからず」と描写を断念しているし、それから一二年たってここを通った作家のチェーホフは次のように書いている。「シベリアの詩はバイカルからはじまる。バイカルまでは散文である」。

Ⅱ　キリスト教諸派

旧教徒の終末論

中世ロシアの終末論

キーエフの大公ウラジーミルがギリシャ正教を受容したのは十世紀の末である。東スラヴ人（現在のロシア人、ウクライナ人、ベラルーシ人）がビザンツ帝国傘下のキリスト教文明圏に加わったことは、その後のロシア史の方向にとって重要な意味をもつことになる。

中世ロシアで最も流布していた書物の一つは四世紀のシリアの聖者エフレムの手になる説教集のスラヴ語訳で、その内容は反キリスト（つまりキリストの仇敵）像を生々しく描き出してその到来が間近いことを警告し、日頃の行いを正すことをすすめるものだった。聖書に含まれたヨハネの書簡や黙示録によっても、この世に終りがあること、そして最後の審判のはじまる直前に前代未聞の恐怖と混乱がこの世を支配することが知識人のあいだで信じられていた。十三世紀はじめのスモレンスクの聖者アヴラーミイはキリスト再臨のイコンを描いたことで知られているから、文字を読まない信者のあいだにもキリスト教的末世思想はかなり広まっていたとみることができる。

西暦一四九二年は中世ロシアの暦では七〇〇〇年にあたっていた。それはビザンツから伝わった宇宙開闢《かいびゃく》紀元による年の数え方で、神の創造の業が西暦による紀元前の五五〇八年に完成されたとする計算にもとづくものだった。

キリスト教とともにギリシャからもたらされた思想の中に、七〇〇〇年目に世界が滅亡するという観念があった。旧約聖書によると、この世のすべてのものは六日間で創造された。神の一日は人間にとっての一〇〇〇年である。七日目、つまり七〇〇〇年目に神は眠りにつき、入れかわりに神の子があらわれて罪を犯した者を裁くはずだ、というのである。折しも、その前年の一四九一年にはロシア第一の商都ノヴゴロドでオーロラが観測され、ウラジーミルでは大火が発生して町全体が焼けおち、モスクワは異常な寒さのあと春さきに大洪水に見舞われた。一四九二年の三月二十五日の前夜（なぜかアダムは三月生まれと考えられていた）、ロシアのいたるところで臆病な人びとは大天使ミカエルとガブリエルの吹きならすラッパの音が今にも聞こえてくるのではないかと寝もやらずおびえていたという。

十六世紀のはじめ修道僧フィロフェイが時のモスクワ大公ワシーリイ三世にあてた書簡の中で「モスクワ＝第三ローマ」の思想を表明したことはよく知られている。これは、第一のローマと第二のローマ（コンスタンチノープル）は正しい信仰から逸脱したために滅びた。第三のローマはモスクワである。その上さらに第四のローマはあり得ない、というものであった。フィロフェイのこの思想はオスマン・トルコによるビザンティン帝国滅亡後の情勢の中で生まれたナショナリスティックな色合いの濃い宣言と受け取られるが、その壮大な自意識の背後に思わぬ陥穽がひそんでいた。モスクワが最後のローマなら、そのモスクワにこそ恐ろしい反キリストが出現するはずだったからである。

一四九二年は何ごともなく過ぎたけれども、それで正教徒の懸念が払拭されたわけではなかった。黙示録の語るところによって六六六という数字を「獣の数字」とし、反キリストの到来を一六六六年（この場合は西暦）と予告する説があらわれた。正教会の立場から見てその計算の根拠は次のようなものであった。

キリスト生誕後一〇〇〇年にしてローマがキリスト教会から離反した（東西教会の分裂）。ついで六〇〇年後に西ウクライナの教会がローマ側に走っていわゆるブレストの合同を受け入れ、ウニアート教会を創設した。それからさらに六六年後の一六六六年には反キリストがこの世に君臨し、つづいてキリストがふたたびこの世にあらわれて最後の審判をくだすであろう、というのである。元来このような数合わせの要素を含む思想もユダヤ文明の中で生まれギリシャで洗練されたものであるが、十七世紀の前半にはキーエフの有名な洞窟修道院の院長ザハーリイによって書物の形にまとめられていた。

この暗い予言を受け入れさせるような社会的状況も存在した。モスクワ大公国ではイワン雷帝の子のフョードルの代でリューリク王朝の血統が途絶えたこととからんで、十七世紀初頭に動乱時代《スムータ》と呼ばれる混乱期が約一〇年間つづいた。モスクワは一時ポーランド軍に占領され、広い国土も外国からの侵入軍や反乱軍によって蹂躙された。このため反キリストはカトリック的西欧からやって来るにちがいない、と民衆は信じたという。ロシア人の反ローマ的感情には根づよいものがあった。一六一三年にロマノフ王朝が成立して権力の空白が解消し、一応国内の動揺がおさまる。

動乱時代のあとの綱紀粛正をめざして正教会内部に成立したのが「敬虔派」グループである。これに対して荒野で呼ばわる予言者のように、首都をはなれた深い森の中で終末論に裏打ちされた禁欲主義を説いた隠者がカピトンである。資料が乏しくて彼の教義の詳細は不明であるが、聖職者の位階制度を否定しきびしい斎戒と極端な苦行を通じてのみ魂の救済が得られる、とカピトンは考えたようである。彼にしたがう男女は数百とも数千ともいわれた。カピトン自身は一六六二あるいは一六六三年に亡くなるが、一六六六年が近づくにつれて彼の弟子たちの中から完全に食を断ったり、あるいは干草小屋に立てこもって火を放ったりして自裁する者があらわれた。

政府は軍隊を送ってカピトンを捕えようとするものの、森にかくれた隠者を探し出すことはできなかった。しかしカピトン派弾圧のまえに、「敬虔派」内部に生じた亀裂によってロシア正教会は成立以来最大の危機に直面することになった。

正教会の分裂

一六五二年に「敬虔派」の一員であるニーコンがロシア正教会の総主教に就任した。モスクワ総主教座はコンスタンチノープル総主教の管轄下の府主教座から昇格し独立する形で、十六世紀の末に創設されていた。総主教は形式上ではローマ教皇に匹敵する地位である。

ニーコンは卑賤の出ながら権力志向がつよく強烈な個性をもつ人物だった。ロシア正教会の首長の座についたニーコンは、ただちに長年の懸案の解決に着手する。それは印刷技術が普及しはじめたために一層目立つようになった祈禱書テクスト相互間の不一致の是正、それからモスクワ大公国の各地でばらばらになっていた教会典礼の統一であった。ニーコンは素性のあやしいギリシャ人アルセニオスを登用して、祈禱書改訂については当時ヴェネツィアで刊行されていたギリシャ語テキストに依拠する方針をとった。また儀礼に関しては同時代のギリシャの慣習に範をとることにより、拡大しつつあるロシア領域内の不統一を一挙に除去しようとした。ニーコンはギリシャ贔屓《びいき》といわれていた。

ニーコンの改革はきわめて多岐にわたっていたが、その主要なものは次のとおりである。
・十字を切るとき二本の指（人差指と中指）ではなく、三本の指（親指をそえる）を用いる。
・教会の中ではひざまずく跪拝は行わず、腰のあたりまで頭をさげるにとどめる。
・イコンの描き方はビザンティンの伝統にしたがうだけではなく、イタリア流の画風もみとめる。
・教会でうたう聖歌は斉唱だけではなく、多声で合唱することもみとめる。

概してニーコンの目ざしたものは国際的な規準の採用であったが、見方を変えれば、カトリック的西欧への接近という一面をもっていたことがわかる。

ニーコンの改革は一片の文書によって唐突に通達されたこともあって、異議をとなえる者が少なくなかった。反対者の側にも言い分があった。たとえば十字の切り方については一五五一年にモスクワで開かれた教会会議において次のように定められていた。「人差指と中指を合わせ伸ばして広げ、少し曲げたままで十字を切ること」。それは単なる慣習などというものではなく、神学的な意味づけがなされていた。「二本の指のうち高い方はキリストの神性を、低い方はキリストの人性をあらわしている。中指を曲げることは、主がわれらを救うために天を傾けられたことを示している」。

改革は全体的に見て革新的なものであった。しかし反対者の目にはそれは古来の正しい信仰からの逸脱と映った。教義が変更されたわけではなく儀礼の形式が変化しただけであったにせよ、伝統を尊重する立場から眺めればその変化は信仰の本質を歪めるゆゆしい問題と意識された。

モスクワのツァーリであるアレクセイはニーコンの改革を支持した。政治的には祈禱書テクストや宗教儀礼の統一は必要不可欠な事業だった。

ニーコンの改革を受け入れない者に対する弾圧は苛烈をきわめた。「敬虔派」の一人で地方からモスクワに上京していた長司祭（妻帯を許されたいわゆる白僧中の最高位）アヴァクームはニーコンの改革に最も頑強に抵抗した一人である。そのために彼は一六五三年、家族ともどもシベリアへ流刑となった。一六六四年にやっとモスクワに戻されても、アヴァクームの意志は変わっていなかった。ふたたび逮捕されて、今度は北ロシアへ流された。

一方、権勢欲のつよいニーコン総主教はやがてアレクセイ帝の寵を失い、一六五八年には失脚してモスクワから去ることを余儀なくされるが、彼の始めた改革自体は取り消されなかった。しかし改革に対する反対が一部の聖職者のみならず、民衆や貴族のあいだにも根づよいことを見た当局は、東方キリスト教会のすべての総主教たちを招いて宗教会議を計画した。この会議が開催されたのが運命の年一六六六年から翌年の一六六七年にかけてであった。

アヴァクームもこの会議に召喚され意見を述べることを許されたが、結論ははじめからわかっているようなものだった。改革反対派は正教会を分裂させる者として分離派の烙印を押された上、異端として破門された。教会用語で言えば、呪逐を受けたのである。アヴァクームはあらためて極北の地のプストジョールスクに流され、ツンドラに掘られた土牢に投じられた。それから一五年後、一六八二年の復活祭の直前に、アヴァクームは三人の同志とともに火刑に処せられることになる。

分離派は当局の立場からの蔑称なので、中立的には彼らを旧儀式派、あるいは単に旧教徒と呼ぶことが多い（英語では一般に Old Believers）。

旧教徒は追及を受けたが、彼らの抵抗も尋常ではなかった。白海にうかぶソロフキ修道院の僧たちが新しい儀礼改革を拒否して戦ったいわゆるソロフキ蜂起は一六六八年から一六七六年までつづいた。南ロシアでおこったステンカ・ラージンの乱（一六七〇―一六七一）にも少なからぬ旧教徒が加わっていたといわれる。権力へのこのような積極的な反抗の背景となったのがロシア人のあいだに広まっていた終末観であった。

もっと消極的な抵抗もあった。帝政ロシア末期の歴史家ミリュコーフは当時の一般的な雰囲気を次のように描いている。

一六六八年の秋から人びとは畑を捨てた。人びとは集まって祈りをささげ、ニーコン以前に叙聖された司祭から聖体を拝受し、天使のラッパの鳴りひびくのを待った。言い伝えによれば、この世の終りは深夜におとずれるはずであった。人びとは白い下着と経帷子を身にまとい、継ぎ目のない柩に横たわってこう歌った……

この松の木の柩こそ
わがためにつくられしもの
柩の中に横たわり
ラッパの音を待ち受けん
天使たちがラッパを吹いて
柩の中から呼び起こすまで

夜は夜についで過ぎ、恐ろしい一年がたった。

最後の日が来るまえの二、三年は反キリストが世界を支配する——それがキリスト教徒の常識だった。それではだれが反キリストか。正教会の公式見解では、反キリストはまだ到来していない、いつこの世にやって来るかは神のみが知る秘密である、人間にはそれを知る権利がない、というものである。旧教徒にとっては反キリストの支配がはじまっていることは自明の理であった。迫害はすでに開始されていたからである。アレクセイ帝、ニーコン総主教、さらにはアレクセイの子のピョートル（一世、大帝と呼ばれる）につづく十八世紀のロマノフ朝のツァーリたちが例外なく反キリストと名指しされたことを、現代の旧教徒研究家のグリヤーノワが厖大な史料を駆使して証明している。きびしい弾圧がそれだけ長期間にわたって継続したためであるが、本稿では終末論にもとづくとされる社会運動を二つの現象に代表させて取り上げてみたい。

集団的焼身自殺（ガリ）の実態

当局が旧教徒迫害の手段として焚刑を用いたために、迫害される側がそれを模倣するようになった、というのが旧教徒側の弁明である。もっとも上述のように、一六六六年以前に旧教徒とは直接的なかかわりのない隠者カピトンの弟子たちが終末の時が近づくのにおびえて火中に身を投じたといわれるから、自焚という現象は教会分裂以前から存在したわけであるが、ロシア各地で集団的な焼身自殺（以下ロシア語をそのまま用いてガリと呼ぶことにする）が頻発するようになったのは、やはり一六六七年以後のことで、犠牲者はもっぱら旧教徒であった。

ガリはロシア史上でもきわめて特異な事件であって多くの研究者の関心をひきつけているにもかかわら

ず、史料上の制約のためいまだに本格的研究はあまりすすんではいないとされる。

帝政期の歴史家サポージニコフの著書はこの問題についてのほとんど唯一のモノグラフといえるが、その付録につけられたリストによれば、ガリの総件数は一六六七年から一七八四年までに一五七件である。同じ書物の別の表にしたがえば、件数は五四、死亡者数は一万五六七人である。ただし後者の数字には人数不明の場合は算入されていない。一六六六〜一六六七年の宗教会議から一六九〇年までだけで、全ロシアで二万人がガリで命を落としたとする推定は真実からあまりへだたっていないことであろう。

ガリの発生には波があった。最初のピークを形づくるのは一六八〇年代で、たとえば上述のサポージニコフによると一六八八年だけで一一件起きている。第二のピークは一七三〇年代にくる。一七三九年には一四件のガリが記録されている。

ガリの多発はまず第一に当局の政策の峻厳さの反映であった。たとえばアレクセイ帝はアヴァクームを土牢に閉じ込めたものの、命は奪わなかった。一六八二年に彼を火刑に処したのはアレクセイの娘ソフィアが政治の実権を握っていた時期である。ガリの波の第一のピークはソフィアの摂政期と一致している。大帝と呼ばれたピョートル一世の治世にはガリが比較的少なかった。彼は最もしばしば反キリストに擬せられたとはいえ、政治的には功利主義を貫いたからである。

ガリをめぐっては旧教徒内部にも賛否両論があった。何といっても、自殺はキリスト教徒にとってタブー視されていたからである。聖職者の権威をみとめる容僧派は比較的穏健なグループだった。ニーコン以後の聖職の位階制度を一切みとめない無僧派はファンダメンタリズムの傾向がつよく、過激な行動に走りやすかった。一七三〇年代から一七五〇年代までのガリの多さは、無僧派中のラジカルなグループの台頭の結果である。

ガリは実際にどのようにして起こるのであろうか。現代の女流研究家エレーナ・ユヒメンコが新発見の一次史料を用いて記述している卓抜な論文があるので、その一部を紹介したい。以下の文中カッコによる挿入は中村による補足である。

カールゴポリ郡はモスクワから真北に六〇〇キロメートル、ラーチャ湖の北側にひろがる森林地帯に位置するが、一六八〇年代のはじめになって中央ロシアからの旧教徒の移住が目立つようになった。モスクワから派遣されていた地方長官サルティコフは一六八一年五月に当地の住民の多くが懺悔のために正教会をおとずれなかったという報告をした［ロシアのキリスト教徒は復活祭前の大斎期に自分の属する教会で罪を告白する義務があったのである］。この地方を管轄するノヴゴロドの府主教コルニーリイは前任者のピチリムと異なって異端摘発に熱心な人物だった。府主教はサルティコフとも連絡をとり、翌年の十二月に典院［黒僧と呼ばれる修道僧の位階、修道院長格］と司祭の二名の僧侶、それに俗人の書記官一名、刑吏二名、銃兵六名の調査隊を組織し、旧教徒が最も多いとみられるドールィ村へ出発させた。この村の一地区に八四人の旧教徒が集まって

皇帝の軍隊の手で焚刑に処せられる旧教徒たち。権力による弾圧は残忍をきわめた。旧教徒のあいだに伝来した絵。

いた。そのうち二七人を捕えたが、五七人は逃亡して森にかくれてしまった。逮捕者を訊問した［そしておそらく拷問にかけた］ところ、二四人が正教会に戻ることに同意し、レオンチイという男と彼の二人の息子だけが帰順を拒否した。そこでこの三人を親子別々の修道院に監禁した。

それから二カ月後に同じドールィ村の別の地区へ第二次の調査隊［その構成は前回とは別のようである］が派遣される。ポルマ川の岸に着くと七戸の農家があり、約八〇人からなる全員が一軒の家に集まっていた。司祭と補祭が戸口に近づいて説得をはじめたとき、頭分らしいグリーシカという男が家の中から「おれたちは異端の話なんぞ聞く耳もたぬわ」［原史料でも直接話法になっている］と叫び、聞くにたえぬ罵詈雑言を並べた末に家に火を放った。銃兵たちが窓をこわして中をのぞくと、煙をとおして次のようなありさまが見てとれた。床の上にはワラや白樺の皮が積まれ、橇の横木には亜麻や大麻が吊りさげられていた。彼らは妻や娘たちと抱き合って呻きながら右往左往し、幼い子どもたちはベンチの上で泣き叫んでいた。彼らは言葉は何も言わなかった。これは一六八三年二月七日の出来事で、カールゴポリ郡では最初のガリであった。

調査隊がドールィ村の奥へさらにすすんでゆくと、四八戸の集落があり、それが全部旧教徒だった。近くの村々からも仲間が集まっていた。どうして教会へ告解に来ないかと尋ねると、リーダーのイワン・ウリヤーヒンが「われわれは天と地にむかって懺悔している」［旧教派の司祭たちが逮捕されているので、異教風の儀礼にしたがっていたことを意味する］と答えた。彼はシャツ一枚で、ワラの上に立っていた［いつでも火をつける準備をしていたのである］。問答が長くつづかなかったのは、調査隊が群衆の多さに恐れをなしたためらしい。

その直後、府主教コルニーリイがこの地方の状況をモスクワに報告した。国家の政策を決定する貴族会議からは分離派を徹底的に取り締まるように、という命令が届いた。

五月になってカールゴポリの新しい長官ヴォルコンスキイが三度目の調査隊を送り出すが、彼らは武装した旧教徒におびえてむなしく戻ってきた。府主教はヴォルコンスキイが職務に怠慢であるとモスクワへ告発状を送った。

この年の十二月三十一日、貴族会議はモスクワから司令官としてコージンを派遣し、現地に駐屯する軍隊のうち三〇〇人の銃兵を出動させるという決定をくだした。旧教徒にさとられぬよう隠密裡に行動して、叛徒をのこらず逮捕すること、すべての財産を没収し、家を焼きはらうことなども命令に含まれていた。

コージンがドールィ村に到着したのは一六八四年二月十二日だった。ポルマ川の岸の集落にはかつてないほどの旧教徒が集まっていた。ソロフキ修道院で修行したことのあるヨシフをはじめ、リーダー格が四人いた。旧教徒たちは教会のわきの集会所にたてこもり、周囲に柵をめぐらしていた。その建物はあたかも木の要塞の観があった。説得と降伏勧告は何の効き目もなかった。むしろ旧教徒の方から銃を打ちかけてきた。コージンの命令で政府軍が発砲して突撃すると、旧教徒は窓の中へ梯子で逃げ入り、内部から火を放った。四七人がその場で焼け死に、一五三人が引き出された。このうち五九人がまもなく落命し［重傷を負っていたのであろう］、九〇人が近くの町へ送られた。リーダーを含む五人が訊問のためカールゴポリにのこされた。

このあと、カールゴポリ郡ではガリが続発する。これ以上の詳述は避けるが、少なくとも七回のガリが起き、そのうち二回は約五〇人が死ぬという大規模なものだった。ただし、ガリ参加者の数から言えば、一六八七～一六八八年にオネガ湖のパレオストロフ島で四千人以上が焼け死ぬという巨大規模のものが連続して起きている。前述のサポージニコフのリストには少なくとも一六八三年のガリは一つも登録されていないから、全ロシアで発生したガリの総件数は従来の推定をはるかに上回っていたにちがいない。また一口にガリと言っても、軍隊の到来を知っただけで自焚するものから、はじめから武装して抵抗を試みるものなど、さまざまな形態が存在したこともわかる。

各地をまわってガリを組織した扇動者がいたことも早くから知られているが、ここではその点に立ち入ることは控えておこう。

十八世紀にはガリのパターンが成立していたと主張する研究者もいる。それによると、死を覚悟した者は自分の家を出て旧教徒仲間で僧庵《スキート》と呼ばれる建物に集まり、剃髪を受けて出家する。修道僧の身分になるわけである。抗議状はかならず書いておく。政府から派遣された調査隊や軍隊が来ると、宗教論争をする。小ぜり合いを試みることもある。そのあとで火薬、タール、ワラ、白樺の皮、亜麻などに火をつける、という手順である。この世は反キリストが支配しているので、火の洗礼を受けるほかない、というのがスキートに立てこもる旧教徒たちの共通の認識であったという。これはいわば確信犯の場合である。

これに対してユヒメンコは、十七世紀八〇年代のカールゴポリのガリのあとで、旧教徒の財産として大量の家畜、穀物、衣服、農業用具、繊維などが没収されたことに注目している。カールゴポリの長官はそれらを売却して、代金をモスクワへ送るように命令されていた。古くからの住民はむろんのこと、新しい住民もはじめから死ぬことを考えて移住してきたはずはない、と彼女は考えるわけである。当局の弾圧があまりにもきびしいために旧教徒は火による集団的な自決に追いこまれたのだった。同時にユヒメンコは中世ロシア人に特有の心理も見逃していない。「彼らにとって、自分の魂を破滅させることは肉体的に死ぬよりも恐ろしいことだった」と彼女は書いている。この時期、おそらくすべての旧教徒は反キリストがすでに到来している、という信念をいだいていたことであろう。それにしても、そのような終末観だけで彼らが自殺したわけではない。軍隊が来て逮捕の危険が差し迫ったときにのみガリが起きたことは特に強調しておく必要があろう。

当局の圧力が弱まれば、旧教徒はあえて死の途を選ぼうとしなかった。やはり北ロシアにあるオネガ湖の北のヴィーグ地方では、十八世紀の初頭から旧教徒の共同体がすぐれた指導者のもとで文化的にも経済的にも驚異的な繁栄をみせるのである。

ターラ事件の顚末

北ロシアと並んで、シベリアは旧教徒系住民の割合が伝統的に高い地方であった。人口が比較的稀薄な僻地には政府の迫害をのがれて旧教徒が集まってくるという傾向があった。

ターラは西シベリアのオムスクの近くの都市である。現在ではシベリア縦断鉄道からはずれ、人口二万人あまりをかぞえる地区センターにすぎないが、かつてはシベリア全体の総督府が置かれていた首邑トボーリスクの東側の最初の大きな宿駅であり、何よりもオビ河の支流イルティシに面した港町であるところから、交通の要衝をなしていた。このターラの町で一七二二年に終末論的な色彩の濃い暴動が起こった。現代の著名なシベリア史家ニコライ・ポクロフスキイの詳細な研究にしたがいながら、この事件の経過をたどってみよう。

十八世紀の最初の二〇年間、西シベリアの旧教徒の数は急増する一方であった。シベリアではもともと反ニーコン的気分が瀰漫していたところへ、迫害を避けてヨーロッパ・ロシアから移住してくる旧教徒が多かったからである。一七二〇年までにターラの近郊には容僧派と無僧派の僧庵が一つずつ成立していて、それぞれ数百人の逃亡農民がその周囲に住みついていた。シベリアの特殊事情は、ターラの町のカザーク守備隊が政府に直属する軍隊でありながら、おそらく地元からの徴募兵が多かったのであろう、旧教徒的な雰囲気につつまれていたことである。

一七一六年の春にピョートル一世は二つの勅令を発布した。全国民に毎年一回正教会での懺悔を義務づけ、また旧教徒からは正教徒の二倍の人頭税を徴収することにしたのである。上述したように、ピョートルの対旧教徒政策は彼の前後の女性の支配者たちに比べれば偏執狂的な厳格さをもたなかった。一般の正教徒が一ルーブリの人頭税ならば旧教徒には二ルーブリを課すというのも、条件的に信仰の自由をみとめていると受けとれぬこともない。だがむろん、当時の旧教徒がこの勅令を歓迎するはずがなかった。

元来ピョートルはロシアの近代化を強行した君主として知られている。身の丈が二メートルを超える長身で、容貌魁偉な皇帝について、国民のあいだには早くから「本物の替玉」つまり帝位僭称者という噂が流れていた。反キリストではないかという疑いをいだいたのも旧教徒ばかりではなかった。

一七一九年三月には正教会で結婚式を挙げない旧教徒に対して六ルーブリの罰金を課すこと、また文官や武官である旧教徒を管理職につけることを禁止する勅令が出されて、旧教徒の不満はますます高まった。叛乱の直接的な引き金になったのは、一七二二年のはじめに帝位継承に関する勅令が布告されたことだった。現在帝位にあるツァーリが自分の一存をもって後継者を指名することができると定め、国民はまだ名前もわからぬその後継者に対して忠誠の誓いを立てることが求められたのである。

ターラの住民と守備隊のあいだに、この名の明かされぬ後継者こそ反キリストに相違ないという噂が急速に広まった。議論の末にターラの守備隊は忠誠の誓いを拒否し、抗議状を隊長に提出した。この抗議状にはネムチノフ大佐以下、カザーク、地方役人その他の計二二八名が署名していた。これほど思い切った手段をとるにいたった背後には、修道士セルギイとイワン・スミルノフという旧教徒活動家のプロパガンダが与って力があった。二人はそれぞれ容僧派と無僧派グループのリーダーであり、たがいに対立しながらも、いざとなればガリをも辞さないという態度を公然と示すことによって当局に対抗していた。

ターラの守備隊には政府への抵抗の実績があった。一七〇五年ピョートルが長いヒゲの剃りおとしと西欧風の衣服の着用を命令してきたとき、トボーリスクの知事の強要をはねつけてターラでは勅令を実施に移さなかったのである。しかし、ピョートルの改革が緒についたばかりの一七〇五年と、ロシアをヨーロッパの列強の一角に食いこませたピョートルに元老院から皇帝（インペラートル）の称号がおくられている一七二二年では、情勢が変っていた。

トボーリスクの出先機関はペテルブルグへの報告を急がなかったようである（一七一三年に首都はモスクワからバルト海に面した新しい町に移されていた）。政府の指示をあおぐよりも早く、六〇〇人の将兵から成る懲罰部隊が派遣された。司令官はバターソフ大佐であった。六月十三日には先遣隊が不意をついて町にはいり、抵抗を受けることなく制圧した。抗議状が五月末日の日付であること、近いといってもトボーリスクからターラまでの距離が四〇〇キロメートルもあることを考えれば、トボーリスクの知事はピョートルが創設した秘密警察プレオブラジェンスキイ庁の諜報活動によってターラの町の不穏な状況をいち早く把握していたと考えられる。

ネムチノフ大佐は七〇人のカザークとともに自宅に立てこもっていた。彼らは逮捕を強行すれば火薬で自爆すると宣言していた。一〇日間の籠城のすえ、四九人のカザークが外に出てきて逮捕された。のこりの二一人が火薬に点火した。火中から引き出されたネムチノフは訊問を受けてまもなく絶命した。生き残った者たちは傷の治療を受けてから拷問にかけられることになる。

やがてバターソフはトボーリスクの知事と元老院の指示を受けて叛乱関係者の一斉逮捕にふみ切った。はじめ数人の指導者が監禁され、ついで六〇人ほどの二次的な参加者が拘引された。裁判官として新しく赴任してきたヴェレシチャーギンはバターソフ大佐が叛徒を甘やかしていると密告したため、司令官は任務を解かれ首都へ召喚された。この年の秋になるとターラに特別捜索局がもうけられ、その後の処分はすこぶる苛酷となった。

当局には、この事件はターラ市に住む住民の反政府行動にとどまらず、近郊の旧教徒たちとの共謀であるという認識が当初からあったようである。捜索局の長官に任命されたシベリア副知事ペトロヴァ゠ソロヴァヴォは軍隊とともにターラに赴く途中で容僧派のセルギイ修道士の僧庵を急襲し、セルギイをはじめ一七〇人を逮捕し、多くの古写本のほかにおびただしい穀物と六丁の銃などを押収した。僧庵の旧教徒はかねて用意はしていたものの、建物に火を放つ余裕もなかった。セルギイは拷問を受けても節を曲げず、四つ裂きの刑に処せられた。まず両手と両足を斬られ、最後に斬首されたのである。

これに対して、無僧派に属するイワン・スミルノフは正教徒に転向したため罰は笞刑ですんだ。

搜索局の囚人たちは絞首刑、車裂き、四つ裂き、串刺しなどさまざまな残虐な刑を受けた。ヨーロッパ・ロシアから逃亡してきて逮捕された数百人の旧教徒は、男の場合は百たたき、女は五十たたきのあと正教徒に改宗させられ、以前の居住地に戻された。この事件に関連して処罰を受けた者は合わせて数千人にのぼったという。またこの事件に連座したため流刑となったターラの貴族とカザークが八九人に及んだこと、一七三五年になってもターラの叛徒として絞首刑や四つ裂きに処せられた者がいたところをみると、この事件がいかに大規模で、当局の追及がいかに執拗であったか推察がつく。

事件の余波として、ターラの周辺で例の集団的焼身自殺が多発したことは言うまでもない。ポクロフスキイの調査によれば、トボーリスク当局の史料の中には一七二二年の秋から一七二四年の春までの一年半のあいだに西シベリアだけで少なくとも七件のガリの報告があり、合わせて一千人以上の旧教徒が炎の中で命をおとしたという。これとは別に、隣接するトムスク地区のエルーン修道院のガリは犠牲者の数が一回だけで六〇〇人にのぼるという大規模なものであったが、この惨事もターラ事件と関係があるとされている。

ターラ事件の背景にあったのは、旧教徒をはじめとするシベリアの民衆の反キリストへの恐怖である。ターラの町のカザークたちが旧教徒であったとは史料に明示されていないが、彼らが旧教徒に共感を寄せていたことは明らかである。反キリストの到来はこの世の終末と重ね合わせて恐れられていたのである。しかしこの場合も、権力の側の過剰な抑圧が事件を大袈裟なものにし、間接的なガリを含めて犠牲を過大なものにしたという印象は否めない。

これはポクロフスキイの指摘するところではないが、比喩的に言えば、終末観は空気の中の酸素のようなものと考えられる。ガリは酸素があってはじめて燃え上がるけれども、空気中の酸素が自然に発火することはない。火打ち石のつよい摩擦によって生ずる火花があって、大小の炎が燃え立つのである。当局の弾圧が火打ち石の役割を果たしたと言える。

十七世紀の後半から十八世紀の前半にかけては、ロシア史の中で中世から近代への転換期にあたっていた。宗教的改革を求めたのは政治上の必要であり、それがロシア人の信仰心にきびしい試練を課したのであるが、そのために払った犠牲はかならずしも必然的なものであったとは言えない。改革の手段にせよ、少数派に対する政府の対応にせよ、現実にとられた政策とは異なる方法があり得たかもしれないからである。

ロシアでガリが跡を絶って久しい。しかし旧教徒は今なお数百万の単位で存在しており、場所によっては一種の宗教共同体を営んでいるという。これら旧教徒はむろんのこと、一般的に言ってロシアのキリスト教徒は終末論に心を惹かれる傾向がつよい。ソビエト時代に信者はきびしい抑圧を受けていたが、社会主義体制の崩壊後正教会はめざましい復活をとげ、現在ではふたたび国教に準ずる地位を獲得しているのである。

一九八六年にチェルノブィリで原発事故が発生したとき、この地名がロシア語で「苦よもぎ」を意味することに気づき、同じ名前の不吉な星のことを予言している黙示録の一節（八章一一節）を想起したロシア人が少なくなかったといわれる。

満州に住んだロシア人旧教徒

ロシア人の満州イメージ

一八六〇年代の半ばに、二十歳を出たばかりのロシア陸軍騎兵中尉ピョートル・クロポトキンは西のザバイカル地方から満州北部を探検旅行した。身分をかくしカザークの一隊をひきつれての大興安嶺踏査だった。メルゲン（漱江）を経てアムール川の中流に到達したときの喜びを未来のアナーキストはこう書いている。

シベリアっ子は一般に詩的な感情を表にあらわさないが、アムール川の青い流れを見下ろすときの彼らの目は、詩人のような感動で輝いていた。この川の両岸はいまこそ荒涼としているが、多くの可能性を秘めており、人煙まれな北満州の広大な土地と同じように、いずれはロシアの移民たちがここへ殺到してくることは確実である。ロシア政府の支持があろうとなかろうと、いやたとえ政府の意向に反してさえも……

クロポトキンの予言は適中した。それからわずか三〇年あまり後に着工される東支鉄道はロシアからこの地へ厖大な資本と技術と人材を招きよせた。さらに一九一七年のロシア革命の結果、大量の難民がこの地に流れこむ。その中には、十七世紀にロシア正教会から分離した旧教徒が少なからず含まれていた。

しかし、クロポトキンの予言ははずれたとも言える。彼が大興安嶺のなだらかな峠を越えてから一〇〇年とたたないうちに、ふたたび満州からロシア人の姿はほとんど消えてしまったからである。

以下の小論は、ロシア農民の典型的タイプといわれる旧教徒が満州と呼ばれた茫漠たる未開の大地でいかに定住を試みたか記述することを目的としている。

旧教徒の移民運動

バイカル湖より東寄りの地に旧教徒が移民としてやって来たのは十八世紀の半ばである。彼らはヨーロッパ・ロシアの各地から強制的に流されてきたのである。ニーコン総主教による典礼改革を受け入れず旧来の儀式を墨守する旧教徒は、ツァーリの政府と正教会当局から絶えず弾圧され迫害をこうむっていた。

一般のシベリア流刑囚と異なり旧教徒は家族をともなっていたことから、この旧教徒たちはセメイスキイ派と呼ばれた（ロシア語の家族「セミヤー」に由来するらしい）。当初セメイスキイ派の数は約四千人であったが、一九〇〇年の調査では四万二千人を上回っていた。彼らは宗教上の戒律をかたく守って、たとえば飲酒や喫煙から身を遠ざけ、茶やコーヒーも飲まなかった。驚くべき勤勉さをもって生業である農業と牧畜に従事した。いわば監視役にあたるイルクーツクの知事が彼らを「シベリア開拓の英雄」とたたえたことが知られている。

一八五八年の瑷琿条約と一八六〇年の北京条約は、極東におけるロシア帝国の領域をいちじるしく拡大した。アムール川の北岸とウスリー川以東の沿海州が一挙にロシア領に組み入れられたのである。日本の全面積を上回るほどの新しい領土に軍隊をおき、ロシア人を住まわせなければならなかった。

シベリアへの進出、とりわけロシア領極東地方への移民に関する研究は最近いちじるしく盛んになった。各地の文書館の利用が自由になり、同時に宗教に関するタブーが解かれたためである。最近の著書や論文などにしたがって旧教徒のシベリア進出をスケッチしておこう。正教会が容認しないセクトは旧教徒にかぎらず、ドゥホボール、モロカン、去勢派など多くの宗派が存在した。国家教会たる正教徒だけの移民では足らないので、現地の出先機関の要請もあり、政府当局はさしあたりこれらの宗派の異端性には目をつむることにした。一八六一年には農奴解放の勅令が発布されて、ロシア全土に改革の気運が高まりつつあったという大情況も考慮すべきであろう。

移住希望者に示された主要な条件は次のようなものだった。

・土地は購入して私有地とすることも、又は国から借り受けることもできる。

・貸与の場合は一家族一〇〇デシャチーナ以下（一デシャチーナは約一ヘクタール、すなわち一町歩に匹敵する）とし、二〇年間は無償とする。

・移住民は二〇年間兵役を免除される。

・入植して数年間は諸税や負担金を免除される。

のちには土地の貸与が成年男子一人あたり一五デシャチーナに制限されるが、全体として非常な優遇政策であることに変わりがなかった。

一八七〇年の末には義勇艦隊が創設され、黒海のオデッサとウラジヴォストークを結ぶ航路が開かれた。

極東への移民は国庫の援助によって無料でこの船に乗ることができた。

一八八〇年のはじめまでに、沿海州全体で正教徒以下の諸セクトに属する集落が六〇を数えたとする統計がある。旧教徒のみに限っていえば、十九世紀の末までにアムール川地方では四〇集落以上、沿海州、ハバロフスク、サハリンの諸地方では合わせて二〇以上に達したともいう。旧教徒は信仰の点で均質的な共同体をつくって住み、たがいに助け合いながら勤勉に働いたので、比較的裕福な生活をいとなんでいる点に特徴があった。

二十世紀にはいると、旧教徒の運命にかかわる事件が次々とおこった。まず日露戦争における敗北の結果としてツァーリ政府は国家基本法の制定を余儀なくされ、少なくとも形式上は信仰の自由がみとめられた。旧教徒は教会を建て独自の礼拝を行うことができるようになったのである。

その影響もあって、一九〇七年から一九一三年にかけてはオーストリア、ハンガリー、ルーマニアなどのバルカン諸国、それにトルコからロシアに帰国してシベリアに入植する旧教徒移民が急増した。彼らは日露戦争以前に敷設されていたシベリア鉄道といわゆる東支鉄道を利用して、従来よりはるかに容易に極東に到達することができたのである。

しかし、まもなく起こった第一次世界大戦とそれにつづくロシア革命が社会全体の様相を一変させた。

満州における旧教徒の分布

この地域に住んだ旧教徒ロシア人について最初の網羅的な概観を行ったのはカナダの民族学者デイヴィド・シェッフェルである。一九二〇年代に旧教徒自身からカナダ移民局に提出された移住申請書、それから半世紀後の一九七〇年代にアルバータ州に移り住んだ旧教徒たちからの聞き取り調査、さらには一九四〇年代の前半に出版された何点かの日本語の書物が彼に有力な手がかりを提供したのである。シェッフェルの記述はその他の資料とも符合しているので、とりあえず彼の論文にしたがって旧教徒の満州来住の経過を眺めてみよう。

最初に旧教徒が姿をあらわしたのは東支鉄道の建設のさいであった。ハルビンやその他の諸都市へやって来たさまざまな職業と階層のロシア人の中に旧教徒が含まれていたのである。しかしその数はごくわずかなものだったらしい。移民の第一波ともいうべき現象は一九一七年の十月革命後に生じた。革命の結果発生した内戦の混乱をのがれて、旧教徒を含む大量のロシア人がハルビンに流入した。一九二一年にはヨシフ（姓はアンチーピン）主教がこの地に居を定めて、極東地域全体を管轄する主教区が成立した。旧教徒には聖職者の権威をみとめ位階制度をもつ容僧派グループと僧侶をもたぬ無僧派グループがある。ヨシフは容僧派の中でも最大の信徒をもつロゴシスキイ派（モスクワのロゴシスコエ墓地に本拠をもつことからの名称。かつてオーストリアのベロクリニーツキイに総本山があったので、その名でも呼ばれる）に属していた。ハルビンにはまもなくイワン・クドリーン神父が合流して、ロゴシスキイ派の力がいちじるしく強まる。一九二〇年代にハルビン市内の旧教徒が何人いたか統計数字はないが、シェッフェルは一千人程度と推定している。カナダへの移住申請が何回か提出され、一九二四年から一九二八年の五年間に二六五家族が移住を承認された。一九二八年以降はいろいろな制限がもうけられてカナダへの入国がむずかしくなった。

大興安嶺のかなたアルグン川までのいわゆる三河《さんが》地方へは、革命後に奥バイカルのカザーク（コサック）たちが家畜をともなって移住してきた。もともとカザークの中には旧教徒が少なくなかった。ステンカ・ラージンやプガチョーフなどのような大規模なカザーク暴動の指導者のもとにはかなりの旧教徒がまじっていたのだ。また旧教徒のあいだに伝説として流布していた理想郷べロヴォージエ（白水境）のありかを求めて一八九八年（明治三十一）に長崎をおとずれたのはウラルの三人のカザークだった。一九二九年にはソビエト軍が三河へ来襲して流血の惨事がひきおこされるが、三〇年代にはいるとふたたび反ソビエト的カザークたちは武装して各地に共同体を形成する。ガン、デルブル、ハウルの三つの川に沿って存在した二〇ほどの集落のうち、ガン川系のほとりにあったヴェルフ・クリーとポクロフカの住民が旧教徒であった。一九四〇年代のはじめに前者の人口は七〇〇人、後者のそれは二〇〇人であったと推定される。もっとも、日本側の資料によればヴェルフ・クリーには旧教の聖堂のほかに、それよりもっと目立つ場所に、規模が大きくて壮麗な正教会の教会もあったという。全村が旧教を奉じていたわけではなかった。カザークの旧教徒たちはロゴシスキイ派に属していた。ヴェルフ・クリーにはシャドリン神父、ポクロフカにはスタロサーチェフ神父が教区司祭の職についていた。一九三〇年に二人の司祭を筆頭に二つの集落の旧教徒たちがカナダへの移住申請を行っている。ただし許可は下りなかった。

旧教徒の移住の第二波はソビエトにおける農業集団化の強行によってひきおこされた。宗教の撲滅をめざしいわゆる富農《クラーク》を追放してコルホーズを組織しようとする共産党の政策をきらって、沿海州の旧教徒たちが三々五々ウスリー川を越えて東の国境から満州に流れこんだのである。一九三〇年から一九三三年ごろにかけてのことだった。

シェッフェルの論文ではふれられていないが、同じ沿海州でも北部のビキン川上流では一九三二年の春に旧教徒による武装蜂起がおきていた。政府は国境警備隊を出動させてこれを鎮圧した。蜂起側は四カ月にわたる戦闘で二〇名が殺され、降伏後の裁判で一一七名が銃殺刑に処せられた。

このような情報が沿海州南部の旧教徒に一種のパニックをもたらしたとしても驚くにあたらない。彼らは満州にはいってから数年間は各地に分散して難民生活を送ったが、一九三〇年代の半ばからふたたび徐々に集結して共同体をいとなむようになる。ロマノフカ、コロンボ、シリンへ（細鱗河）、チピグー、メジャーヌイなどの集落名をシェッフェルは挙げている（このほかにオシモフカという集落があったことが日本側の資料からわかる）。これらはいずれも牡丹江の周辺、鉄道でいえばハルビンと綏芬河《すいふんが》を結ぶ浜綏線、図們《ともん》と佳木斯《ちゃむす》を連絡する図佳線の沿線に位置していた。沿線といっても鉄路から一〇キロから数十キロまでの距離の幅があった。この人びとは概して礼拝堂派《チャソヴエンヌイ》と呼ばれる一派で、本来は容僧派であったとされるが、十九世紀半ばロシアからウラルを越えシベリアを経て沿海州にたどりつくころには司祭を失っていた。司祭は主教の祝福がなければ叙任され得ず、位階制度が確立していない宗派では聖職者の供給が途絶えやすかったのである。このため礼拝堂派は無僧派に転じ、仲間うちの長老が宗教行事を司っていた。教会とちがって至聖所をもたない礼拝堂で典礼を行っていたのがこの派の名称の起りである。教義の点では反キリストの現世への到来を信じ（本書三二ページ参照）、苛酷な迫害を受けた場合には集団的な焼身自殺も許されると考えていた。しかし他の無僧派セクトと異なり、自派に加わることを希望する旧教徒は喜んで迎え入れ、洗礼の受け直しを要求することはなかった。それだけ協調性に富んでいたわけである。地域的には奥ヴォルガ以東、とりわけウラルからシベリアに多くの信者を有していた。

シェッフェルは満州に住んだ旧教徒の数を容僧派が二千ないし三千人、礼拝堂派を五〇〇人ほどと数えている。

ハルビンの旧教徒たち

最近私は珍しい資料を手に入れた。オーストラリアのシドニーに住むアレクサンドル・クドリーン氏から、ハルビン旧教徒のペテロパウロ教会成聖一〇周年記念文集（一九三五年ハルビン刊）を贈られたのである。クドリーン氏は一九〇八年生まれだからかなりの高齢である。オーストラリア在住六〇年におよび、シドニー市内で大きな靴の小売店を経営している。同氏はハルビンの旧教徒の中の長司祭として広く信望を集めていたイワン・クドリーン神父の二男にあたる人物なのである。シドニーには最近同氏らの尽力によって旧教徒の礼拝堂が設けられたと報じられるが、ここでは右にあげた記念文集によって、ハルビンの旧教徒がいかに苦心して聖堂を建立したかについて述べておこう。

ヨシフ主教が一九二一年にロゴシスキイ派のハルビンおよび極東地区の管長に叙任されたことはすでに述べた。もともとヨシフの両親はウラルのペルミ地方の礼拝堂派に所属する旧教徒だった。彼自身は十九世紀の末に教会組織の必要性を痛感してロゴシスキイ派に移った。一九一一年春に妻とともども出家して、同年秋にはイルクーツク・アムールならびに全極東の主教に聖叙された。主教座ははじめアムール中流の支流ゼーヤ川の流域にあったが（ここには多くの旧教徒が集中していた）、内戦のため一九一九年以後ハバーロフスクやウラジヴォストークなどを転々として二年後にやっとハルビンに落ち着いたのであった。

ペルミ出身ということのみならず、両親とも礼拝堂派旧教徒という点でイワン・クドリーン神父もヨシフ師と共通していた。ただクドリーンの場合は両親がロゴシスキイ派に合流していた。一九〇六年のうちに輔祭を経て司祭に挙げられた。彼は聖職者であるのみならず農業技術にも造詣が深くて、正教徒からも一目置かれていたという。革命時には長男といっしょに白軍に徴用され、コルチャーク軍にしたがってシベリアを東へ移動した。コルチャーク派が壊滅したのち、一九二二年の末になってハルビンへ身を寄せた。ウラルにのこした家族——妻、長女それに二男（つまりアレクサンドル）と連絡がとれたとき、クドリーン神父が満州里まで彼らを出迎えにおもむいたという。

ハルビンのロゴシスキイ派旧教徒たちははじめヨシフ主教の仮住まいに集まって典礼を行っていたが、そこはあまりにも手狭すぎた。独自の聖堂を建てる必要のあることは明白だった。ハルビンで権力をふるっていたのは、革命前も革命以後も鉄道である。ヨシフとクドリーンは信者たちと相談し、信徒会総代のドゥリソフを通じて東支鉄道当局に土地の払い下げを申請した。当時の責任者ゴンダッチは宗教団体としての公認証の提示を要求したが、その種の証明書は正教会の団体にさえ与えられておらず、それはどうやら旧教徒に対する嫌がらせだったらしい。この段階でも差別はまだ消滅していなかった証拠である。

いろいろ経緯はあったが、一九二四年五月にハルビン駅南の新市街の東寄りに位置する遼陽街（リャオヤンスカヤ・ウーリツァ）一〇番地に四二〇平方サージェン、すなわち五八〇坪あまりの土地が無償で貸与されることになった。ただしそれには条件がついていた。二年以内に教会が建立されない場合、その土地は未完成の建物もろとも鉄道に没収されるという約束だった。ロシア国内の内戦はおさまったものの、ハルビンには難民があふれていた。この地を中継地として中国各地や日本はもとより、米国やカナダへ移住する人びとは後を絶たなかった。インフレーションが進行していた。

起工式が執り行われたのは一九二四年の八月である。東支鉄道の従業員の中にも旧教徒がいたので、正教会のハルビン大主教メフォージイの口添えもあって、当局は二三〇〇ルーブリを醵出した。祖国を追われた流浪の地では、正教会と旧教徒（ロゴシスキイ派）の関係が悪くなかったことは注目に値する。ただし一九二四年十月に鉄道の新しい支配人がソ連から着任した結果、宗教団体へのあらゆる支出が打ち切られた。

窮状を打開したのは裕福な女性信者の寄進だった。市内で手広く茶を扱っていた商人ゴルデーエフの死後、その妹が教会建築のために二千円を献金した。製粉業者ペルヴーシンの母親は自分の貴金属の装身具を寄付した。ゴルデーエフはカザンから、ペルヴーシンはエカテリンブルグから満州に逃れてきた商人だった。軍人や役人とはちがい、商業にたずさわる者のあいだには旧教徒が少なくなかったのである。

信徒の喜捨だけでは足らなくて、信徒会は地主銀行から二千円の借金をした。ヨシフ主教は自分の個人的な貯えをはたいて二五〇〇円を提供した。クドリーン神父もこれにならった。

一年後に聖堂が完成し、一九二五年六月二十二日に献堂式が挙行された。旧暦のこの日は二人の使徒ペテロとパウロの祝日にあたっていた。教会の名がこの二人の聖者に由来しているのは当然である。儀式には正教会側からメフォージイ府主教も参列した。ヨシフ主教は教会建築の事業に精根を使い果たしたかのように、翌年の一九二六日一月に世を去った。

クドリーン神父はハルビンの名士だったらしく、一九四〇年以降の日本側の記録にもしばしばその名前が登場する。戦後の一九五八年にクドリーン司祭は中国領となったハルビンを去る。それとともに教会は閉鎖された。彼はこのとき七十九歳である。教会に飾られていたイコンなどをたずさえて師はシドニーに向かった。

なお聖ペテロパウロ教会建立の由来を述べた文章の末尾には歴代の信徒会総代の氏名と各人の出身地が列挙されている。教会を新たに建てるような事業では聖職者とならんで俗人信者の貢献が無視できないということであろう。

この教会は外見が正教会の一般の寺院とは異なり、一つの屋根のもとに聖堂と聖職者の住宅をおさめていたので、あたかも一軒の家屋のごとくであったという。教会の内部は広くて明るかったが、きらびやかな飾りなどはなく、質素で古式に則ったものであったらしい。第三者の印象としてこれは貴重な証言である。

実はハルビンには旧教徒の教会がもう一個所に存在した。このことは右に挙げた記念文集にはまったく言及がないから、一九三五年以後に建てられたものと考えられる。最初のうちこの教会はスタロ・ハルビンスコエ・ショッセと教堂街が交わるあたりに立っていたが、のちに沙曼屯の大直街の端に移ったという。ここで司式をする司祭たちとしてプローホロフ、シャドリン、スタロサーチェフと三人の神父の名が挙がっているところをみると、ロゴシスキイ派の教会である。ハルビンに旧教徒の教会があったことについてはほかにも傍証がある。ただ二つ目の教会が必要となった理由は今のところ不明である。

開拓村のモデルとしてのロマノフカ

東京で刊行されていた月刊の『旅』誌は日本旅行倶楽部機関誌と銘打った旅行雑誌だったが、一九四二年（昭和十七）の三月号で「満州国」建国一〇周年を記念して満州特集を組んだ。「満州の衣食住」と題した小文の中で関川という執筆者は次のようなデータを表にして示している。

一月の室内温度（外気温度平均　マイナス二〇・九六）

	平均	最高	最低
日本人農家	一〇・七一	二〇・〇	マイナス一・〇

満人農家	九・六〇	一五・〇	四・〇
露人農家	二〇・六七	二五・〇	一六・五

古いタイプの日本人の常識としては、冬は家の中も寒くて当然であったが、零下まで下がっては日常活動にさまざまな点で支障が出ることは明らかであった。満州に出かけていっても、日本の農民たちは依然としていわゆる内地風の家屋をつくって住んでいたらしい。それは衣や食についてもほぼ同様であった。

右の温度調査を行ったのは満鉄横道河子《おうどうかし》開拓研究所である。この研究所は「開拓事業に科学性を付与する」「殊に生活方面に科学的指導を強化する」ことを目的として一九三九年に設立されたものであった。日本の風土とまったく異なる大陸に移住して悪戦苦闘を重ねていた満蒙開拓団に、日常生活レベルでの適切な助言を与えることが必要と考えられたのである。時代の風潮として精神主義が声高に唱えられていたのに対抗するように、科学を前面に押し出していたところが興味ぶかい。主宰者は日本における労働科学の創始者として知られる暉峻《てるおか》義等《ぎとう》であった。

横道河子は浜綏線に沿って牡丹江の西寄りに位置する小都市であるが、なぜその場所に研究所がつくられたかといえば、「原住民」とされる中国系や朝鮮系の農民とならんでロシア人の集落が近くに存在したからである。それがロマノフカ村であった。

ロマノフカ村の成立は一九三六年である。この年の夏にカルーギン姓の四兄弟が狩猟の途中で集団入植のための好適地を発見した、といわれる。彼らはソ連領沿海州のペトロパウロフカ、カーメンカなどの村から集団化をはじめとする政策をきらって満州へ越境してきた旧教徒であった。

カルーギン兄弟は「宗教（旧教）と郷里と職業（農夫猟師）を同じくする者」と名乗った上で、現在持主

ロマノフカ村の菜園にて（山添三郎氏による撮影、1940 年ごろ）

もなく耕作もされていないその土地に、二五家族で集団入植することを希望する願書を白系露人事務局を経て日本の特務機関に提出した。そのさい現地は「匪賊の横行地」であるから武器の携行を許可し、当分のあいだ税金を免除してもらいたいという要望も添えた。白系露人事務局は一九三四年の末にロシア人の自治組織として設立された団体であるが、日本側の統制下にあったことは言うまでもない。

　六月の末に出されたカルーギン兄弟らの申請は二週間後に受理された。その年の十一月から移住がはじまり、翌一九三七年の末までに二〇戸が細長い台地の上に建てられた。一九三三年にウスリー川を越えて以来、シリンへ、横道河子、高嶺子、瑷琿、三河、ハイラル、博図克《ぶとへ》、ハルビンなどさまざまな場所に二、三家族ずつ離散して住んでいたかつての隣人親戚が次々と集まってきたのである。

　その後も村は発展をつづけ、一九三九年末には戸数二六戸、人口一三九人をかぞえ、一九四〇年度末には戸数二七戸、人口一四八人に達した。このような経過ばかりか、戸主の氏名や年齢まで判明しているのも、日本人がこの毛色の変ったロシア村の成立につよい関心をもち、日本から送られる開拓民にとって彼らの暮らし方から学べるものがあるのではないか、と注目したためにほかならない。

一九三九年から一九四一年まで横道河子に満鉄開拓科学研究所がおかれていたが、そのある時期にとられた写真には一四人の職員がうつっている。この研究所の調査報告ともいうべき『白系露人の営農と生活』（開拓科学生活図説の第一冊、一九四二年刊）の目次には次のような見出しが並んでいる。

営農＝この村の農業の特色、農具、労働量、満露農民の労働生産性比較、年間を通じての労働と休息、経済
食生活＝植物性食品、動物性食品、蔬菜の栽培、野菜貯蔵法と調理法、牛乳の利用法、穀物調理法、季節ごとの献立の実例……
住居＝住宅の配置、建築法、独特な床下利用、家の間取り、部屋の内部……
採暖器の作り方＝ロシア風ペチカ、壁ペチカ、丸型ペチカ
衣服について
農業への婦人の参加
公共施設＝蒸し風呂、水車、教育、蜜蝋、教会、医療設備、共同洗濯、虎狩り（これは日本人開拓民の参考にならないので写真だけ）

調査はきわめて徹底していて、三月下旬の某日、狩猟に従事した二十二歳の青年の熱量摂取が四〇七二キ

ロカロリーでそのうち蛋白質が一二八グラムだったこと、七月下旬の某日、乾草を堆に積み上げた十七歳の青年の摂取した熱量は三八四二キロカロリーで、蛋白質は一二九・六グラムであった、というような数字も含まれている。

また一九四〇年五月現在の時点で研究所の調べたところでは、二六戸のうち二四戸までが一台ずつ縫製用のミシンを所有していた。

新京の国立中央博物館副館長の職にあった藤山一雄は一九四一年に満州民俗図録第二集として『ロマノフカ村』を著したが、その翌年には同じ書物を小さな判型にして満州移住協会が東京で第二版を発行した。その序文の中で著者はロシア人の暮らしぶりを学ぶことは「あながち恥づべきことではなく韓信の股くぐりより更に意義深く、効果ある倫理である」と書いている。実際、新京の中央博物館にはロマノフカ村の家屋の模型が陳列されていた。

ロマノフカ村の虎狩の名人、イワン・カルーギン（山添三郎氏の撮影、1940年ごろ）

ロマノフカ村が惹きつけたのは学者や開拓関係者ばかりではなかった。ジャーナリスト、写真家、作家、画家それに軍人までが次々と訪れたところをみると、早くから観光名所と化していたらしい。たとえば、満州写真家協会は昭和十四年度総会をハルビンで開催したあと、ロマノフカ村の生活実況を取材する旅行を行ったという。

最後の時期のロマノフカ村の訪問者の一人は東京帝国大学教授の飯塚浩二であった。一九四五年三月の大齋期の最中で、そのころの集落の戸数は四〇以上、住民は二〇〇人をはるかに超えていた。馬は各戸に三頭、牛は二頭が平均であった。一〇年足らずのあいだに村人の生活がいちじるしく豊かになっていたことがわかる。もっとも飯塚は「北満における白系露人の入植地ロマノフカについての所見」の中で、村民の経済的基盤は虎の生捕りなどの狩猟にあるので、日本側の満蒙開拓団の入植の場合とは条件がいちじるしく異なる点を強調している。日本人にとってはあまり参考にならない、と警告しているのである。

ロマノフカ村の宗教会議

ハルビン市内に住んだ旧教徒とロマノフカ村の旧教徒は生活様式が対照的ともいえるほど異なっていた。信仰の点で容僧派と無僧派という根本的な相違があったばかりでない。ハルビンの旧教徒が別々の場所で別々の職業にたずさわっていたのに村し、ロマノフカでは旧教徒たちだけで集落をつくり、土地を均等に分配して農牧業をいとなみ、冬になると数人ずつグループをつくって狩猟に出かけていた。

彼等の宗教生活はどのようなものであったか。上述の藤山一雄の著書の中に「家を建てる（牧師ボドノフ・クセノフォント翁）」という題の組写真が掲載されている。これはロマノフカ村の中心の広場に立っていた小さな教会、むしろ礼拝堂の建築過程を示したものである。クセノフォント・ボドノフは牧師というより正確には長老（ナスターヴニク）の立場にあった。彼自身の住まいがこの礼拝堂と向かい合っていた。ボドノフ師は一九三七年にこの村へ移住してきたので、おそらくその翌年か翌々年には礼拝堂が完成したものであろう。

日本人は彼らの信仰が、かつてロシア帝国の国教の地位にあった正教会とは異なっていることをわきまえていた。また同じ旧教徒農民でも、三河のロゴシスキイ派よりはるかにきびしい戒律を守っていることも認識されていた。たとえば、酒、タバコ、紅茶、コーヒーは用いず、来客といえども、室内での喫煙は許されぬこと。男は髭を剃らず、ルバーシカを身にまとい、女はサラファンを着て、既婚者は絶えずスカーフで髪の毛をつつんでいること。他の宗派の者とは食事を共にせず、食器も別にすること。宗教上の祭日のみならず、毎週土曜と日曜の早朝に全村民が礼拝堂に集まり、長時間儀式を行うこと。他の宗派の者は決してこの礼拝堂に入れないこと。宗教上の戒律をやぶると「共通の食卓」から追放されること、などである。

関東軍の特務機関といえども彼らの信仰に介入したり干渉しようとした形跡はない。藤山の著書の中の一枚の写真は部厚い書物を製本しているクセノフォント・ボドノフを撮影している。この書物は宗教関係のものであったにちがいないが、中味についての説明はない。むしろ、日本人の訪問者は彼らの信仰生活に深く立ち入ることを遠慮していた気味がある。

そこで私はロマノフカ村民自身の手になる文献資料は一切伝わらないものと思い込んでいたが、一九九〇年にシベリアの学園都市ノヴォシビールスクで旧教徒に関する国際会議が開かれたさい、礼拝堂派の宗教会議の議事録ともいうべきものが存在することを知って驚いたものである。その手書きの文集を私に示されたのは今では科学アカデミー会員になっているニコライ・ポクロフスキイ博士で、博士の話ではつい最近になって科学アカデミー・シベリア支部の歴史・哲学研究所の所有に帰したものだという。私は博士にお願いして一晩その書物を借り受け、ロマノフカ村の名があらわれるページを筆写した。以下がその部分の大要である。角カッコ内は中村の注釈。

人それぞれ三人の母親をもっている。すなわち生みの母、いと浄き聖母、母なる大地である。それゆえ母の名を用いて罵る者は［ロシア人がよく口にする言葉に「汝の母を姦せよ」がある］、生みの母といと浄き聖母と母なる大地の怒りを買うことになる（「金の鎖」の書）。

この会議において規則を審議し承認し署名した世話人は次のとおり。アレクシイ・ゲオルギエヴィチ・ワレホフ、グリゴーリイ・ワシーリエヴィチ・マルチュシェフ［以下六人、氏名略］、信徒S・K・バサルギン、M・N・マルチュシェフ［以下五人、氏名略］中国ロマノフカ村における会議での決定。七四四四年［これはいわゆる宇宙開闢紀元。ここでは西暦一九四四年に相当。なお、これらの数字は算用数字ではなく、伝統にしたがってすべて文字で表されている］。

あらゆる種類の思い違いについては言葉をつくしてキリスト教徒たちを戒めるべきこと。死ぬ前になって認めるのはよろしからず。キリスト教徒としてふさわしからぬ奇妙な衣服について聖なる予言者ソフォーニイの語るところ次のごとし。［五行省略］。聖僧マクシム・グレクはこう書いている。「キリスト教徒たちが奇妙な衣服を着てキリストに刃向かう異邦人のように身を装い、十字架がなければその中味がキリスト教徒であることもわからぬようでは心の底から嘆かわしく、ため息が出る。これは正教徒にはあるまじきいまわしくも呪うべき風習である」。

女は左右前後から入念に身を包むべきである。女がつばのある帽子やつばのない帽子をかぶるのは不埒である。とりわけ髪を縮らせること、横向きに髪をセットしてはならない。これは予言者が次のように語っているためである。「神がわれらに求められるのは華美や派手さではなく、柔和と謙虚さである」。

僧庵痛悔について。僧庵の痛悔は僧庵と森の中においてのみ行われるもので、俗界での聖体礼儀の場合には適用されない。もしも適切な人物（懺悔の聴き役）がいない場合の臨終にさいしては聖像の前において自分の罪を告白すべきである。そのあとでなら僧庵痛悔を行うことができる。以上が中国における決定である。

世話役や信徒として名を連ねている人びとは、どうやら満州（あるいは中国全体）の各地から集まった礼拝堂派の代表だったようである。バサルギンが全部で三人いるが、これはコロンボに多い姓だった。マルチュシェフも同じく三人の名が見えるが、彼等はシリンへからやって来たものらしい（ロマノフカの住人だったマルチュシェフとはいずれも名前が異なっている）。確実にロマノフカの村民と同定できるのは世話役のワレホフと信徒のレウートフのみである。長老のボドノフや交代で村長役をつとめたカルーギン兄弟の名前が見えない理由はわからない。

そのような疑問がいくつかのこるとしても、一九四〇年代の前半にロマノフカをはじめとする礼拝堂派旧教徒が宗教生活――あるいは日常生活の倫理面でどのような問題に最も心を悩ませていたかはこの記録によって一目瞭然である。

一九四五年の大戦終結にともなう「満州国」瓦解によって、三河やロマノフカ村などの旧教徒の集落は消滅する。場所によって遅速の差はあったものの、中国人の村となったのである。ハルビンのロシア人コロニーも一九五〇年代には完全に姿を消した。

旧教徒たちの新たなる流浪については稿を改めなければならない。

カナダBC州ドゥホボール教徒探訪記

まえおき

おそらく、ドゥホボールは大部分の読者に耳なれない言葉であろう。定義として述べれば、これはプロテスタント系の一宗派である。字義どおりには「聖霊のために戦う者」を意味する。もともと、彼らに悪意をもつまわりの人々が侮蔑的に「聖霊と戦う者」と呼んだのが起源で、呼ばれたほうがそれを逆手にとって自らを「聖霊のために戦う者」と宣言したのである。したがって英語に直訳して **Spirit Wrestlers** と称する場合もあるが、文字面の意味はそれで通じたとしても、信仰の内容は依然としてはっきりしないので、英語でも **Doukhobors** とロシア語のまま表記することが多い。実際にはわれわれの耳にはドゥカボアと聞こえる。ドゥークと短く言うと蔑称になる。

カナダへは一八九九年に七五〇〇人が移住した。それまではカフカースに住んでいたのである。元来は、南ロシアの郷士や農民たちの出身で、十八世紀に中欧のプロテスタントの一派の教義を受け入れ、東方キリスト教の流れを汲むロシア正教会から破門されたのが彼らの祖先である。ロシア政府の政策で、十九世紀の初頭にロシアの最南端、アゾフ海にそそぐモローチナヤ川の流域へ集団的に入植させられた。ついで一八四〇年代にカフカース山脈の南側のグルジア領内へ強制的に移住を命じられた。つねに帝国の辺境へ辺境へと追いやられたのである。十九世紀の末にはリーダーの交替のさいの内紛が発端となって、自らが所有する武器を焼き兵役を拒否するという抵抗を示したために、ツァーリの政府からはげしい弾圧をこうむった。あまりに苛酷な迫害から避難させる形で、カナダへの移住がロシアの有名な作家レフ・トルストイや英国のクエーカー教徒の援助のもとに実現したのである。

カナダに上陸してからも苦難はつづいた。良心的兵役忌避は認められたものの、大部分のドゥホボールは英国国王に対する忠誠の宣誓や土地の個人所有を拒否したおかげで、平原州での土地の分配に与ることができなかった。一部の者だけが素直にカナダ政府の要求する手続きにしたがって、マニトバ州やサスカチュワン州のプレーリーに一定の土地を受け取り、自作農として独立する農民になった。彼らは共同体を離脱したのである。

ピョートル・ヴェリーギンをリーダーと仰ぐドゥホボールたちは、宗教的のみならず経済的にも、共同体を維持する道をえらんだ。ピョートルにはすでにカフカース時代からカリスマ性が備わっていて、「主の子」(Lordly)と呼ばれた。ピョートルの首唱で彼らは一九〇八年にブリティッシュ・コロンビア(以下、BCと略記する)の山中の私有地を買い取り、そこで共同生活を営んだ。二棟ずつ向かい合うように設計された二階建てのレンガの建物がBC州の各地に作られた。一つの建物には三〇ないし四〇人に達する数世帯が住み、二棟で一つの生産単位をなしたのである。男たちは鉄道の敷設や林業に雇われて現金を稼ぎ、のこった家族で果物栽培をはじめとする農業に従事し、商品としてのジャムやレンガを製造するのが主たる生業となった。彼らの総数は五千人ほどだったから、その時点ではドゥホボールの過半数を占めたことになる。

一九二〇年代に、子どもの就学問題をめぐって内部分裂が生じた。部外者が教師となる上に英語が使われる義務教育に反対したのは少数派だったとはいえ、反対派は校舎や共同体の建物への放火、あるいは街頭での一糸まとわぬヌード行進などの過激な手段に訴えた。紛争の最中の一九二四年にピョートル・ヴェリーギンが鉄道爆破によって謎の死をとげる。後継のリーダーには彼の息子にあたるピョートルがソビエトから招かれた。彼は共同体内部の腐敗を正すことをスローガンに掲げたので、粛正者（Purger）と綽名された。とはいえ粛正の実はあがらず、かえって大不況の影響もあって、一九三八年に法人としての共同体は破産を宣告され、所有地は没収された。経済的には共同体は崩壊したが、信仰の点ではＵＳＣＣ（Union of Spiritual Communities of Christ　キリスト聖霊共同体連合）の名称で存続する。その名誉会長に推されたのは粛正者ピョートルの孫にあたるジョン・ヴェリーギン氏である。ジョン氏は二〇〇一年十二月に八十歳の誕生日を祝い、今なお健在である。

かつて公教育に反対した人々は「自由の息子」（Sons of Freedom または Freedomites）と呼ばれた。彼らの過激な示威行動は第二次大戦後も継続し、一九五〇年代、一九六〇年代に最高潮に達した。それがきわめて深刻な社会問題をひき起こしたことはいうまでもない。それはカナダにおけるドゥホボール全体の社会的信用をそこなうものだった。

一方、ドゥホボールを取り巻くカナダ社会の中にも、新しい風が吹きはじめていた。多文化主義（Multiculturalism）が政府の施策の根本に据えられることが了解事項になった。その影響は「自由の息子」グループによる放火やダイナマイト爆破などの減少という形で明確にあらわれた。

最近の調査によると、ドゥホボールの人口はおよそ三万人、その大部分はＢＣ州に住み、その他の大半はサスカチュワン州、マニトバ州、アルバータ州ならびに東部諸州に散らばり、ごく少数は米国のカリフォルニアへ再移住している。集団で共同生活をするグループはもはや存在しないらしい。カナダ入植後一〇〇年あまり経って、彼らの生活様式はいちじるしく多様化したわけである。

もともとドゥホボールに対する私の関心の中心は、彼らがグルジアに住んでいた一八八〇〜一八九〇年代の反体制運動にあったけれども、現在の子孫たちが一〇〇年以上前の事件をどのように評価しているか、ということにも興味がないわけではなかった。

私がカナダへ行ってみたいと考えた動機にはこういう背景があったのである。ちなみに、現在ロシアにも約三万人のドゥホボールが住んでいるといわれる。十九世紀の末に全員がカナダへ移住したわけではなかった。大西洋をわたったとほぼ同じ人数がカフカースにのこったらしい。二十世紀にはこちらでも、社会主義革命やら、農村の集団化やら、ソビエトの崩壊につづくグルジアやアルメニアの独立などの政治的な大変動が相次いで起こり、安楽な暮らしを享受できたわけではない。そして、とりわけ最近にいたって、カナダとロシアのドゥホボールのあいだで、盛んな交流が行われているのである。

二〇〇一年六月二十六日（火）

成田空港発一八時のJAL機でバンクーバーに向かう。目的地到着は同日の一〇時半。日付変更線を越えるので、こちら側も二十六日。空港でのパスポート・コントロールに手間どり、出迎えのリチャード・モリス博士とそのパートナーのニニカと会えたのは正午近かった。

リチャードは、一九八八年のザグレブでの民族学国際会議以来の友人。米国オレゴン州のウッドバーンに彼の家がある。自分の専門的な研究対象であるロシア旧教徒の集落の中に住みこんでいるのである。私は一九九〇年の復活祭の時期に一週間ほど彼の家に滞在して、旧教徒たちの暮らしぶりを目のあたりにしたことがある。ウッドバーンのロシア人の一部は私が調べていた満州旧教徒村ロマノフカの住民だったからである。念のために私は満州時代に日本人写真家たちが撮影したアルバムを持参したが、老人たちはなつかしそうに写真を眺め、人物が出てくるたびに、我れ先にその名前を教えてくれた。

今度のカナダ行きについて半年ほど前にリチャードに打診したところ、ＢＣ州のドゥホボールの中には自分の知人がいるし、時間の都合もつくので私の調査に加わりたいという返事が来た。彼は車をもってくるというので、願ったり叶ったりである。

ニニカは正しくはニーナ・ニコラーエヴナ、モスクワの北東に位置する正教会のセルギエフ修道院に勤務し、礼拝などに用いられる織物の聖器具の修復を専門としている。

車に乗って空港から三〇分ほど走って着いたところが宿泊先の民家――リチャードの友人ミチャーニンの住宅だった。バンクーバーに隣接するニュー・ウェストミンスターの一角にある。街路にちょっと傾斜があって、あたり一帯が静かな住宅街をなしている。ミチャーニンは夫がステファン、妻がオルガという名前から知られるように、ロシア系である。しかし目下は夫婦そろって東部へ旅行中で、留守になっている。リチャードがカギを受け取り、家全体を借り切って使っている。二階に部屋をもらい、軽く昼食をとって仮眠する。

夕食に下りて行くと、前から約束があったらしく、七時ごろポズニコフ夫妻が訪ねてくる。夫のコンスタンチンはドゥホボールの出身である。年のころは六十歳といったところか。丸顔童顔で、肌の色が浅黒い。

今は妻マリーナの感化で正教会の信者となっているけれども、彼は若いときにステファン・ソローキンの専用車のドライバーをしていたという。

ソローキンは奇抜な経歴の持ち主だった。元来彼はロシアの正教徒だったが、革命後の混乱の中で教会をはなれ、二〇年あまり小アジアやヨーロッパ各地を放浪した末に第二次大戦後の一九四九年にカナダへ流れてきた。BCで彼を迎え入れたのは過激派「自由の息子」のグループである。それはちょうど彼らのテロ行為が激化への途を歩み始めた時期に符合していた。ソローキンはすばらしい美声で讃美歌を歌い、独特の神秘的な発言で追随者をふやしていった。彼自身は暴力行為を煽ることなく、つねに反対の立場をとっていたとされるが、グループ内で次第にリーダーと認められるようになった。一九五〇年の四月に、過激派の示威行動の一環として、USCCの代表ジョン・ヴェリーギン氏の家と倉庫を焼き払うという事件があり、三六人の「自由の息子」たちが現場で逮捕された。郵便局やカナダの誇る太平洋鉄道CPRの駅舎にも放火の跡が発見された。その後も類似の事件が頻発する。グループの暴力沙汰が猖獗をきわめる中で、ソローキンは非合法行為の中止とともに南米への集団的な移住を提唱し、仲間たちから当時として大金である一万ドルを託されてウルグアイに去った。その地では、終生お大尽暮らしを楽しんだとされる。若いコンスタンチン・ポズニコフは南米でソローキンに仕えていたわけである。

BC内でドゥホボール教徒たちがかたまって住んでいるのは、キャスルガーとグランド・フォークスの二個所である。そのうちキャスルガーの一集落クレストーヴァが「自由の息子」派の拠点として知られている。この日のコンスタンチンの話では、現在クレストーヴァの住民たちのイデオロギー上の勢力分布は次のようになっているという。

①過激な原理主義者＝二〇家族、②ソローキン派＝一〇〇家族、③インドの神秘主義をはじめ他の宗教の教義に共感する者＝三〇家族。

今なおソローキンの説いた考えを奉ずる人々が多数派を形成しているのだ。

コンスタンチンの妻のマリーナは、一九一七年の革命のさい将軍だった祖父をもつ白系のロシア人で、ロシア貴族の後裔である。

六月二十七日（水）曇

朝からバンクーバーの市内見物。ミチャーニン家から少しはなれたところにスカイ・トレインの駅がある。完全コンピュータ制御のリニアモーターで、運転手も車掌も駅員もいない。終点まで大部分が高架なので、景観は抜群。乗客にアジア系の顔が多い。香港の中国返還を契機に中国系の人々がどっとカナダへ移ってきたという。日本人観光客はちらほら。ダウンタウンで名物の蒸気時計を見る。きょうは曇っていて、時折小雨が降り、肌寒い。

三〇〇米ドルを両替すると、四四〇カナダ・ドルになる（すなわち一カナダ・ドルは約九〇円）。蒸気時計の近くの食堂〈松〉で昼食。寿司とテンプラがセットになった定食は、リチャードとニカの口にも合ったようである。キリンビールはアメリカでボトリングしている。

帰路、スーパーで寿司やビールなどを買う。今晩はコンスタンチン・マリーナ夫妻に招かれているので、手みやげに持参するもの。

夕方、サレーにあるポズニコフ家へ。サレーはニュー・ウェストミンスターからさらに郊外へ三〇分ほど出た場所にある。ここまで来ると、一戸あたりの敷地は広々としている。訊いてみると、一・五ヘクタールの広さがあるという。二階建ての家屋も豪壮としか言いようがない。庭には芝を敷きつめ、随所に果実のなる樹木を植えている。屋内には一五メートルのプールを具えている。大学へ通う娘との三人暮らし。ビールで幾分顔をあからめたコンスタンチンが、昔ドゥホボールが素っ裸のまま行進したときに歌った讃美歌を披露してくれた。マリーナの言うには、コンスタンチンは声自慢で、興にのると一晩中でも讃美歌を歌いつづけることがあるそうだ。ドゥホボールの讃美歌の大部分は書き留められ刊行されているが、同時に「胸にきざみ、口でつたえよ」の格言どおり、口頭伝承されていたのである。

六月二十八日（木）天候不順、変化いちじるし

九時五〇分にバンクーバーを出て、リチャードの車でキャスルガーに向かう。カナダに着いた最初の日に、行動プログラムをリチャードと相談したとき、彼が示した選択肢は次のようなものだった。

①　調査をBC州の中のキャスルガー、グランド・フォークスで行う。
②　隣のアルバータ州の町ヴェリーギンへ飛行機で飛び、調査する。
③　さらに東のサスカチュワン州に住む自立農民たちを訪ねる。

この三つのうちでとくに①を選択したのは、ドゥホボールが集中的に最も多く住むのがこの地区であること、リチャードの車で移動可能なこと、の二つの理由からだった。

カナダの道路はすばらしい。東名や中央自動車道などと比べて、交通量が断然少ない。われわれのとった

ルートは以下のとおり。

Fraser川にそってHopeまで国道第一号線。距離一三〇キロ。平坦で道幅が広い。ここからは南の方向に三千メートルをこすBaker山の偉容が望まれる。この山はワシントン州に属しているのである。Hopeからはもっぱら国道三号線にそって東へすすむ。この部分は全体がロッキー山脈の中に含まれるので、坂道が多い。地図で見れば、道は米国のワシントン州との境界すれすれまで近づいたり、あるいはかなり北上したりする。日本の景観と異なるのは、一つ一つのスロープが長いこと――半時間か一時間くらい登りつづけたり、下りつづけたりする。それに、人家がきわめて少ないこと。山の頂きあたりには稀に雪渓が見られる。通過した地点はPrinceton Allenby、Keremeos（ここで軽く昼食をとる）、Cawston、Osoyoos（同じ名前の美しい湖がある）、Bridesville、Rock、Midwayそして Grand Forks。ここグランド・フォークスにドゥホボールの最も有力な組織であるUSCCの本部がある。四〇年以上にわたって名誉会長の職にあるジョン・ヴェリーギン氏の家も近くにある。国道ぞいのコミュニティ・センター・ホールの前に車をとめ、写真をとっただけで出発する。事務所の訪問は帰途とする。グランド・フォークスからキャスルガーまでは一時間ほど。その間の道路はすべて山中にある。そこで強い夕立に襲われる。雨は急に来て、急に去った。車がない時代二つの集落間の往来には相当な時間を要したことだろう。

キャスルガーは町とはいえ、家並みが長くつづいているわけではない。その中心と思われるコンビニでリチャードが宿泊予定のナースチャ小母さんの家までの道順を確認する。それからはだんだん細い道路にはいって行き、ついにはこのあたりでクリークと呼ばれる細長い水路を渡し船でわたる。朝の五時から夜の一〇時まで、利用者があればいつでも無料で渡してくれる仕組み。乗客は、もっぱら対岸のグレイドと呼ばれる集落の住人とそこに用をもつ者のみ。グレイドは「林間の空き地」の意味。ロシアの作家トルストイの住んだ家のあったのはヤースナヤ・ポリャーナであるが、ポリャーナがやはり「林間の空き地」のこと（ちなみにヤースナヤは「明るい」の意味）。集落の命名はトルストイにちなんでいるのだろう。

船をおりると、あとは一〇〇メートルか二〇〇メートルでナースチャ小母さんの家に着いた。時刻は午後七時過ぎ。バンクーバーから九時間あまりかかったことになる。きょうの走行距離の合計は六〇〇キロを超えた。

ナースチャ、正確にはアナスタシア・オーゼロフ。八十三歳。

彼女は今、広い菜園の奥に立つ細長い平屋に一人で住んでいる。平屋でも、下に建坪と同じ広さの地下室がある。一階だけで、台所の他に五部屋が仕切られている。若いフランス人女性が下宿人として同居しているが、われわれがホーム・ステイする間、彼女は地下に移ることになったらしい。

ナースチャの子どもは男が四人、女が四人で、そのうち半分くらいが隣り近所に住んでいる。孫は全部で一七人、ひこ孫は七人いる由。ナースチャ小母さんは年のせいですっかり腰をかがめているが、身のこなしが軽くて、記憶は明晰である。しゃべる言葉もしっかりしている。彼女は夕食としてロシア・スープの代表ともいうべきボルシチを用意しておいてくれた。ナースチャ自身はドゥホボールに多い菜食主義者なので、肉は入れてないというが、ダシがよく効いて見事な味がした。

一九九九年にドゥホボールのカナダ移住一〇〇年記念の盛大な催しがあったとき、リチャードが式典に招かれ、偶然ナースチャと隣り合わせに座ったのがきっかけで知り合いになったのだそうだ。そのときの巨大な集合写真が壁に飾られている。

六月二十九日（金）晴

居間と背中合わせの一室を与えられた。棚の上にロシア語の本が数冊おかれている。何気なく取ると、一九六二年にモスクワで出版されたもの。その題名は《V krayakh chuzhikh》（異郷にて）とあり、「同胞の祖国帰還ならびに文化交流促進委員会」の編集とある。国外へ出たロシア人を呼び戻そうとした組織がソビエトに存在したのだ。カナダからはチャイコフスキイ（A. Chaykovsky）なる人物が寄稿している。

午前中、ナースチャ小母さんの案内でヴェリーギン父子の墓に詣でる。場所はコロンビア川の上流を眼下に見おろす高台にある。かつては立派な記念碑が建てられていたが、「自由の息子」派によってダイナマイトで爆破されたので、今は高さ約一メートル、広さは九×六メートルほどのコンクリートの平たい台座のみとなる。周囲は青々とした芝生が植えられている。われわれ一行が着いたとき、二十歳ほどの娘が芝の手入れをしていた。ロシア語で話しかけると、ニコニコ笑っているばかりなので、英語に切りかえる。彼女の名前はアレクサンドラ・マロフ、通称はサーシャ。大作『ドゥホボール・カナダ移住五〇年史』（一九四八年刊）の著者ピョートル・マロフの孫とわかる。彼女は東部のトロント大学の学生で目下は夏休みの帰省中。芝刈りはアルバイトの由。

墓地から下りて、セルカーク大学のわきのドゥホボール博物館を訪ねる。共同体派がかつて集団生活を送っていた一対のレンガづくりの建物をそのまま博物館に転用したもの。当時のドゥホボールゆかりの品物が展示されている。二階の一室にはベッドの上に人形を寝かせている。それとは別の部屋の壁に、一八九五年に彼らの祖先がカフカースで武器を焼く場面を描いた想像画がかかっていた。やはり、過激なまでの平和主義が彼らの誇りなのである。博物館の館長はラリー・エワシェンといい、演劇の専門家。昔は舞台で演ずる俳優だった。むろんドゥホボールの子孫である。博物館の一部に売店もあって、土産品や印刷物も売っている。ドゥホボール関係の本を二冊購入する。

この日、ナースチャは昔自宅で使っていた床マットを博物館に寄贈した。

館長の要請で、午後三時にキャスルガーの町が出している新聞の遊軍記者のインタヴューを受ける。記者はまだ大学生くらいの若い男で、名前はカール・ハートという。名前で想像したとおり、ドイツ系の由。日本人の私がなぜドゥホボールに興味をもつのか、という点が不思議でならないらしい。裏庭に立つトルストイの銅像の前で記念写真をとる。この銅像は、一〇〇年前にドゥホボールのカナダ移住を援助した文豪を記念して、ロシアから二基贈られたものの一つで、もう一つはサスカチュワン州の独立農民たちのもとにおかれている。トルストイはカナダ移住のさいの恩人として記憶されているのだ。

［このときのインタヴュー記事は「日本の学者がドゥホボールの歴史を執筆」と見出しをつけて週刊新聞《Castlegar Citizen》の七月六日付に写真つきで掲載された］。

博物館からの帰途、モールに立ち寄ってチェーン・スーパーで食料を買いこむ。九時に大きなスイカとアイスクリームを食べる。

六月三十日（土）晴

朝の九時過ぎから、ナースチャの子どもたちが次々と集まってくる。長女マーシャ（ちょっとはなれた場所に住んでいる。クリークの上流で、第二次大戦中に日本人たちが強制収容された地区に近いという）、四女ターニャ（母親の家の西隣りに住んでいて毎朝絞り立ての牛乳を届けてくる。三女と四女もそれぞれキャスルガーに家庭をもっているが、この日は顔を見せなかった）、長男ドミートリイ夫妻（母親の家の向かいに住む。ナースチャは毎朝彼の菜園でイチゴを摘んでいた）、次男アレクセイ（最近妻を亡くした）など。三男のアンドレイもターニャの向こうの隣りに住んでいるが、この日は不参。四男はバンクーバーに住み、大学を卒業してコンピュータ技師をしている。彼の配偶者だけがドゥホボールではない由。食事はロシア特有のブリヌイ（クレープ）。小麦粉を水で溶き薄く焼いて、卵、イクラ、ジャム、ヨーグルト、野菜などをたっぷりはさんで食べる。

午後、「自由の息子」派の住むクレストーヴァに向かう。ここは「過激派の巣窟」の評判が高いところ。きのう訪ねた博物館の館長ラリーから「一人や二人のご婦人が話の途中で急に素っ裸になっても、うろたえないでくださいよ」と警告されていた。

山にはいるという感じ。途中で、ニック・ヴェリーギン氏の家に立ち寄る。有名なヴェリーギンの姓をもつが、リーダーの家系との血縁関係は遠いという。ニック氏はわざわざ「私は中立派です」と言った。USCCの主流派とも、「自由の息子」派とも等距離を保っているということらしい。彼の話で、クレストーヴァにはソローキンの妻だった女性アンナが健在であることがわかる。

リチャードのフィールド・ワークはいつも「出たとこ勝負」「あたってくだけろ」流である。すぐに目的地が決まった。現場の調査ではこのやり方が必要なのだ。クレストーヴァは山中の小さな盆地状の平地で、商店などは一軒も見えない。家と家のあいだに広い菜園があり、道路も整然とはつけられていない。あちこち聞きまわった末にやっとくだんのアンナ女史の家に辿り着く。現われたのは、丸顔で大柄な女性。髪の毛を洗ったばかりで、まだぬれている。年のころは六十歳代か。ソローキンとはずいぶん年の差があったことだろう。前触れのない未知の人間たちの突然の来訪、しかもアメリカ人、ロシア女性、日本人という奇妙な組み合わせの来客に、不審げな面持ちである。

押し問答を重ねているうちに、五十歳代の男が戸口に出てくる。その姓名がスティーヴ・ラプシノフ（Steve Lapshinoff）と聞いて、私は思わず耳を疑った。インターネットでドゥホボール関係の参考文献を検索していたとき、入手不可能な本の著者として写し出された姓だったからである。私がそのことを言い、あなたの著作をぜひ手に入れたいと思っていたと言うと、たちまち打ち解けた雰囲気になって、部屋の中へ招き入れられる。

応接間の軒先に赤い円筒が三つほどぶらさがっていて、そこへ絶えずハチドリが集まっている。紅茶のカップが並べられ、ロシア風の糖蜜菓子が出される。

スティーヴは、ソローキンの晩年の秘書だったことがわかる。彼もやはり大柄で、お腹がでっぷりと出ている。彼の著作四点を購入するが、みなプラスティックの背綴じで、タイプ印刷したものである。

これらの著作は「自由の息子」派の復権を目的にしているばかりではない。一八九九年のカナダ移住者のリストなどはドゥホボール研究の基礎資料である。

このほか彼はピョートル・ヴェリーギン爆殺事件に関するくわしい資料集も出版しているのだ。彼はソローキンのもっていた資料を利用する以外に、時にはBCや東部の図書館・文書館に出かけて資料を渉猟している由。ちょっと覗いた彼の書斎はパソコンはもちろん、各種のエレキ機器がズラリと並び、高度に電化されていることがわかる。帰りぎわに、臨死体験をつづったソローキンの著書『あの世での三日三晩』（ロシア語）とクレストーヴァの合唱団のカセット・テープを記念にもらう。

庭先のハチドリを含めてたくさんの写真をとる。

七月一日（日）晴

カナダ・デイ。国の祝日となっている。

ナースチャの案内で、ドゥホボールの集会を見学する。午前一一時、博物館に近い文化センターに集まったのは、男が二〇人、女が一五人。みんなかなりの年輩である。若者の姿はない。実は、おとといの六月二十九日が使徒ペテロとパウロの祝日にあたっていた。カフカースで武器を焼いたのが一八九五年のこの日だった。そこでカナダでも六月二十九日をPeace Dayとして盛大に祝う慣習があると聞いていた。しかし、カナダへの出発まぎわになって、最近ではPeace Dayをペテロ・パウロの祭日の直近の日曜日に祝うことに変わった、という情報がはいった。そういうご時勢なのだ。つまり、「平和の日」の行事は先週の日曜日に終わってしまった。きょうの集会の人出が予想外に少ないのはそのせいかもしれない。

文化センターは長方形の質素な建物。私は田舎の小学校の体育館を連想した。室内に余計な付属品は何一つなく、上座の中央にテーブルが一つ立ち、その上にパンと塩と水を入れたフラスコが見える。

男女が向かい合ってそれぞれ三列に腰を下ろす。男たちは背広を着て、女性は申し合わせたように全員が白いスカーフで頭をおおっている。

式次第は次のとおりだった。

一　開会の言葉。五十歳ほどのイーヴィン氏のごく短い挨拶

二　聖詞の朗唱。男の第一列の五人、ついで女の第一列の五人が一人ずつ順番に唱える。暗唱なので途中

でつかえると隣人が小声で助け舟を出す。

三　聖歌。男の第一列の三人が次々と先導して三曲、ついで女の第一列の三人が先導して三曲うたう。先導者が第一小節をうたい出すと、あとは全員が合唱するのである。聖詞と聖歌はいわゆるプサルムイと呼ばれるドゥホボール特有の文章。今は印刷された厚い本が出まわっているが、集会にはだれも持参しなかった。暗記しているのが常識なのだ。ドゥホボールの声のよさには定評があり、どの共同体にも合唱団がある。

四　おじぎと握手。男性第一列のAとB、ついでBとA、BとC、それからCとA、CとB、CとDという順番に深いおじぎと握手を繰りかえす。握手はにぎり合った手を大きく上下させる独特のスタイル。男性同士の第一列が終わると女性同士の第一列が右と同じ順番でおじぎと握手をする。第二列以下の握手はなかった。男女がおじぎをしたり手をにぎることはない。ドゥホボールの考えでは、神と天国は各人の心の中に存在するから、儀式のこの部分が礼拝に相当する。彼らの中に聖職者はいない。

このあと壁ぎわからベンチを運んできて信者全員が腰をおろし、参観者が挨拶と謝辞を述べた。集会がはじまったのは一一時一〇分、終ったのは一二時三〇分である。ここで用いられた言葉は全部ロシア語だった。

行事が果てた後、リチャード、私、ニニカの順で挨拶を求められる。各人が一〇分くらいずつ自己紹介と感謝の言葉を述べる。

この日の集まりにはナースチャの三男のアンドレイが参加していて、集会が終わってから、地下の設備を見せてくれる。集会所がだだっ広いのに対して、地下部分は中小の集会所に区切られ、厨房の施設まで完備している。学校の放課後、子どもたちを集めてロシア語の授業などもやっているところ。何回か過激派に放火されて炎上し、その度に建て直されたのである。外見はつつましいが、内部は緻密な設計である。

集会所を出て、養老院を訪ねる。ナースチャが教わった小学校の先生がここにはいっていて、毎日曜日に見舞いに来る由。一時間ほど廊下に座っているあいだに、さまざまな老人を観察する。ベンチに呆然と座っている老人、車椅子を押してもらう老女、ヨロヨロと歩きまわる男女……すれちがいざまにナースチャはある人とは英語で、別な人とはロシア語で話し合うのも、見ているだけで面白い。彼女はロシアの名前はアナスタシアであるが、英語ではジュリアと呼ばれている。

帰宅は三時過ぎで、遅い昼食をとる。

夜は、リチャードの古い友人のアレクセイ・アタマネンコ宅を訪問する。白系ロシア人の子孫。アタマンは元来カザーク（コサック）の頭目を意味する。－エンコの語尾はウクライナの苗字の印。彼は高校でロシア語の教師をしている。奥さんはアンといい、同じ高校のフランス語の先生である。グレイドから車で三〇分ほどはなれたチェリー・レーンに住んでいる。レーンといっても、アスファルトで鋪装された道路からそれて一〇〇メートルも細い砂利道を走り、やっと門に着く。この道がレーンとすれば、隣人はだれもいないことになる。周囲は喬木の森のみで、家のまわりの空間だけが芝を植えられている。庭にはときどき熊、つまり英語ではグリズリと呼ばれる熊がやってくるという。太い丸太をふんだんに使った地上二階、地下一階のログ・ハウスである。木の香りがただようので、新しい建築にちがいない。

もてなしはベランダでのバーベキュー。アレクセイは空手の初段の免状を与えられているとのことで、日本の事情に興味をもっている。この夫妻はドゥホボールではないが、博物館の館長のラリーも相客として招かれている。アンが大戦中の日本人収容所を描いた映画のビデオ・カセットをくれる。最近のテレビで放送された番組の由。クリークの上流のスローカンにその収容所があったらしい。

アタマネンコの家からの帰途、ナースチャの三女のオルガの家に立ち寄る。彼女は、犬のホテルを経営している。人が旅行に出て家を空けるときに、飼い犬をあずかるのである。数十匹の「客犬」がいた。個室もあれば、相部屋もある。オルガの夫もドゥホボールである。彼女の家でも二匹の犬を飼っている。これではたとえ数時間でも、家を空けるのはむずかしいだろう。

七月二日（月）晴

朝八時、ナースチャにさそわれて散歩に出る。家の前の道はマホーニン通りというが、その道の東の端まで約五〇〇メートルを往復した。この道ぞいに五軒ほど農家がある。これがグレイド集落の縦のメイン・ストリートである。西の方向にはもっと人家がたてこんでいる。集落にある家の数は全部で五〇戸ほど。かつてはすべてがドゥホボールだったが、今は半分くらいに減った由。ロシア語の呼び方ではプロドロードナヤ（豊穣の地の意）であるという。

一軒おいた隣りにある三男アンドレイの家に立ち寄り、ベランダでメロンをご馳走になる。アンドレイはブリリアントの文化センターで行われたドゥホボール音楽祭などのヴィデオ・テープを二本プレゼントしてくれる。ドゥホボールはとにかく声自慢なのである。男声や女声のコーラス・グループの集まりが彼らの社交の場になっているらしい。ナースチャの子どもの中では、アンドレイが一番信仰が厚いのかもしれない。九時にブリヌイの朝食。

きょうはキャスルガーを去ってグランド・フォークスに向かうので、ナースチャ小母さんから昔のドゥホボール女性が着た色柄のドレスなどを記念にもらう。USCCの本部を訪問する予定を一時から三時に遅らせてほしいという電話依頼が先方からある。時間の余裕ができたので、さらにしばし歓談（この種の連絡調整はすべてリチャードがやってくれるので大助かり）。一一時にナースチャたちに別れを告げて、出発する。

グランド・フォークスへの山中で美しい湖を見る。名前はクリスチナ湖。周囲は針葉樹のみで景色は単調であるが、神々しいほどの雰囲気がのこっている。湖畔は一〇〇年前と同じ姿なのだろう。ここでゆっくり休息。

町にはいって、ホテルの看板のあるレストランで昼食。ロシア料理のメニューの中に、ボルシチ、ピラフ、ワレニキ、ガルプツィなどの料理が並んでいる。サンドウィッチと一緒にボルシチを注文する。ボルシチの値段は大皿で三六〇円、小皿が二七〇円ほど。レストランの由来を印刷したビラがおいてある。ここではロシア風のエスニック・レパートリーが幅をきかせているのである。

国道三号線から脇道にちょっとはいったところに、USCCのコミュニティ・センターが立っている。規模はブリリアントの文化センターとほとんど変わらない。そのホールと並んで、機関誌《Iskra《イスクラ》》（ロシア語でSpark〈火花〉を意味する）の編集部の建物がある。この雑誌はドゥホボールの家を訪ねると、大抵どこでも目にしたもの。五〇～七〇ページの英語・ロシア語バイリンガルの刊行物で、一年間に一七回発行される（三週あるいは四週に一回の割で出る）。内容はドゥホボールとしての心構えを説く硬い社説から、時事的な国際問題の評論、仲間うちの出生や死亡の記事など。ドゥホボールは平和主義と反暴力の旗を高く掲げているので、その立場からの国際間の紛争解決を呼びかけた格調高い評論が載ることもある。広島に象徴される核兵器被害の根絶キャンペーンもよく論じられるテーマである。私はできるかぎりバックナンバーを購入し、あわせて今後の予約購読を申し込む。［二〇〇二年夏に編集長が男性から女性にバトンタッチされ、ますます紙面が充実している］。

現編集長が東部に出張しているとかで、前編集長のジム・ポポフ氏が待っていてくれた。ドミートリイ・ポポフが本名のものの、こちらではジムで通っている。

四十歳台だが、ロシア語を完全に話す。町の中で昔の小学校、名誉会長ジョン・ヴェリーギンの邸宅（会長自身は病気で会えない）、有名なレンガ工場、水車小屋、個人のつくったドゥホボール博物館などを見学。

夕食をジムの家でふるまわれる。ボルシチ、シーザー・サラダ、ロシア風ケーキのピローグ、アイスクリーム、コーヒー。妻のオクサナもドゥホボールの出身。ドゥホボールの客好きは昔から知られている。夫婦のあいだに娘と息子が一人ずつ。ちょうど、チェルノブイリで被害を受けたベラルーシの少年アンドレイがホームステイに来合わせている。毎年この時期にきまって訪ねてくる由。大きなテーブルを囲んで、にぎやかに食べる。

ドゥホボール教徒による毎年恒例となった平和行進。多数派の機関誌『イスクラ』より。

ジムの家には一〇年ほど前に、日本の研究者の故左近毅君が来て一週間ほど滞在したという。学生時代からの私の知人というと、おどろいていた。

ジムはドゥホボール社会の中の活動家で、ソビエト時代には熱心にロシアへの帰国運動を推進していた。実は、ナースチャも移住委員会のメンバーだったので、彼女をよく知っているという。一九九一年にはモスクワに招かれてクレムリン内のゴルバチョフの執務室に近い部屋で政府の高官と話し合い、ソビエト国内のどこでもいい、彼らが希望する場所へ戻ってきてよろしいという約束をとりつけた数時間後にソビエト政権が崩壊した、という話。その時点でのカナダ・ドゥホボール側の意見分布を尋ねると、即時帰国に賛成が四〇%、反対が三〇%、態度未定が三〇%だったそうだ。カナダ社会にすっかり溶けこんだかに見えるナースチャ小母さんも即時帰国組だったのだ。ショック。

一〇時過ぎにザ・オーチャドというb&b（民宿）に行き、入浴、宿泊。

七月三日（火）晴

名前のとおり、このb&bのまわりは広大な桜の園である。ただ目下赤く熟しているのはジャム用で生食できず、食べられるサクランボはまだ青い。果樹園を見晴らすベランダで朝食。食べきれないほどの料理がテーブルに出た。

主人のリチャードは三年前にチェコから移住してきた人物、主婦のシャロンとバンクーバーで知り合ってグランド・フォークスに引っ越し、果樹園をはじめたという。

《イスクラ》の編集部を再度訪問。ジムが自分の父と言って紹介したのが、エリ・ポポフ氏。「一九五六年にスヴェルドロフスク（現在のエカテリンブルグ）で出た『ドゥホボールの歴史』の著者ですか」と尋ねると、彼のほうがびっくりする。この本はロシア語で書かれたもので、何人かの初期ドゥホボールについて入信の動機を具体的に述べたもの。名著なのである。エリ氏はまだ七十歳前後という印象であるが、それでは勘定が合わない。八十歳をはるかに超えているにちがいないが、顔の色つやがいい。最近も『ターニャ』というドゥホボールの一女性の生涯を描いた本を書いたというので、さっそく一冊ゆずってもらう。各地のコーラスのカセットテープ数本と、大部の資料集も入手する。

カナダ社会の中でドゥホボールが自分の社会的地位を確立すべく懸命に努力したことがよくわかる。一九八〇年代になってようやく「自由の息子」派の過激な行動が下火になり、ドゥホボールの存在が認知されるようになったのである。

ポポフ父子とともに、リルコフ（これもカナダ・ドゥホボールによくある姓）というレストランで昼食をとり、バンクーバーに向けて出発する。ミチャーニン家に帰り着いたのは八時三五分。短いあいだに陽気がすっかり夏めいて、冷房が欲しいくらいの気温になっている。入浴して、就寝。

七月四日（水）晴

朝食九時。午前中、フィールド・ワークで手に入れた各種の資料を整理する。

昼食は都心のガス・タウンへ。蒸気時計の前でBC大学図書館の司書のジャック・マッキントッシュ（Jack McIntosh）氏と落ち合う。ジャックはドゥホボール問題の専門家である。一九七〇年代にBC政府が組織したドゥホボールに関する委員会のメンバーでもあった。彼もリチャード・モリスの知人。リチャードの顔の広さには驚嘆のほかかない。

例の日本食レストラン〈松〉で昼食をとりながら、今回の旅の成果を話し、今後の協力を要請する。彼もクレストーヴァの現状について深い関心を寄せている。

夕食にコンスタンチンとマリーナのポズニコフ夫妻来訪。リチャードがピザの出前をとる。

七月五日（木）晴

バンクーバー空港発15・05のＪＡＬ機。成田着は翌日の16・50。予定どおり無事に帰着。

現代に生きる悩み

二〇〇一年の夏、カナダのブリティッシュ・コロンビア州にあるドウホボール教徒の村を訪ねた。彼らがロシア政府の迫害を受けた末、一八九九年にカフカースからカナダへ移住してきたことは、文豪トルストイが彼らを熱心に援助したことを含めて、ロシア史の中でよく知られた事実である。わが国では木村毅氏の著書『ドウホボール教徒の話』(一九六五年刊)がこの間の事情を読者に紹介した。

しかし、カナダへ移住してからこの人びとがどう暮らしてきたかは、それほどよく知られているわけではない。そこで、高い理想をもって新しい国へやってきたドウホボールたちの生活の現状を見るためにカナダを訪れたい、彼らと会って話をしてみたい、というのが私の長年の夢であった。それが意外に早く実現したのは、古い友人であるアメリカ人民族学者リチャード・モリスが調査旅行に付き合ってくれたおかげである。

一八九九年にカナダへわたってきたのはおよそ七五〇〇人であった。『カナダ民族百科事典』によると、現在の彼らの人口は約三万人と推定されるという。そしてその七〇%がBC州に住んでいることになっている。BC州を訪れた私は、何はともあれ、ロッキー山脈をかかえるこの地方の自然の雄大さに圧倒された。この大きな自然を舞台にしてはじめて彼らの生活が成り立ち得たのだという感慨におそわれた。

カナダへの旅のあとで私は『武器を焼け　ロシアの平和主義者たちの軌跡』という小さな本を書いた。ただ、このときの旅行で出会ったのは、概して熱心なドウホボールたちだけだった。旅行の趣旨からいっても、信仰に冷淡な人びとにはインタヴューしている暇がなかったわけである。ところが、前記の『カナダ民族百科事典』を見れば、ドウホボールの総人口中、今も信仰をもっていると答えたのは四八〇〇人あまりである。あとの二万五千人ほど、つまり八〇％以上は自分をドウホボール教徒とは意識していないか、信仰に確信をもてないでいるらしい。

このことと関連して、彼らの共同体であるＵＳＣＣ（キリスト聖霊共同体連合）の機関誌ともいうべき『イスクラ』の一九九九年五月二十六日号に実に興味深い記事を見つけた。筆者はサム・フィリーポフという男性で、「ある一〇〇年祭の回想」と題されている。共同体の機関誌がわざわざこのような反共同体的な感想文を載せていることは、よほどの度量と思われる。考えてみれば、これはドウホボール教徒だけの悩みではないかもしれない。あまりに感心したので、以下に抄訳して示したい。［　］の中は訳者たる中村の注釈である。

あるドゥホボールの回想

まえおき

私はドゥホボールとして生まれた。子どものときからドゥホボールの習慣や価値観を教えこまれた。その価値観に疑問をもつようになったのは十代からである。教育のレベルがすすむにつれて、生まれ育った共同体や家族との関係に亀裂が生じてきた。大学で聖書の中のイエス・キリストの教え、ブッダ、ガンジー、ジブラン［レバノン出身の芸術家兼思想家］その他の人々について学んだことも大いに影響があった。

ドゥホボールでない女性と結婚して二八年になる。後悔はしていない。娘が二人いる。ドゥホボール共同体の外部で暮らしているが、両親や親戚や友人たちとは付き合いを続け、よい関係を保っている。共同体がかかげている平和主義、環境保護、他人への奉仕などの考え方を家族全体で支持している。とはいえ、自分はいったいドゥホボール教徒かどうかという疑問を心のそこからぬぐい去ることができない。

幼時の記憶

子どものころ、私はスローカン川［BC州の東部］の近くに住んでいた。村はずれの二間きりの家で、暖房は料理用のストーブだけだった。水は炊事用と菜園の灌漑用に、スローカン川から手桶で汲んで運んできた。牛や鶏や羊を飼っていて、菜園も広かった。母は家で働き、父は林業関係でやとわれ仕事をしていた。両親や川向こうの祖父母とはロシア語で話していた。ドゥホボール以外の人間がいることはよく知らなかった。おばあさんから祈禱の文句を教えてもらい暗記させられたが、意味はわからなかった。

母方の祖父は「自由の子」派［学校教育に反対して、放火やヌード行進を繰り返したグループ］だった。父は連合派［USCC。ドゥホボールの中の多数派で、比較的穏健なグループ］だったから、母は結婚してから実家と付き合うことを許されなかった。母方の祖父は入獄中に亡くなったので、私は顔を合わせたことがない。祖母はだれの助けもかりず、信仰上の信念のためにピアズ島の監獄で、何年も過ごした。母や彼女の兄弟たちはバンクーバーの仮親のもとで育てられたのだった。

学校で

私は公立の学校へ出してもらった。私の親友は出してもらえず、警察の手によってニュー・デンバーの施設に収容された。

自分がドゥホボールであることを意識させられたのは、小学校にはいってからである。一九五一年のことで、先生は戦争帰りの軍人だった。学校ではロシア語を話すことを禁じられた。話すと、罰を受けた。生徒は英語派とロシア語派に別れ、私たちロシア語派はよくぶたれた。反抗するな、と両親から言われていたので、なぐり返さなかった。そのうち、なぐられなくなった。公立の小学校と家庭のあいだにはいつも緊張関係があった。

中学校にすすむとスクールバスでスローカン市内に通った。ここでは、第二次大戦中収容所に入れられていた日系人のグループが加わった。彼らはロシア人よりもひどい扱いを受けていた。

年がたつにつれて民族の違いを越えた友情が成立するようになったが、ガール・フレンドとのデートとなると事は面倒だった。人種差別的なしきたりのため、私の両親や祖父母は、以前より私のふるまいを大目に見るようになった。

共同体の内部で

ドゥホボール内での教育も必修だった。礼拝の集まり、日曜学校、ロシア語の授業などに通わされた。そこではロシア語しか使わなかった。年長者に対する服従も絶対的だった。教義のことで質問すると、「神はそんな質問を許さない」と言われた。タバコを吸うな、酒を飲むな、肉を食べるな、私有財産をもつな、殺すな、そねむな、欲をかくな、と教えられたが、陰にまわるとみんな反対のことをしていた。土地を買う者もいたし、株に手を出す者もいた。

両親は歌好きだったが、私は歌がうたえなかった。コーラス・グループのメンバーでなければ、共同体の中で大きな顔ができない。

私の家族が住んでいた土地でロシア語教育がはじまったのは、会館が建てられてからだった。夕方から授業があったが、教わる方のレベルがばらばらで、うまくゆかなかった。そのうち、会館が放火で焼失した。母方の伯母の一人が自分の家を焼くといって松明を持ち出したが、「自由の子」派の祖母が絶対に許さなかった。どうも、火をつけて焼き払うというのは、けがらわしい財産を始末するためのドゥホボール愛用の手段のようである。

〈額に汗して平和な暮らし〉

私は子どものころから勤勉な暮らしに慣れてきた。家事もよく手伝わされたが、少しも苦にならなかった。十代にはスポーツに夢中になって、両親や祖父母からよく叱られた。スポーツや読書は家や共同体では歓迎されなかった。それでも、成績がよかったので、大学へすすむのを許してもらった。

両親は協会派のメンバーで、私も子どものときからメンバーになっていた。しかし、協会にたいする疑問は今もって解決されていない。なぜリーダーが世襲制なのか。[ピョートル・V・ヴェリーギン以来、現在のジョン・ヴェリーギンにいたるまで会長職がヴェリーギン家によって世襲されている]。なぜ協会は予算をたてるときに採算と合理性を度外視するのか。なぜ財産の共有にこだわるのか。なぜ協会はキリスト教の他のグループと協調しないのか。なぜ、協会はドゥホボールとは何かについて明快な指針を示さないのか、などなどである。

真実を求めて

大学にはいると、何でも自分一人で決められることに、感動した。従兄にすすめられて、ドゥホボール青年会に入会して、バンクーバーや他の州の仲間たちと交流した。貴重な経験だった。将来の目標としては、教師になることにした。

部外者と結婚することは共同体内部で歓迎されなかったが、私の結婚相手はドゥホボールではなかった。でも、両方の親たちは承認してくれた。今にいたるまで、双方の親戚と仲良く付き合っている。

社会的責任

平和主義の活動家であることに誇りをもっている。これはドゥホボール共同体のかかげる目標でもある。とはいっても、同じようにカナダに住むクエーカー教徒、メノー派、フッター派などのプロテスタント系の教団が国家権力と何とか折り合ったのに、ドゥホボール教徒だけはなぜあれほど官憲と衝突を繰り返したのか。新しい社会環境の中で、信仰の原理原則を変えることなく、少しずつ生き方を改めることができたのではないか。

多文化主義、人種差別反対、人権尊重という大きな潮流の中で、私は生きるための指針を手に入れたように思う。

カナダ社会にはドゥホボールや日本人やその他のマイノリティー・グループに対する偏見と差別がたしかに存在した。よりよい平和的な暮らしを求めているのはドゥホボールだけではないのだ。

私は自分がドゥホボールであると思うけれども、両親とは違ったタイプのドゥホボールであると自覚している。

カナダは国家として国連の提唱する人権宣言の支持国であるので、私はカナダ国民としてその責任を果たしていきたい。

ロシアのキリスト教――森安達也氏の著書によせて

一九六五年の夏のことである。当時ロシアの総主教座は、まだモスクワ郊外のザゴールスク（現セルギエフ・ポサード）に置かれていた。はじめてソビエトを訪れた私は、折りを見てまずこの地へ足をはこび、壮麗な三位一体修道院の大伽藍に目を見張った。ここには老女たちの巡礼の姿もあった。十四世紀の初代院長セルギイがタタール軍との戦いにおもむくモスクワ大公ドミトリイに祝福を与えている壁画のある有名な正門のわきで、小学生の年ごろの二人の男の子が遊んでいた。見なれぬ外国人と思ってか物めずらしそうにしているので、私が名前をたずねると、ペーチャ、ワーシャという返事がかえってきた。ピョートルとワシーリイ、すなわちペトロとヴァシリオスに由来する洗礼名である。私はつづけてこう訊いた。

「教会へはお祈りに行くの」

「行かないよ」

「どうして」

「ボーガ、ニェート（神はいないよ）」

この単刀直入の返答こそソビエト政権による無神論教育の成果にほかならなかった。と同時に、神が姿を消したかに見えるこの国でも、子どもの名前となるとキリスト教の聖者にちなむ名が選ばれるのは単なる惰性であろうか、という疑問が頭をかすめた。

誤解を恐れずに言えば、この疑問のよってきたる歴史的経緯を明らかにすること、そしてその成り行きを論理的につきとめること——それが『近代国家とキリスト教』の中で森安達也氏が追究した課題である。

スラヴ文献学とキリスト教史の領域で、森安氏は早くから著作を発表していた。そのうち主要なものだけを挙げておけば、『永遠のイコン——ギリシア正教』(共著、淡交社、一九六九)、『キリスト教史Ⅲ——東方キリスト教』(山川出版社、一九七八)、『ビザンツとロシア・東欧』(講談社、一九八五)、『スラヴ民族と東欧ロシア』(編著、山川出版社、一九八六)、『東方キリスト教の世界』(山川出版社、一九九一)、『東ヨーロッパ』(共著、朝日新聞社、一九九三)である。このうち森安氏の代表作を一冊だけ名ざすとすれば、世界宗教史叢書全一二巻の中の第三巻として刊行された『キリスト教史Ⅲ——東方キリスト教』であろう。この叢書のその他の巻は各分野の泰斗ともいうべき老大家によって執筆されたのだったが、森安氏はまだ三十代だった。東方キリスト教の歴史の領域で、森安氏はこの若さですでに第一人者の列に加わっていたのである。この本の「はしがき」の中で氏は自らの立場を次のように明確に宣言している。「著者は教会の立場にも、また科学的無神論の立場にも立たない。本書は、東方キリスト教を文化の基盤としたさまざまな地域の史的研究を進めるために、いかなる方法でキリスト教を理解すべきか、という設問に対するひとつの回答のつもりである」。

宗教について語ることはむずかしい。どのような宗教もそれが宗教である限り、自らの教義に絶対の価値をおき、正しいのはわが教えのみと主張する傾向があるからである。自分だけが正しいとなると、他者はすべて誤謬となる。他方、科学的無神論の立場も森安氏のとるところではなかった。それはすべての宗教の存在意義を否定しているからである。独断という点で無神論は宗教に通ずる。その結果として森安氏が採用したのは、味方でも敵でもない視角からキリスト教を眺めようという立場だった。それがキリスト教を論ずる最も公平な態度であるという信念があっての選択である。

森安氏のこの基本的立場は、『近代国家とキリスト教』でも受けつがれている。本書の中で立てたテーマは氏が繰り返し述べているように、「近代におけるキリスト教の命運」である。これは森安氏がそれまでホームグラウンドとしてきた東方キリスト教会の歴史からの一歩前進だったと見ることができる。ヨーロッパの辺境からヨーロッパの中枢にむかって自分の研究対象をひろげようとした試みの最初の果実がこの著作であった。

本書がはじめ『神々の力と非力』のタイトルで「これからの世界史」シリーズ全一三巻の中に含まれていたことは、偶然ではない。それまでの世界史叙述を批判的に読み直そうという意欲が随所にあらわれているからである。たとえば東ヨーロッパにルターやカルヴァンのような人物があらわれなかった事情にふれて次のように述べる。

「もちろん、それには東方正教会そのものの体質というか信仰生活も関係するが、宗教改革が起こらなかった最大の理由は、ヨーロッパで宗教改革の原動力となった社会の変動が生じなかったことにある。この社会の変動、すなわち政治、経済の上での大変動が近代社会を生んだことは、否定できないと思われるが、もちろんそれは宗教改革が近代社会を生んだなどと短絡することではない」(三八ページ)。

つづけて森安氏は次のようにダメ押しをする。「ルネサンス、宗教改革、絶対主義というヨーロッパ史の流れを押さえることは、高校生の学習にとっては必要であろうが、歴史事象は周辺から見るとその本質がかえって明確にわかることもあるので、宗教改革が波及しながら絶対王政につながらなかった地域を無視していいわけではない」（三九ページ）。

右の記述でよく示されているように、今までの世界史の教科書の中でステレオタイプのように反復されてきた図式の当否を疑い、過度に簡略化されて伝えられた事象には、ルーペをかざすように精密な説明を加えているところに森安氏の大きな功績がある。後者の適例が「フィリオクェ」の場合だろう。聖霊が父なる神のみならず「子からも」（フィリオクェ）発出するという教説は、それを支持するカトリック教会とそれをみとめない東方教会のあいだの長期にわたる神学論議の争点となったことはよく知られている。ただ世界史上の大事件として知られる一〇五四年の東西両教会の分離はそのような教義上の差異から生じたものではなく、もっと世俗的な理由から発生したものだった。

近代においてキリスト教が受けた最大の試練の一つはフランス革命であった。従来フランス革命といえばアンシャン・レジームに対するブルジョアジーの勝利、近代的国民国家体制の確立という側面に強い光があてられてきたが、実は民衆の日常生活のレヴェルでも徹底的な世俗化が強行されたのだった。ヨゼフ・マリアという名前をもっていたフランスのある師団長は、モーリス・レオノールと改名した。「昔の愚かな寝取られ亭主と若いユダヤの売女の名前をこれ以上もっていたくない」という理由からだった。聖母マリア崇拝を頭から否定したのである。

啓蒙主義を奉ずる革命政府はキリスト教会と正面衝突する運命にあった。その結果としてどのような現象が生じたかが第二章の主題であるが、日本人としても排仏毀釈の形で十九世紀に類似の体験をしている。問題は、フランス革命の熱気の中で実行に移されたさまざまな変革や教会弾圧が長つづきしなかったことである。革命のほとぼりがさめると、ローマ教皇は各国民国家と条約を結び、それぞれの国内における政治と教会の関係を定めることによって立場を獲得することになる。それによって一応の安定を得たキリスト教も、一九一七年に起こったロシア革命によってさらに深刻な試練をむかえる。今度の衝突の相手はブルジョアジーの代わりにプロレタリアート、資本主義の代わりに社会主義であり、おまけに相手は積極的な反宗教主義である科学的無神論をふりかざしていた。その苛烈な闘争の経過が第三章の記述の中心をなしている。

森安氏の歴史のとらえ方は、単なる制度の交替、法律の改定、慣習の変化の列挙にとどまっていない。右に例としてあげたフランス軍の高級将校の改名は当時のフランス社会の雰囲気を如実に伝えるものである。フランスびいきのドイツの知識人の個人的な見聞の記録によって、読者は二〇〇年前の革命の舞台を垣間見るのである。

森安氏は稀にみる博覧強記の研究者であったけれども、氏の関心は学問にとどまっていたわけではない。内外の伝統芸能に造詣がふかく、ピアノにいたっては演奏家の腕前に達していた。本書の中でも宗教革命のイメージを示すものとして、メンデルスゾーンの交響曲『宗教改革』、マイアベーアのオペラ『ユグノー教徒』などが挙げられ、ウンベルト・ジョルダーノのオペラ『アンドレア・シェニエ』をはじめさまざまなオペラが歴史事象の芸術的表象の例証として言及されている。宗教改革のイメージがルターの手になる讃美歌の中にあらわれるのに対し、対抗改革のイメージはバロック調の宗教画に表現されているという指摘も卓抜である。

森安氏の風貌は端正であった。いかなる酒席においても、その印象はそこなわれることがなかったという。氏の端正さは正確無比な論理性と通底するところがあり、大学改革の時期に氏はその非凡な能力を買われて勤務先の東京大学の枢機に参画するポストに挙げられた。おそらくそこでの激務が氏の早世をもたらすことになったのではあるまいか。本書の初版が刊行されたのが一九九四年の五月下旬であり、それから三月とたたない八月一五日に他界されたのだった。「あとがき」の筆致は淡々としているが、本書は死の床の森安氏が渾身の力をふりしぼって執筆されたものにほかならず、それを思うと悲愴の感にうたれる。

氏がぎりぎりの瞬間まで資料収集をおこたらなかったことは、一九九三年の出来事——すなわち当時世界中の耳目をあつめたウェイコの惨劇、ポーランドで制定された中絶禁止法、ローマ教皇ヨハネス・パウルス二世の回勅「真理の輝き」など——が本書の中で論じられていることからも明瞭である。

これは私の推測に過ぎないが、ソビエト体制の末期の一九八〇年代からはじまっていたロシア正教会の復活の動きについても、かなり資料を集めておられたはずである。もしあと数カ月あるいは数週間の余裕さえあれば、よみがえったロシア正教会の動向は「神の復讐」のもう一つの事例として本書の終章で取り上げられ、適切な論評を加えられたにちがいない。かつての無神論者の小学生ペーチャやワーシャにしても、今では教会に通っているかもしれないのである。

Ⅲ　中世の文学と社会

『イーゴリ軍記』と『平家物語』――色彩の構造から見た比較など

はじめに

一九八三年の九月にキーエフで国際スラヴィスト学会の例会が開かれた。それ以前のことをつぶさに調べたわけではないが、日本の研究者がグループで参加したのはこれが初めてだったと思う。国際スラヴィスト学会の支部のような形で一九八〇年ごろ日本のスラヴィスト（ロシア語やポーランド語などスラヴ語の研究者）たちの会が発足し、キーエフでの第九回大会のための報告集として一冊の欧文論文集が刊行された。以下の（1）はこの論文集に収録された私のロシア語の文章の要旨で、（2）はその後書きに相当するものである。

発表そのものより、準備した文章を引くのには多少わけがある。私は総会で報告する機会を与えられ、実際に初日午後の演壇に立ったのであるが、そのときの話の内容は印刷された論文とはかなり異なっていた。こういう会議の例として、一人の発表者に割り当てられた時間は二〇分にすぎなかったからである。私は重点を『平家物語』の紹介におくことにした。私の個人的な印象では、私自身の所論よりも、『七十一番職人歌合』に描かれた中世の盲目の琵琶法師の絵や、今につたわる平家語りの演奏（私がえらんだのは井野川師の「那須与一」の段——一九七三年の録音——だった）のほうが、世界中から集まったスラヴィストたちの興味をひいたように思われる。

以下につづく論文自体が外国人の聴衆や読者を対象としていたため、日本人にとってはあらずもがなの説明が多いこと、ならびに、もともと文章そのものが、口頭発表を前提として書かれたものであるので、「あります」調のままここに引用することにした。

（1）

二つの作品の共通点と相違点

『イーゴリ軍記』を中世ヨーロッパの他の叙事詩、すなわち『ローランの歌』や『ニーベルンゲンの歌』などと比較する試みは、すでにA・N・ロビンソン教授をはじめ多くの研究者によって行われてきました。このような比較が『イーゴリ軍記』の文学的特性を明らかにするために大いに役立ったことは言うまでもありません。私は今、中世日本の叙事的作品で日本人に最も愛されている古典の一つ『平家物語』を皆さんに紹介し、あわせて二つの作品を色彩の構造という観点から比較してみたいと思います。

日本文学史の中で『平家物語』は軍記、すなわち字義どおりには「合戦の記録」と呼ばれるジャンルに属します。ソビエトのすぐれた日本学者N・I・コンラド教授らはこの作品を「平家《たいら》の物語」と呼びましたが、たしかにこれは平と呼ばれる武士の一門（音読で平家《へいけ》）の興亡を物語ったものであります。この一族が、対立する武士の一門である源氏によって決定的に滅ぼされたのは一一八五年の春のことであります。この戦闘後まもなく、おそらく十三世紀の初めに『平家物語』の原型が成立したと信じられています。言うまでもなく、ノヴゴロド＝セーヴェルスキイ公イーゴリがポーロヴェッ族（クマン人あるいはキプチャク人とも呼ばれた）を討つためにステップに駒をすすめたのも同じ一一八五年の春のことです。そして遠征の直後に『イーゴリ軍記』がつくられました。

偶然とはいえ、この時間的一致はわれわれを驚かせます。それにもかかわらず、これら二つの文学作品を何らかの見地から比較して論ずるためには、いくつかの留保が必要であるように思われます。というのも、『イーゴリ軍記』と『平家物語』のあいだには多くの根本的な相違点が存在するためであり、一見したところ相違点のほうが共通点よりはるかに目につきやすくて、いかなる比較も無意味あるいは不可能とすら見えるからであります。

まず第一に指摘しなければならないのは、テクストの性格です。『イーゴリ軍記』は無名の一人の作者によって創造され、後代（おそらく十六世紀）の一写本によって近代につたわりましたが、それに反して、われわれに知られる形での『平家物語』の創造には複数の作者が関与したと考えられており、しかもおびただしい伝来写本のあいだには非常に多くの相違がみとめられます。ある研究者の推定では、十三世紀の最初の二〇年間に三巻からなる「原平家」が成立し、つぎの三〇〜四〇年のあいだに別の作者、むしろ作者たちによってまず六巻、ついで一二巻へと増補されたことになっています。伝来写本のなかでも最もすぐれているとされるテクストは覚一という名の天才的な盲目の語り手が十四世紀の後半に編纂したもので、その写本が今日最も広く用いられていますが、他の異本の中には、作品全体が二〇巻に分かれているもの、または四八巻を含むものさえあり、あるものは別の題名をもった独立の作品とすらみなされているほどであります。概して、日本の古典文学の中で『平家物語』ほど多くの異本をもつ作品はないかもしれません。

第二は、作品の規模とその構成の問題です。『イーゴリ軍記』の作者は一人の主人公の一回の遠征とその結果を、自らの評価や歴史的回顧をまじえながら、一貫したスタイルで述べています。一方、『平家物語』は、プロローグとエピローグを別として、一一七七年から八五年までの諸事件を年代順に記述しています。上述したように覚一本系統では基本的なテクストは一二巻からなり、さらに補足的な一巻をもち、合計で二〇〇ほどの章に画然と分かたれています。それらの章のあるものは年代記的な記録であり、あるものは特定の人物についての逸話であり、あるものは男女間の愛をテーマとした恋物語であり、さらにあるものは合戦の物語であるといった工合で、文体的にもかなり複雑な構成をもっています。

第三に、作品の社会的背景として、十二世紀の末にロシアと日本がおかれていた歴史的・地理的条件のちがいも考慮に入れておく必要があろうかと思います。しかしこの点は後にふたたび言及することになりますので、ここではこれ以上申し上げないでおきます。

以上の相違点に負けず劣らず重要なことでありますが、二つの作品の背後にある文学的伝統のちがいはあまりにも自明のことですから、深く立ち入らないことにいたします。『イーゴリ軍記』は比較的若い文学の所産です。他方、日本には『平家物語』以前に、口承文芸の伝統は言うに及ばず、五〇〇年に及ぶ記述文学の伝統がありました。歴史記述としては『古事記』(八世紀)、叙情詩の分野では『万葉集』(八世紀)をはじめとする数多くのアンソロジー、さらに散文小説では『源氏物語』(十一世紀)がありました。これらの古典のうちのいくつかはすでにロシア語に翻訳されています。

私はこれまで、『イーゴリ軍記』が『平家物語』といかに異なっているかについて述べてきました。次に私は二つの作品の共通点をいくつか指摘したいと思います。これらの作品で扱われている事件はともに十二世紀の末に実際におこったものであります。そして『イーゴリ軍記』も『平家物語』もそれらの事件がおこった直後に成立しています。二つの作品のアクチュアルな性格はここに起因していると考えられます。

第二に、両作品とも叙事詩的な性格をもつとはいえ、いわゆる「抒情的逸脱」を含んでいます。『平家物語』には、その登場人物のいくたりかの成功あるいは不成功におわった恋物語や滅びゆく主人公たちに寄せる女性たちの同情が情緒ゆたかに描かれています。『イーゴリ軍記』については、イーゴリの妻ヤロスラーヴナの嘆きの歌を想起すればぱ充分です。私の見るところでは、これらの抒情的なシーンはそれぞれの作品の最も大きな魅力の一つをなしています。

女性だけについて語ることは不公平のそしりを免れないので、男の主人公たちについても一言します。戦場での勇士の最大の徳目は勇気です。出陣にさいしてイーゴリは「生きて囚われの身となららんより、戦の庭にたおれるがましぞ」といって部下たちをはげまします。彼の弟のフセーヴォロドは敵の大軍を相手に「荒れ牛」のように奮戦し、作者にこう歌われます。「いかなる傷が心にかかろう——名誉も富もチェルニーゴフの父の玉座も忘れ去り、いとしの妻、うるわしいグレーボヴナの日ごろの情も忘れ果てたフセーヴォロドには」。『平家物語』でも戦士にとって主君の馬前で討死することは最高の名誉と考えられています。次のような箇所があります。「都をいづる将軍は、三つの存知あり。切刀を給はる日家をわすれ、家をいづるとて妻子をわすれ、戦場にして敵にたたかふ時、身をわする」(「富士川」)。名誉を重んじ恥をおそれることはロシアと日本の武人にとって共通の感情だったのです。

私はここで『イーゴリ軍記』と『平家物語』のすべての共通点を網羅することを目的とはしておりません。

しかし最後に、二つの作品の最も注目すべき共通点としていずれも語りの文学であったことを言い忘れてはならないと思います。『イーゴリ軍記』が散文であるか韻文であるか、うたわれたか朗読されたかについて多くの議論がありました。『イーゴリ軍記』のジャンルに関してはD・S・リハチョフ教授などによってくわしく論じられているので、この問題の細部に立ち入ることは差しひかえたいと思います。ただこの機会に一言すれば、『イーゴリ軍記』が口承文学と記述文学の二つの伝統に立脚しながら、両者の既存の枠をはみ出しているというリハチョフ教授の説はきわめて示唆に富んだ指摘と思われます。『平家物語』の成立事情については、十四世紀の『徒然草』という随筆集に、信濃前司行長という下級貴族が生仏という盲目の語り手のためにこの作品を作り、それを語らせたという記録があります。行長が『平家物語』の原作者かあるいは増補者の一人かは確証がありませんが、この作品が最初から口頭で語られることを前提として創造されたことがわかります。『平家物語』は先行する文学的伝統に立脚しながらも、既存の枠をやぶって、新しいジャンルの作品として出現したのです。むろん、エピゴーネンはあらわれましたが、『平家物語』ほどの成功はおさめることができませんでした。

二つの作品にあらわれる色彩

A・M・パンチェンコ教授が述べているように、およそ言語芸術における色彩の意義は理論的には完全に解明されていないのが現状であります。文学は色彩なしでもやっていけます。極端にいえば、色をまったく無視した文学上の傑作も存在しうるわけです。しかし、あるジャンルに属する諸作品を比較するさいには、色彩に対する作者たちの態度はそれぞれの作品の特性を示すかなり重要な指標の一つになりうる、と私には思われます。

ふたたびパンチェンコ教授の言葉を引用するならば、彼は「中世ロシアの文学は色を必要とせず、中世美学は色を欲しなかった」としながらも、「『イーゴリ軍記』は例外的に中世ロシア文学の中で最も色彩ゆたかな作品である」と述べております。

具体的な色名をみますと、『イーゴリ軍記』では次のような色が使われています。すなわち無彩色では、白（二回）、黒（四回）、灰色（二種の名称で、合わせて四回）。有彩色では、赤（二種の名称で、合わせて七回）、青（八回）、青灰色（一回）、緑（三回）。

色によって形容されるものは自然と自然現象が最も多く（大地、雲、海、ドン川、稲妻、霧、木、草）、ついで動物（カモ、カラス、オオカミ、ワシ）と武具（指物、旗、旗かざり、楯）の順になっています。よく指摘されるように、『イーゴリ軍記』の中で自然が事件の進行にいかに積極的に関与しているかがここからもうかがえます。

なお私は色彩について論ずるさいには、色名ばかりではなく、色名の代わりに比喩として用いられる形容詞、ならびに事物自体がただちに色を連想せしめるような名詞も考慮すべきであると考えます。『イーゴリ軍記』において前者の例は「血の色をした朝焼け」、「白銀なす白髪」のような表現であり、後者に属するものは、金、銀、真珠、白鳥、骨、草、木などであります。『イーゴリ軍記』をきわめて色彩に富んだ作品としているのは、実は色名の多さよりも、色を連想させるさまざまな語彙が色名とたくみに組み合わされているからにほかなりません。その実例を二つだけ挙げてみましょう。

金曜の朝まだき、ルーシの子らは邪教徒ポーロヴェッツの軍勢をふみにじり、矢のごとく野に散って、ポーロヴェッツの美しい乙女たち、さらには金や錦や高価なびろうどを持ちかえった。母衣とマントと皮ごろも、ならびにありとあらゆるポーロヴェッツの金襴衣装を沼とぬかるみに埋め、道をならした。赤い軍旗、白い指物、赤い旗かざり、白銀の槍の柄は、スヴャトスラーフの勇ましき子「イーゴリ」にささげられる。

黒い大地にはひずめのもとで骨がまかれ、血がそそがれた。まかれた骨はルーシの地に悲しみの芽をふき出した。

さて、中世ロシア文学と比べますと、日本の古典文学は「色を必要とした」タイプの文学と考えられます。『平家物語』の作者たちも決して色彩に無関心ではありませんでした。ついでながら「色彩」を意味する日本語のイロという言葉について注釈を加えておく必要があります。『平家物語』が成立するずっと以前から、イロには転義として「顔の色」、さらに「美しい容貌」そして「美しい容貌によってかき立てられる情熱」という語義が成立していました。

日本の古典文学における色彩について専門的に研究している伊原昭女史は、その著書において、日本の古代・中世の文学作品のなかで色彩を表す語彙を網羅的に収集しました。そのうち『平家物語』からは五七語が拾われています。しかし私の見るところでは――このあたり多分に主観が混入することをお許しいただきたいのですが――、本来的な色名はそのうち一一語にすぎず、八語は主として中国語からの借用による言い換え、五語は染色の方法、二七語は柿、朽葉、水、柳、さらには金、銀、鋼、鉄、白粉のようにそれ自体明白な色彩をもち比喩としても用いられる物質、六語は馬の毛色というように分類できます。

使用頻度からみて重要な色名は次のとおりです。カッコ内はその使用度数ですが、テクストとしては覚一本（岩波古典文学大系。厳密にいえば、これは一種の合成テクスト）によりました。なお本来的な色名の頻度は異名（たとえば青に対する蒼、緑に対する翠）のそれも含んでいます。白（一五八）、黒（一〇五）、赤（四九）、青（三八）、紅（三一）、紺（二〇）、緑（一五）、黄（一四）、緋（一一）、紫（一一）、かち（八）。なお日本人は金をしばしば黄金と呼び、黄色と金色を混同して用いました。ちなみに黄金は四一回あらわれます。また青と緑は今日でもそうですが、『平家物語』においても区別されていないことをつけ加えておかなければなりません。

『平家物語』における色彩の用い方の最も大きな特徴は、色で形容される対象の圧倒的多数が服装であることです。『イーゴリ軍記』では死者のまとう経帷子だけが黒と緑の二種類の色名でそれぞれ一回ずつ形容されているだけですが、『平家物語』では戦場にあらわれる武将の衣服が武具をふくめて精密に描写されるのであります。その典型的な例を一つだけ挙げておきます。

九郎義経其日の装束には、赤地の錦の直垂に、紫すそごの鎧きて、くわがたうったる甲の緒しめ、こがねづくりの太刀をはき、きりうの矢おひ、しげ藤の弓のとりうちを、紙をひろさ一寸ばかりにきって、左まきにぞまいたりける（「河原合戦」）。

源義経は『平家物語』の主要な主人公の一人ですが、彼の場合にかぎらず、すべての合戦の記述はこのように司令官のその日の服装の描写をもってはじまるのであります。

私の計算したところでは、『平家物語』の中で衣服について用いられる色名は二二種類をかぞえます。この数は本来的な色名の数をはるかに上回っています。なぜならば、黄を唯一の例外として本来的な色名がすべて衣服に関して用いられているほか、朽葉、桧皮、山鳩、本蘭地等々の比喩をもって示される中間色が布地の色の名称として当時の日本人の生活の中で確固として定着していたからであります。麹塵《きくぢん》という色名にいたっては、語源的には麹《こうじ》に付着するカビの色に由来する黄緑色を意味します。この言葉は武士の着る直垂の色として『平家物語』に二度あらわれます。世界最古の散文小説といわれる『源氏物語』には「むかし物語にも、人の御装束をこそはまづいひためれ」（「末摘花」）とあります。服装の色に工夫をこらす美学的伝統が日本には古くから存在したのであります。

衣服につづいては、鎧、甲、大刀、弓矢、旗印などのような武具が色彩で形容される対象となり、ついで次のような馬の毛色を示す語が第三位を占めます。すなわち、葦毛、鹿毛、糟毛、河原毛、栗毛、月毛。白と黒はむろんのことです。連銭というような模様を示す表現もしばしばあらわれます。

自然と自然現象は馬のあとに来ます。この場合は『イーゴリ軍記』同様、白雪、白波、黒雲、青海、青天などのような常套的表現を形成していることが注目されます。

最後に、『イーゴリ軍記』とは対照的に、『平家物語』では馬をのぞいて動物は比喩としてもレアリアとしてもほとんどいかなる意味ももっていません。

二つの作品中の色彩の構造

『平家物語』における最も基本的な色彩は、白、赤、黄（金）、黒の四色です。青と緑は高い使用頻度にもかかわらず、いずれも服装について用いられることが少なく、自然を形容する常套句に多く使われているので、表現的な価値は乏しいと考えられます。また色彩表象の上では、紅と緋は赤のグループに含めることが可能です。

色彩の象徴性の見地からみれば、『平家物語』の全体をつらぬいているのは赤と白の対立です。たがいにライヴァルの関係にあった二つの武士の家系のうち、平家は赤の旗じるし、源氏は白の旗じるしをかかげて戦闘を行いました。十二世紀の後半には日本全土を舞台にしてこの二つの家門のあいだで実質的な政治権力の争奪が演じられたといっても過言ではありません。ある地方の豪族が平家と源氏のいずれに味方すべきか迷い、白い鶏たちと赤い鶏たちをたたかわせて戦争の帰趨を占ったというエピソードが『平家物語』の中で語られています。ちなみに、赤と白のコントラストは現在にいたるまで日本人にとって最もなじみ深い、色彩による二分法であります。

一方、名目的な政治上の権威は天皇、より正確には形式上出家して隠退した元天皇の後白河院の手中にありました。高貴なる身分の象徴として、院は黄金によって表すことができます。この時代の歴史の動きの中で院は無視できぬ役割を担ったものの、『平家物語』の中では脇役の地位に甘んじています。院は在来貴族層の頂点にあって、実力をつけはじめた武士の指導者たちをあやつっていました。同様に平家と源氏のいずれにも服属せず、なおかつ精神面と物質面の双方であなどりがたい存在だったのは寺社勢力です。日本独特の事情から、神道と仏教はたがいに排除し合うことなく融合していたのです。寺社勢力は、墨染の衣、僧兵の黒い腹巻などからただちに連想されるように、黒で示すことができます。興味深いことは、院と寺社勢力のあいだにも対立と同盟の関係が交互に存在していたことを『平家物語』が教えてくれます。

以上述べた事から四つの色の関係を平面的に示せば次のようになります。

しかし、よく考えてみますと、『平家物語』では赤―白、黄金―黒の対立関係が相互に無関係に存在していたわけではないので、むしろ次頁のような立体を想定したほうがよいように思われます。

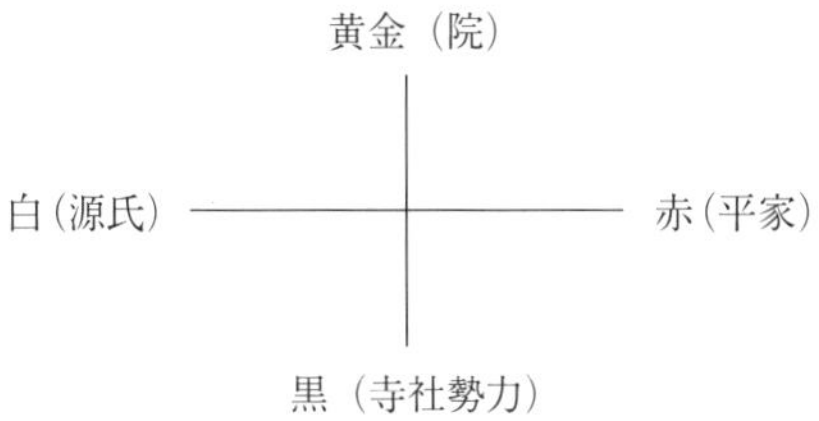

言うまでもないことですが、四つの頂点を結んだ（すなわち四種類の色彩からなる）六通りの色彩の対立あるいは融合の関係のなかに、衣服、武具、馬の毛色の主要な色彩が包含されます。

一方、『イーゴリ軍記』の場合には、D・S・リハチョフ教授がすでに指摘しているように、いかなる色彩にもまして光と闇のコントラストが最も顕著にあらわれています。光は黄金、闇は黒によって置きかえることができます。黄金はキーエフ大公の玉座、イーゴリはじめロシアの諸公たちの甲、鎧、鞍などの武具を形容し、黒雲はポーロヴェッツ軍を表しています。私の考えでは、もう一つのコントラスト、すなわち暖かさを示す赤と冷たさを表す青と緑の対立がこの作品にみとめられると思います。赤はロシア軍の楯の色であり、赤い軍旗と旗飾りはロシア軍にもたらされた戦利品です（ラジヴィール写本と呼ばれる年代記の中の挿絵では、ロシア軍も赤い吹流しの軍旗をもっていたようです）。赤い火柱がロシアの公

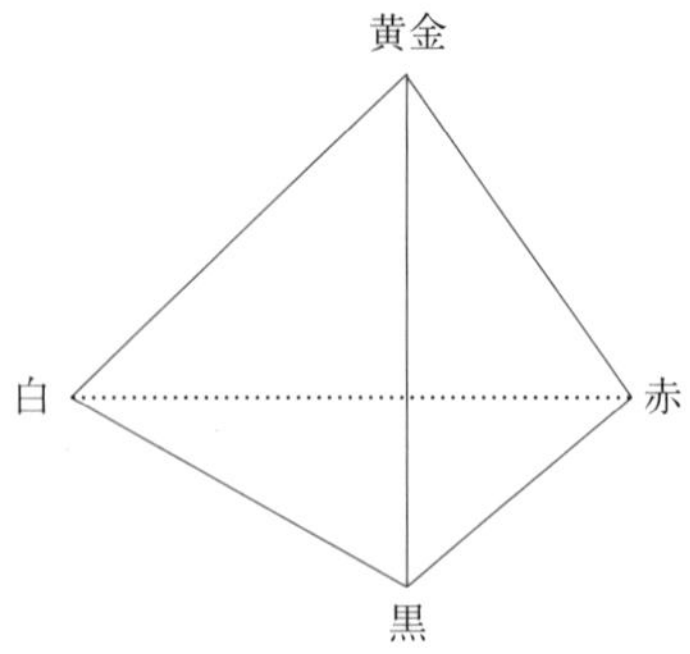

赤――白　：赤い旗じるしと白い旗じるし、くれないの袴
赤――黄金：錦の直垂
赤――黒　：赤の直垂とかちの直垂、赤糸威の鎧と黒糸威の鎧
白――黄金：白柄の長刀と黄金作りの太刀、白覆輪の鞍と黄覆輪の鞍
白――黒　：白馬と黒馬、大中黒の矢
黄金――黒：黄金作りの太刀と黒漆の太刀

たちを意味したことは言うまでもありません。注目すべきことには、不吉な前兆であった朝焼けは「血の色」と形容されていて、赤という言葉は用いられておりません。それに対して、青いドンと青海は敵地を示し、青い稲妻は不吉な前兆でした。また青い酒は「悲しみで割られ」ていたのです。経帷子は黒と緑によって表現されています。

金―黒、赤―青／緑の二つの軸の交叉する中心に白が位置します。概してスラヴ人のもとにおける色彩象徴の中で、白がプラスの価値を表すものとしてきわめて重要な役割を果たしていることは十九世紀の研究者A・ポテブニャなどによって指摘されているとおりですが、『イーゴリ軍記』にかぎっていえば、白は格別な価値を担わず、中立的な意味しかもっていないように思われるからです。

『イーゴリ軍記』におけるもろもろの色彩の相

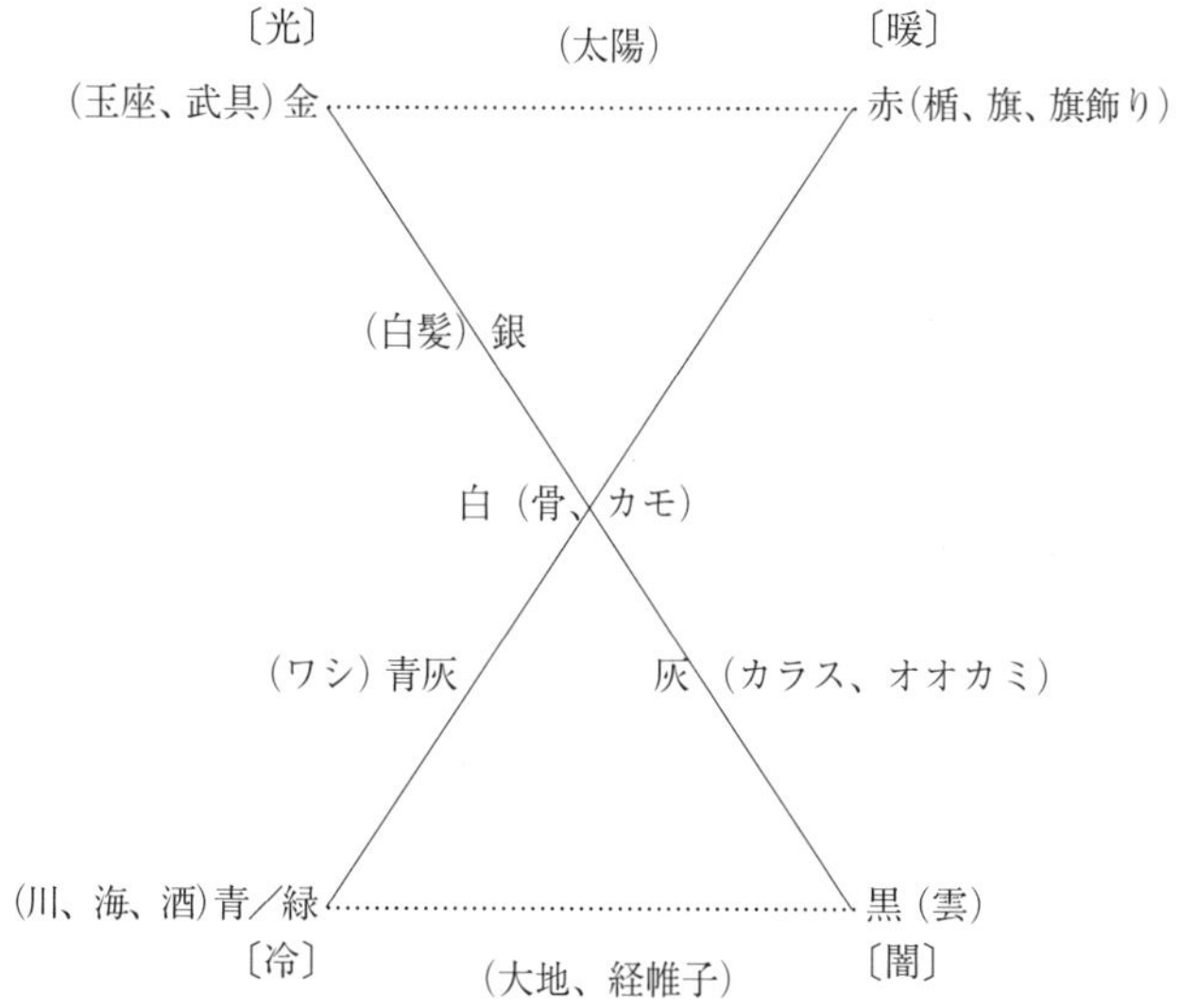

互的な関係はおそらく上の図式のように図示できるでありましょう。

二つの作品における色彩象徴の図式はなぜこのように全く異なっているのでしょうか。私なりの説明を以下に申し上げたいと思います。

最初にちょっと触れたように、『平家物語』を生み出した十二世紀末から十三世紀初頭にかけての日本の社会は、キーエフ・ルーシとは根本的に様相を異にしておりました。『平家物語』に描かれているのは一国の内部における内乱です。それは対立する二つの武士の氏族、もっと正確にいえば、それぞれの氏族にひきいられた武士集団の争いにすぎません。いかなる異民族も彼らの戦闘に参加しませんでした。戦闘の当事者たちもこの作品の作者たちも彼らの戦いの結果に日本民族全体の存亡がかかっていると考えたわけではありません。それと同時に、作者たちの同情は上述の四面体の四つの頂点によって象徴される勢力のどれかに対して排他的に向けられてはいないのです。どちらかといえば、没落の一途をたどる平家の一族により多くの共感が寄せられているように見えますが、だからといって、平家にかわり勃興しつつある源氏を一方的に敵視していたわけでもありません。また形の上の支配者である宮廷に対する一定の尊敬の念も忘れられてはいませんし、寺社勢力については天皇や院や武士たちを含むすべて俗人たちの魂の救済を引き受ける役割とそれにふさわしい権威がみとめられています。黄金、赤、白、黒のどれかに肯定的あるいは否定的な意味が与えられていないのはそのためです。したがって、衣服、武具、馬などはあれこれの色で表現され得たし、四面体そのものがどの面を底にし、どの頂点を上に向けることも可能なのです。

これに対して、『イーゴリ軍記』に描かれているのはロシア民族とその存在をおびやかす外敵との戦いです。この戦いにはいかなる妥協もありえませんでした。ロシア人の一人として、作者の立場は明白でした。光と赤は作品全体を通じて肯定的な価値をもち、逆に黒と青は絶えず否定的な価値を表現していたのです。したがって『イーゴリ軍記』の色彩象徴の図式は上下を入れかえることが不可能です。

このように、『イーゴリ軍記』と『平家物語』では作者たちが身をおいた社会構造が異なり、さらに作品中で描かれる事件に対する作者たちの態度がかけはなれていたことが、相異なる色彩の構造をもたらしたというように考えられるのではないでしょうか。

(2)

キーエフの学会での口頭発表のさいには『平家物語』の語りや琵琶法師の絵姿が珍しがられたことは前述

した。けれども、論文そのものにもまったく反応がなかったわけではない。日本の各報告者の文章をまとめて印刷した論文集が前もって参加者に配布されていたからである。

大会二日目のこと、私は会場となっていたキーエフ大学の廊下で呼びとめられた。相手は見知らぬ男性である。彼はロシアの作家であると名のった。そして自分も『イーゴリ軍記』に興味をもっていると告げ、ちかぢか著名な文芸雑誌『新世界《ノーヴィ・ミール》』に論文を発表するから読んでくれと言った。名前をたずねると、アンドレイ・ニキーチンという。初めて耳にする名だった。彼がかいつまんで説明するところによると、その考えは従来の通説とはかなりかけはなれていること、私の論文の結論部分に関して彼が不満をいだいていることなどが、おぼろげながらわかってきた。他人の意見に対する反論、それも遠来の異邦人を反駁するのであるから、オブラートにつつむように表現したのである。彼の意見の要点は、『イーゴリ軍記』が書かれた十二世紀の八〇年代、ロシア人が民族としてポーロヴェッ族とそれほどどくするどく対立していたはずがない、ということのようであった。

まもなく知ったことであるが、このような主張はアカデミックな世界に属さない研究者たちによってかなり早くから提起されていたのである。

まず、レフ・グミリョフの『虚構の国を求めて』(プレスター・ジョンの伝説)。著者はサンクト・ペテルブルグのみならずつい最近ではモスクワでも人気の高い論客で、この書物は一九七〇年にモスクワから出版されている。この中で著者は十〜十三世紀のロシアと草原の遊牧民の関係を論じ、『イーゴリ軍記』のためにもわざわざ一章をさいている。グミリョフによれば、イーゴリの遠征当時ポーロヴェッ人はキーエフ公国の版図の中に組みこまれていたのであり、一体十世紀中葉からモンゴル族の襲来にいたるまで、ステップの遊牧民の側からキーエフ・ルーシに対する脅威などまるで存在しなかったという。いや脅威どころか、ロシア人は諸公同士の内輪もめに遊牧民を利用した。十一世紀末から十二世紀にかけて、キーエフ大公の玉座をめぐってオレーグ公とその従兄弟のウラジーミル・モノマフ公の二人がはげしく争った。オレーグはイーゴリの父方の祖父にあたり、その后はポーロヴェツ族の公の娘であった。グミリョフの計算によればモノマフ公はその一代のあいだに一九回もポーロヴェツ軍をロシアでの内戦に引き入れたし、オレーグ公の一門も一一二八年から一一六一年までの三三年間に一五回もポーロヴェツの軍勢をロシアへ呼びこんだ。一一八五年に行われたステップへのイーゴリの遠征は、その前後の政治情勢を考えれば、軽卒きわまる愚かしい行動だった。したがってこの遠征を題材とする『イーゴリ軍記』はとても英雄叙事詩などという代物ではなく、十三世紀の半ばの特殊な社会環境で生まれた政治的パンフレット以上のものではないというのがグミリョフの結論なのである。

次の書物の著者はカザフの著名な詩人オルジャス・スレイメーノフ。一九七五年にアルマ・アタで出た『我と私』（ロシア語でつづめて読めば「アジア」となる）という本がそれである。これは全篇が学界の定説に対する痛烈な反論からなっている。詩人はアカデミックな学問の世界の閉鎖性をするどく批判する。論敵を圧殺して支配的地位についたイデオロギーは宗教となり、やがて慣習に堕してしまう、と警告を発するのである。このあたり、反体制活動家への声援の意味があったのかもしれない。十一〜十三世紀のキーエフ国家においてスラヴ系のロシア人とチュルク系の遊牧民がたがいに不倶戴天の敵として対立していたと理解するのは誤りであると考える点で、スレイメーノフはグミリョフと一致する。さらにそこから一歩をすすめて、キーエフ・ルーシではロシア語とチュルク語の二言語が同時的に通用するいわゆるバイリンガルな社会が形成されていた、とスレイメーノフは見る。したがって彼の意見によれば、『イーゴリ軍記』の中にはおびただしい割合でチュルキズム、つまりチュルク系の語彙が混入していることになる。一例をあげよう。『イーゴリ軍記』の中に主人公の弟のフセーヴォロドという公が登場する。彼にむかって呼びかけるさい〈buitur〉「荒れ牛」という言葉が用いられている。これを「荒れ牛」と読むのは誤りである。チュルク語の batyr「勇士」でなければならない。モンゴル共和国の首都ウランバートル（「赤い勇士」の意）のバートルである。このような誤読の例は、スレイメーノフによると枚挙にいとまがないのである。「誠実な公」イーゴリが同胞たるロシア民族のためにポーロヴェッツ遠征を企てた――とするリハチョフなどの意見は成り立つ余地がない、とまでスレイメーノフは言い切っている。

　アジアを軽く見るな、というのがカザフの詩人の主張の眼目である。一九七五年の発売当時、彼の本はカザフ人たちのあいだで大評判になり、本の闇市に定価の一〇倍で出まわった、という噂まであとになって私の耳にはいった。

　さて、アレドレイ・ニキーチンである。彼の『イーゴリ軍記』論が『新世界』に三回にわたって連載されたのは一九八四年のことだったが、それは翌年の一九八五年にモスクワで出版された単行本『ある視点』の中に再録された。論文の題は「『軍記《スローヴォ》』の試練」である。この場合、「軍記」は単に「言葉《スローヴォ》」という意味も兼ねそなえている。彼もまた、『イーゴリ軍記』は十二世紀八〇年代のロシアの政治社会状況を反映していない、と考える。それでは、この作品は何を示しているのか。『イーゴリ軍記』にボヤーンという往時の詩人の名が何回も言及される。ニキーチンの考えでは、ボヤーンは十一世紀後半に実在した人物であり、彼がうたったのはオレーグ公とモノマフ公のあいだの激烈な権力闘争であった。両者とも勿論それぞれにポーロヴェッ族とつながりがあった。『イーゴリ軍記』の中の詩的な部分、戦闘の描写などはボヤーンの作品の焼き直しにすぎない、というのである。十二世紀末の時点ではボーロヴェッ人の一部はキリスト教を受け入れてキーエフ・ルーシの領土内に定住しており、ロシア人と彼らのあいだが常に犬猿の仲だったとは考えられない、とニキーチンも述べている。

最後は筆者である私の弁明の番である。グミリョフからニキーチンまで、私の目にふれたかぎりで三人の著者が共通して提起している論点は、イーゴリ公の遠征の政治的意味に対する疑問である。実はこの問題をめぐっては、すでにイーゴリの時代から彼の軍事行動に対して非難の声があがっていた。イパーチイ系とラヴレンチイ系の二種類ある年代記のうち、とりわけ後者の記述である。ラヴレンチイ年代記の作者は、イーゴリのステップ遠征の動機をまったく個人的な功名心に帰している。イーゴリの行動に対する評価ははじめから一致していなかったのである。

一方、筆者がここで論じようとしたのは、文学的な作品としての『イーゴリ軍記』である。たしかに私は(1)の結論部分において、十二世紀末のキーエフ・ロシアの社会状況が直接的に『イーゴリ軍記』に反映しているかのように述べている。もっと正確を期すならば、その名が現在に伝わらぬ作者の目のプリズムを通して、現実が「イーゴリ軍記」に影をおとしていると言わなくてはならない。極端に言えば、それはまったく虚構の世界であってもかまわない。作者の視点から見たイーゴリの遠征が問題なのであって、史実としての事件ではない。ここでは実像としてのイーゴリ公の人格すら意味をもたないのである。キーエフ公国の時代におけるロシアとアジアの関係はそれ自体きわめて興味ぶかい問題であり、三氏の見解に筆者なりの批判をもたないわけではないが、逐一ここで反論するのは省略しておこう。

本論で書きもらしたことがもう一つある。色彩の構造から見て『イーゴリ軍記』に描かれるロシア人と遊牧民の対立は非妥協的ではあったが、実際の戦闘においては主人公イーゴリは負傷して捕虜になったにとどまり、命は奪われなかった。彼はのちに敵地から脱走する。イーゴリの長男のウラジーミルは父親とともに戦って囚われの身となったものの、ポーロヴェツの地において汗の娘と結婚した。遠征から二年後に妻と子をつれて無事にロシアに帰還したことが年代記から判明している。

他方、『平家物語』の作者は源平両家のあいだで中立的立場に立っている。しかし現実には、闘争にやぶれた平家方の武将はほとんど例外なく戦死するか死罪に処せられた。勝者は敗者に対してきわめて峻厳にのぞんだのである。このようなパラドックスは彼我の死生観の相違と関係があるのかもしれない。

後日譚をつけ加えておく。ニキーチン氏は考古学と歴史に造詣のふかい文学者である。スラヴィスト学会が終わったあと、論争めいたやりとりをつづけたのが縁になって、友人づきあいをすることになった。キーエフでの学会の直後に『イーゴリ軍記』八〇〇年祭が行われた。この作品の正確な成立年代は不明であるにもかかわらず、一九八六年から一九八七年にかけていろいろな機関がソビエトの各地で八〇〇年記念の催しを組織したのである。はじめニキーチン氏は中世ロシア史の知識を買われて、ソビエト作家同盟内の『イーゴリ軍記』委員会の書記、つまりソ連流に言えば常任の責任者のような立場にあった。一九八四年七月十一日の『文学新聞』に、リハチョフ、ロビンソンを含む四人の学者と一人の詩人にニキーチン氏が加わって行われた座談会の記事が載った。その席上で彼は集中砲火を浴びた。『新世界』に発表したイーゴリ論がたたったのである。委員会の書記の役も、まもなくおろされた。「レニングラードから長い手がのびてきたんだ」というのがニキーチン氏自身のコメントだった。リハチョフ博士はレニングラードの文学研究所に拠っているのである。

ここまでは、すべてペレストロイカ以前からその初期にかけての話である。

一九九〇年には、またもカザフスタンでスレイメーノフの『我と私』の再版が出た。『文学新聞』はそれをゴルバチョフのグラスノスチ政策の恩恵として大きく報じた。ニキーチン氏は依然として不遇である。

ボリチェフの坂――キーエフ歴史紀行

坂の由来

ウクライナの大草原の真ん中にあって、キーエフは坂の多い町である。それは、北から南へ流れるドニエプル川の西岸に立つ丘の上にあるためだ。

キーエフは古くから上の町と下の町に分かれている。

九世紀に北からやって来たノルマン系のバイキングは政治上の支配者の地位を確立すると丘の上に砦をきずいてそこに居を定めた。一方、ドニエプルを水路に利用して交易に従事する商人や職人などの庶民は川べりに近い下の町に住みつくようになった。

丘には起伏があって高さは場所によって異なるが、最も高い地点では五〇メートルを超えている。丘の斜面全体が広葉樹林にびっしりおおわれているから、キーエフの美称が「緑の町」というのもうなずける。私が訪れた六月の中旬には、もう気の早い柳絮《りゅうじょ》が舞いはじめていた。

上の町と下の町をつなぐために、二十世紀のはじめにケーブルカーがつくられた。私にとっては三度目にあたる今度の訪問では、ぜひその乗り心地をためしたいと思っていたが、目下改装中とのことで、期待は叶えられなかった。ガイドの大学生イリヤー君の話では、来年が営業開始一〇〇年目にあたるのを記念して大々的に改修しているらしいのである。

ケーブルカーが上りきった地点が、上の町でも一番早く開けた場所への入り口である。最初に成立した町がウラジーミルの町と呼ばれた。ケーブルカーの終点からは右手に十字架をかかげたウラジーミル大公の銅像が望まれる。ただし大公はドニエプル川の方向を眺めているので、見えるのは後ろ姿だけである。

キーエフ大公ウラジーミルが東ローマ帝国のギリシャ人からキリスト教を受け入れたのは九八八年とされている。そのことはロシアの最古の原初年代記にくわしく述べられている。キリスト教徒となる以前のウラジーミルは多神教を信奉していた。『原初年代記』、別名『過ぎし歳月の物語』の九八〇年の項によると、ウラジーミルが兄のヤロポルクをたおして権力を手にすると、宮殿の外の丘の上に六基の木の神像を立てさせた。文中で挙げられている名前は、ペルーン、ホルス、ダジボーグ、ストリボーグ、シマリグル、それにモコシである。それぞれの神の起源や性格については諸説があるが、雷をつかさどるペルーンが主神だったことは確からしく、この神の頭は銀製で、口ひげは黄金でつくられていた。

ドニエプルの対岸は遠くアジアまでつながる大平原だから、朝な夕なに輝くペルーンの像ははるか遠くから目に入ったことであろう。とくに黄金は曇った日にもよく見える。キーエフの富と権力を象徴し誇示するという意味では、のちのキリスト教会の聖堂の金の円屋根もペルーンと同じ機能をもっていたはずである。

しかし、木像の寿命は長くなかった。キリスト教が受容されるやいなや、異教の神々の権威は否定される運命にあった。九八八年にウラジーミル大公はわざわざクリミア半島のヘルソネスまで出かけていってキリスト教の洗礼を受け、東ローマ皇帝の妹のアンナを后として娶って戻ってくると、ただちに異教神の偶像を破壊せよという命令をくだした。切り倒されて焼かれる像もあったが、ペルーンだけは「馬の尻尾に結えつけてボリチェフの坂をルチャイ（ポチャイナ）川まで引きずり下ろし、同時に一二人の家来をつけて棒でさんざん叩かせた。それは木像を痛がらせるためではなくて、このような姿をして人をまどわせる悪魔をこらしめるためだった……。ルチャイ川を引いていき、河口まで行くと、木像をドニエプル川に投げ捨てた」と年代記は述べる。さらにウラジーミルは、ペルーンの像がどこかの岸に流れ着いたらそれを突き放すように命じて、はるか下流まで家来にあとをつけさせた。

ペルーンの像を落としたのがボリチェフの坂だった。

オリガ公妃の復讐

ボリチェフの坂が年代記に登場するのはこれがはじめてではなかった。

ウラジーミル大公の祖父はイーゴリといった。伝説上の人物であるリューリクの息子とされる。九四五年のこと、イーゴリはドニエプル上流に住むドレヴリャーネ族のところへ貢税を集めに行って、殺害された。するとさっそくドレヴリャーネのマール公が自分の二〇人の配下をオリガのもとへ派遣してイーゴリの死を伝えるとともに、オリガに自分の后となるよう求めた。

ドニエプルを下ってきた使者たちが船を停めたのが、ボリチェフの坂の下だった。船着場はポチャイナ川が本流のドニエプルに流れ込む河口にあったことがわかる。

オリガは才知に富んだ女性だった。マール公の使いの者たちに向かって、明朝家臣の前で歓迎の挨拶をするから船に乗ったまま丘の上の宮殿へ来るように伝えさせた。ボリチェフの坂は現在のケーブルカーとほとんど並行していたと考えられるので、いろは坂風に折れ曲がっていたにしても、かなりの勾配をもっていたことだろう。その坂をのぼるのに騎馬ではなく、いわんや徒歩でもなく、船にのったまま担がせましょう、と提案したのだ。相手はすっかり満足してその申し入れを受けた。その当時、丘の下には人が住まなかったと年代記に書かれている。十世紀の中ごろには、下の町はまだなかったのだ。

オリガは夜のうちに宮殿のそとに深い大きな穴を掘らせた。そしてドレヴリャーネの使いの者たちを丘の上まで運ばせると、船もろとも穴の中へ投げこんだ。彼らは生き埋めにされたのである。それがオリガ公妃の第一の反撃だった。こういう策略による殺戮がまだ二回もつづき、最後には幼い息子スヴャトスラフをともなってドレヴリャーネの地におもむいて彼らを打ち負かし、完全に夫の仇を討つとともに、ふたたび彼らをキーエフの権力に服従させたのだった。

オリガの復讐譚は話がうまく出来すぎていて事実かどうかわからない。

これに反して、寡婦となったオリガが東ローマ帝国の首都であるコンスタンチノープルを二度にわたって訪れ、孫のウラジーミルに先がけてキリスト教の洗礼を受けたという年代記の記録のほうは単なる伝説ではなく、帝国側の史料にも裏付けがあって史実ということが確認されている。ケーブルカーの終点を出てミハイル修道院のわきを抜けると、ソフィア大聖堂をはるか真向かいに仰ぐ大きな広場に着く。その広場の一角にオリガ公妃の純白の大理石像が立っている。正面から見て公妃の左手にイエスの一二人の弟子の一人であるアンデレ（ロシア語でアンドレイ。この使徒がイエスの死後キーエフやノヴゴロドで布教しながらローマにおもむいたという伝承が最古の年代記の冒頭におさめられている）、右手に新しいアルファベットをつくってスラヴ人のあいだにキリスト教をひろめたギリシャ人聖キュリロスと聖メトディオスの兄弟の像がある。オリガの像が一段と大きくて高いので、両側の聖者たちが公妃に仕える従者のように見える。これらの像は第一次大戦直前の一九一一年に制作されたものの、ソビエト体制下では日の目を見なかった。ウクライナの独立後一九九六年にいたって大理石で彫り直され、市内でも最も目立つ場所におかれたのである。

バイキングの出身らしいオリガ公妃に関する年代記の記事は半ば伝説の闇の中にかすんでいるが、キーエフについてのさらに古い言い伝えは、このあたりに住む東スラヴ系のポリャーネ族の始祖にまつわるものである。それによると、太古に、キーとシチェークとホリフという三人兄弟と彼らの妹のルイベジなる一門がこの場所を支配していた。彼らのうちの長兄であるキーの住まいが「ボリチェフの坂のある丘の上」にあったという。キーエフという言葉が「キーの（もの）」を意味しているのである。一部の歴史家たちは、それを五世紀の末のことと考えている。こうみてくると、ドニエプル川から丘の上の集落にじかに通じているボリチェフの坂は、キーエフの中でもこの上なく古さびた地名ということになろう。

坂の現在

そのボリチェフの坂が今もキーエフの町にある。

書店で手に入れた地図では、この名前をもつ坂はケーブルカーの上り始発駅に近い地点、つまり丘の勾配がややなだらかになるあたりで突如出現し、まっすぐに下降してドニエプルの河岸通りで終わっている。その距離はおよそ二五〇メートル。終点はドニエプルを航行する船舶にとっての船着場、いわゆる川の駅の近くである。そのあたりが、かつてポチャイナ川の河口だったことは疑うべくもない。ポチャイナ川をもっと上流でドニエプルに合流させる形で、ポドール（麓）と呼ばれる下の町が区域をひろげ、発展したにちがいない。

都合のいいことに、『キーエフ百科事典』の第三版(一九八六年)には「ボリチェフ・スプースク(坂)」(ウクライナ語ではボルイチフ・ウズヴィースと呼ぶ)という項目が立っていて、丁寧な解説がある。そこには右に述べたような故事来歴が簡潔に記された上に、「かつてこの坂があったとおぼしき場所の近くをケーブルカーが通っている」と注釈を加えている。とすれば、ボリチェフの坂が丘の裾あたりで降ってわいたように現れる意味が了解される。一〇〇年ほど以前ケーブルカーという文明の利器が動きはじめたためその坂を上り下りする人がいなくなり、丘からの道が草や木の緑におおわれてしまったのである。

面白いのは、ボリチェフの坂の起点から直角に西北に折れる通りがあって、そちらはボリチェフ・トーク(ウクライナ語でボルイチフ・ティーク)と名づけられている。この通りの傾斜はボリチェフの坂よりはるかになだらかで、丘の裾をめぐるようにゆっくりと下っていき、途中で観光客に名高いアンドレイの坂と直角に交差し、ポドールに下りきった地点で急に右折すると、ピロゴシチャの聖母寺院の正面に突き当たる。長さはほとんど八〇〇メートルである。私の確かめたところでは、このボリチェフ・トークを下っていくと、右側の低い斜面には木々が繁茂しており、左側の高い斜面にも、人家はまばらである。昼間でも人通りはほとんどない。でも、例の『百科事典』によると、十~十七世紀にはここには主として職人が住んでいたとある。さらに驚くべきことには、『イーゴリ軍記』の主人公がピロゴシチャの聖母寺院をめざして馬をすすめたのはこの道である、と付言している。道路の名前にトークが使われるのはロシア語では例をみないことで、強いていえば、京都によくあるような「××下る」に相当するのであろうか。

ボリチェフの語源についてこの『百科事典』は以下のような諸説を挙げている。一、この場所にボーリチという森があった（その名前の由来は説明されない）。二、ボーリチは丘の名前だった。三、ボーリチはビーリチと同じく布告者、つまり触れ役を意味し、ときに警察の任務をおびた官吏のこと。四、オリガ公妃の夫であるイーゴリ公がギリシャに派遣した使者の中にボーリチなる人物が実在した、などなど。要するに、全員が首肯するような定説はないのである。

一〇年ほど前に全五冊でペテルブルグで出版された『イーゴリ軍記百科事典』では、現代のアンドレイの坂と呼ばれているものがかつてのボリチェフの坂であるという説を紹介し、それには考古学者の支持もあると述べるだけで、ボリチェフの名の由来は論じていない。道の名前が入れ替わる段になると、とてもよそ者の出る幕ではない。それはともかくとして、『キーエフ百科事典』ではアンドレイという名前はようやく十八世紀になって文献にあらわれることになっているのだ。素人目には、くねくねと蛇行しながらゆるやかにおりるアンドレイの坂は、古代の人間が通いなれた道とは見えなかった。

聖母寺院

ついでというわけではなく、聖母マリアを祀ったピロゴシチャの聖堂についても避けて通るわけにはいかない。前述の『キーエフ百科事典』によると、建立されたのは一一三一〜一一三六年である。「子らへの庭訓」の作者で、名君の誉れが高かったウラジーミル・モノマフ大公の息子のムスチスラフがキーエフに君臨している時期だった。上の町ではなく、下の町に建てられたのである。そのころには丘の下に住む人たちの数もふえて、キーエフの人口は五万から一〇万の規模に達していた。

ピロゴシチャの名前はギリシャ語のピュルゴス（塔）にさかのぼる。この教会に安置されている聖像がコ

キーエフの下町に立つピロゴシチャ聖母寺院。正面から望む（筆者撮影、2004 年）

ンスタンチノーブルのさる有名な修道院で描かれたもので、聖母の像が七つの塔をもつ城壁に囲まれている構図から、こう名付けられたとされている。この聖像はロシアのあらゆる聖母像の中で最も古くて霊験あらたかなウラジーミルの聖母像（現トレチヤコフ美術館蔵）と同じ時期に、東ローマ帝国の首都からキーエフにもたらされたこともよく知られている。

イーゴリ公がここを訪れたときには、創建のときのままの姿、すなわち三つの身廊と一つの円屋根だけをそなえた比較的簡素な聖堂だった。全ロシアのキリスト教徒を統括する丘の上のソフィア大聖堂とは比べものにならなかったはずである。

ピロゴシチャ（『キーエフ百科事典』はこの言葉を形容詞ではなく、名詞形として採用している）の聖母寺院が重要な役割を演じるのは、もっと時代が下ってからである。十三世紀にキーエフはモンゴル軍の襲撃を受けて荒廃し、いったんは滅亡したかに見えた。やがてリトアニアやポーランドの政治的支配のもとで商業の中心地として復活したとき、ピロゴシチャの聖堂はポドールの市民の文化活動の拠点としての役割をになうことになる。教会のすぐ裏側にゴスチーヌイ・ドヴォール（古くは交易施設、一種の名店街）が立ち、それにつづいてかつて高等教育機関だった広壮なキーエフ・モヒラ学院（今は普通の国立大学の一つになっている）の建物が立っていることからも、そのことが類推できる。そのころには丘の上の居住地は衰微して、ソフィア大聖堂がポーランドの影響を受けてカトリック教皇の権威をみとめる合同派に宗旨替えしたのに対して、ピロゴシチャ聖母寺院はあくまで正教会の法灯を守り、この教会には市の文書館という役割だけでなく、学校、孤児院、施療院などの施設が付随していたのである。

現在では、むろん創建当時の面影はなく、敷地がけずられたために十七世紀の盛時の有りさまを想像することも不可能だが、数次の改築のさいにも一つの円屋根に三つの身廊という端正な基本形は維持されていて、かろうじて昔を偲ぶよすがとなっている。

『イーゴリ軍記』の中で

話を元にもどそう。

十二世紀の末に、キーエフの玉座にはウラジーミル大公から数えて五世代目の後裔にあたるスヴャトスラフがついていた。当時のロシアにとって外の世界からの最大の脅威は（異説もあるが）、遊牧民のポーロヴェツ族だった。彼らは時期を見計らって草原のかなたから風のように姿をあらわしては、収穫した穀物や家畜を奪い、女や子どもをさらっていった。

キーエフから東北の方向に二五〇キロほどはなれたところに、ノヴゴロド＝セーヴェルスキイという町があった。この都市は今もある。ドニエプル川の支流のデスナ川に面していて、ウクライナとロシアの国境に近い。デスナ川をあと三〇キロほどさかのぼると、ロシアになる。このノヴゴロド＝セーヴェルスキイを中心とする地方を治めていたのがイーゴリ公である。彼はキーエフ大公スヴャトスラフの従兄弟にあたっていた。

イーゴリは一一八五年の春に一族郎党をひきいてポーロヴェッ族に対して遠征を行った。出征にあたって日食が起こった。部下の中にはそれを不吉な前兆とみて尻込みする者もいたが、イーゴリ公は決意をひるがえさなかった。戦闘がどこで行われたかについては諸説があるけれども、当時のロシア人の住む領域より何百キロも南にはなれたステップ（南ロシア特有の草原地帯）のただ中だったことは確かである。イーゴリはじめロシアの戦士たちは勇敢に戦ったが、ポーロヴェッ軍に打ち破られ、イーゴリと息子のウラジーミルは捕虜になった。元来戦争とは命がけの殺し合いであるが、そのころの習わしでは、むやみに敵の命を奪うことはなかった。あとで身代金を要求できるからである。

イーゴリは厳重に見張られていたが、手引きをする者がいて、やがて脱出に成功する。この事件のあとで『イーゴリ軍記』という叙事的な文学作品がつくられた。作者は不明である。戦さで負けた武将を主人公とする物語だが、すぐれた修辞を駆使していて、近代以前のロシアでは最も傑出した文学作品という評価が与えられている。この作品にもとづいて十九世紀の作曲家のアレクサンドル・ボロジンがオペラをつくってイーゴリ公の名前は広く世に知られることになった。

さて『イーゴリ軍記』の結びの部分でボリチェフの坂のことが言及されている。敵地から逃げ帰ったあと、キーエフの町を訪ねたイーゴリがボリチェフの坂を通ってピロゴシチャの聖母寺院に馬をすすめるという一句が含まれているのだ。イーゴリの祖国帰還を喜び祝う場面で、文学的に相当誇張された描写である。

いったい、なぜ上の町のソフィア大寺院にイーゴリが参詣する場面ではなく、庶民の住む下の町の教会へおもむくところを描いたかといえば、ボリチェフの坂がキーエフからノヴゴロド＝セーヴェルスキイへ向かうためにかならず通る道だったから、とする解釈が通説となっている（たとえば、『中世ロシア文学叢書』第四巻、一九九七年)。これでは、帰宅のついでに聖母寺院に立ち寄ったということになる。私はもう少し積極的な理由があったのではないか——たとえば、脱出のさいの願かけ、あるいはイーゴリ自身の格別な聖母崇拝——と推理してみたいと考えている。

わが国では第二次大戦後の四〇年間に、『イーゴリ軍記』が七人の翻訳者によって邦訳された。その盛況ぶりを示すために、ボリチェフの坂を含む一節の翻訳を以下に列挙してみよう。比較的短い期間に日本語の翻訳の文体がずいぶん変化していることがわかろう。オペラでは、「スラーヴァ、スラーヴァ」(万歳、万歳)と女声合唱が歌い上げる場面である。順序は雑誌や単行本で発表された順にしたがっている。スペースを節約するために、行分けになっている場合、改行は／によって示されている。

米川正夫訳(一九四七年)『イーゴリ軍譚』

太陽は空に輝き／今イーゴリは露西亜の國にあり!／ドゥナイの河邊／つれだち歌う乙女らの聲／海原こえてキエフまで／ひびきぞ渡る。／イーゴリ公はピロゴシチイの／聖母の寺院《みてら》に詣でんと／ボリチヨフの坂をのぼり行く。

神西清訳(一九五四年)『イーゴリ軍記』

さはれ今、空たかく日かげ押し照り／公《きみ》イーゴリをロシアは迎ふ!／處女《おとめ》らがドナウの岸に／立ちならし歌ううたごゑ／海をこえキーエフに響く!／かくてイーゴリは「塔《あららぎ》」の名にし負う／聖母の御寺《みてら》に詣でんと／ボリチョーフの坂に馬を打たする。

木村浩訳（一九五五年）『イーゴリ軍記』

されど、イーゴリのいま帰るありて、陽は空に輝きぬ。娘はドナイの河に歌いつつ、その声、海を吹きわたり、キーエフにまで聞えたり。イーゴリは、今ぞ、ボリチェフに進みつつ、聖なる母のピロゴーシチャヤのもとに行かんとす。

木村彰一訳（一九五七〜一九五九年、一九八三年）『イーゴリ遠征譚』『イーゴリ遠征物語』

空高く　照る日のもと／イーゴリ侯／いまぞロシアの国にあり！／乙女らが　ドナウの岸に／うたう歌声　その歌声は／海を越え／キエフをとよもす。／イーゴリは《塔》の聖母の／御堂《みどう》を指して　馬上ゆたかに／ボリーチェフ坂を　くだりゆく。

植野修司訳（一九六〇年）『イーゴリ遠征物語』

さあれ今　日輪はなか空に輝き／イーゴリの公はロシアの大地にたたずめり／乙女らはドナウの岸辺に歌い／歌ごえは　海原こえて　キーエフに届くなり／かくて　イーゴリはピロゴーシチャヤなる／聖母の御寺に詣でんと／ボリチョーフの坂に馬をかる

中村喜和訳（一九七〇年）『イーゴリ軍記』

今、太陽は空に輝き、イーゴリ公はロシアの地におわす。乙女らはドナウの岸でうたい、その声は海を越えてキーエフにこだまする。イーゴリはピロゴシチャの聖母教会に詣でるために、ボリチョーフの坂に駒をすすめる。

森安達也訳（一九八七年）『イーゴリ遠征物語』

太陽が空に輝き、イーゴリ侯はロシアの地にいる。乙女たちはドナウ川の岸でうたい、その声が海を越えてキエフまでうずまく。イーゴリはピロゴシチャヤの聖母のもとへとボリチェフの坂を馬でいく。

実はこの一文、私は昔の翻訳の中で自分がおかした誤謬を正したいという意図から書いた。右の中村訳の「ボリチョーフの坂」は明らかにまちがいである。ボリチェフでなければならない。イリヤー君を含めてキーエフの人々の呼び方に耳をすませると、「ボ」のところに力点をおいていて、彼らが発音するとむしろ「ボーリチェフの坂」のように聞こえるのである。ボリチェフはボリースという人名とは関係がないからである。

今はさびれているこの坂道を尋ねあて、歩いてみることができたこと、そして自分の誤りに気づいたことが、今度のキーエフの旅の収穫の一つだった。

亡命者コトシーヒン

スパイは嫌われる

ここ八年あまり、若い友人たちと『アレクセイ・ミハイロヴィチ帝統治下のロシアについて』という本を訳読している。これを書いたグリゴーリイ・コトシーヒンはモスクワの政府に仕える外交官だった。ふとしたことからスパイ行為をはたらいたのがもとで、国外へ亡命するハメになった。ストックホルムに落ち着いてからスウェーデン当局のためにロシア事情を解説したのが右の書物である。ロシアの官僚機構の内部で勤務していた人物の筆になるものだから、記述が正確でおおむね正鵠を射ている。十七世紀中葉のモスクワ国家の内情を知るためには第一級の資料といっても過言ではない。

その割には、ソビエト時代を通じてロシアの歴史家は本格的な関心を向けてこなかった。コトシーヒンの伝記研究は十九世紀の末にオデッサで出版されただけ、校訂テクストは一九〇六年と一九一三年にペテルブルグで出たきりである。一九八〇年代に各種史料集に収められたのは読みにくかったし、二〇〇〇年にやっとモスクワで刊行された単行本にいたっては、正書法を変えただけで、中味のテクストは一九〇六年版の反復にすぎない。

その代わりアン・ペニントン女史が校訂した完璧な版が一九八〇年にオクスフォードから出ている。私たちが底本にしているのもこのペニントン本である。ロシア語で書かれた原本は早くからウプサラ大学の図書館に収蔵されていたために、ソビエトの学者にはかえって近づくのがむずかしいという事情があったかもしれない。だがもっと大きな理由は、ロシア人は今でも心の底ではコトシーヒンをスパイ＝裏切者として憎んでいるためではないだろうか。かつて私は何人ものロシア人から「日本人はどうしてゾルゲが好きなのか」と真顔で尋ねられたことがあるから、こんな疑いをいだくのである。

外交官としての閲歴

モスクワ・ロシアは身分制社会だった。波瀾万丈のコトシーヒンの生涯は、身分の低さというしがらみのゆえにありあまる才能と志を充分伸ばすことができなかった一例と見ることができる。

父親のカルプはモスクワの下級官吏だった。彼自身も十五歳のころ、外務省にあたる使節官署に書記として就職する。財産や官位はなくとも、読み書きの能力だけは充分すぎるほど身につけていたのだろう。ロマノフ朝第二代のアレクセイ帝が即位してまもないころだった。一〇年あまり勤めて一六五八年に書記官補に昇進した。このころ高貴な家柄や位階を示す身分としては貴族、宮廷官、士族、書記官などがあった。コトシーヒンが到達した書記官補という地位は、ノンキャリアの文官が望みうる最高のレベルだったのではあるまいか。

十七世紀半ばのロシアは絶え間なく西方の隣国であるポーランドやスウェーデンと戦争をしていた。戦闘があれば勝っても負けても外交交渉が必要となる。軍隊の内部でも文官の仕事は欠かせない。書記官補になったコトシーヒンはバルト海沿いの国境へしばしば派遣され、大使や軍司令官を助けて停戦の成立や条約の締結などのために立ちはたらいた。

一六六〇年に、仕事上の失敗をした。ドルパート（現在のタルトゥ）からモスクワへ送った報告書の中でツァーリの呼称につけるべき「主君」という称号をうっかり書きおとしたのである。おかげで棍棒で打たれるという体罰を受けた。同じころ、父親が勤務先の修道院の資金を横領したとして某有力士族から告発され、住んでいる家や家財を没収されるという災難にあった。こういう体験が亡命後の著作の中に影をおとすことになる。

一六六一年には、使節としては最も低いランクの急使という資格ながら、スウェーデンのカルル十一世のもとへ派遣された。ここでこの国の名門政治家の知己を得た。しばらくしてコトシーヒンはモスクワ駐在のスウェーデン使節のエーベルスに秘密情報を流しはじめる。彼の年俸が一〇〇ルーブリだったことを考えると、情報漏洩の報酬として彼が手にした四〇ルーブリは魅力的な金額だったにちがいない（エーベルスは工作費として本国に一〇〇ルーブリを請求していた）。

コトシーヒンが母国を捨てるのは一六六四年の夏である。彼自身はその動機として、貴族のドルゴルーキイ公から彼のライバルの貴族チェルカスキイ公を中傷することを要求されたためと述べているが、これは信用されていない。国家機密をエーベルスに売りわたしたことが発覚するのを恐れたのだろう、というのが通説になっている。

亡命してからリトアニアやポーランドなどを転々とわたり歩いた末、最終的に一六六六年の二月にストックホルムへ迎えられた。ここで国家文書館に職を与えられ、ロシア事情についてレポートを書くように求められたらしい。コトシーヒンはこの年の末から文書館の同僚であるアナスタシウスの家に同居した。なぜか家賃は払わなかった。はじめ二人の関係は至極良好だったが、翌年の八月になって酒の上の口論がもとでコトシーヒンは家主を刺してしまった。傷が悪化して二週間後にアナスタシウスが死んだ。喧嘩の原因はコトシーヒンによる家賃の滞納という説と、彼が家主の妻とねんごろな関係になったためという見方がある。裁判で死刑の判決を受け、正教徒からルーテル派に改宗してから、一六六七年十一月に斬首された。そのとき彼は三十七歳だったと推定されている。刃傷沙汰のあとは取り乱すことなく、従容として刑に服した点をペニントン女史は強調している。

皇女たちの宿命

コトシーヒンの著作は皇帝や皇族たちの結婚についての章からはじまっている。冒頭ではイワン四世（雷帝）やボリス・ゴドゥノーフについてのエピソードが語られていて、十七世紀初頭のいわゆる動乱時代についてモスクワの庶民がどのようなイメージをもっていたかよくわかる。若い皇帝によるお后選びから婚礼の祝宴までの一連の行事はコトシーヒン自身がその場に立ち合ったためか、実に事こまかに記述される。

ただ現在の皇帝のアレクセイは先代のミハイルに似て温和な人柄であるが、弟のドミートリイが残忍な性格だったので、側近が毒を盛って殺してしまった、というような謎めいた記事もある。実際にはアレクセイ帝にドミートリイという名の弟がいたことは知られていないのである。

ツァーリの姉妹や娘たちについてコトシーヒンは次のように書いているが、そこには多少とも皮肉な眼ざしが感じられる。

彼女たちはいつも顔を涙でぬらしている。彼女たちには結婚して子をなすという全能の神が人間に与えられた喜びがないからである。彼女たちを自国の公や貴族たちに嫁がせる慣習のないのは、公や貴族は皇帝にとって奴隷だからである。さりとて外国の王子や公たちと結婚させる慣習もない。信仰が異なる上に、彼女らは外国の言葉や風習を知らず、恥をさらすことになるからである（I章―25節、以下章節を省略）。

貴族の暮らし

皇帝を補佐する機関が貴族会議だった。一六六五―一六六六年当時、全部で二六人ないし二七人の貴族がいたとされている。貴族会議には貴族だけでなく、貴族に次ぐ身分である宮廷官や士族たち、さらに場合によっては高級官僚である書記官が出席する権利を与えられた。彼らはとくにドゥーマ会議官と呼ばれた。その数から考えれば、貴族から士族までは江戸時代の大名や旗本の上層部に相当するかもしれない。しかし彼らの日常生活は大名などとはかなり異なっていたようである。コトシーヒンはこう描いているのだ。

貴族、宮廷官、ドゥーマ会議官らは毎日早朝皇帝に挨拶するために参内し、教会や寝所で最敬礼して敬意を表する。参内が遅れたりまったく伺候しなかったりすると、皇帝は叱責したり追い出したり牢に送ったりする。すると彼らは何度もお辞儀して皇帝の許しを乞う。貴族たちは皇帝の前では立っているが、立ち疲れると中庭に出て腰をおろして休息する。彼らは毎日、正餐のあとの晩禱のさいにも参内する……（Ⅱ―14）。

戦争のために送り出される軍隊の司令官に任命されたり、外交使節に任命されるのも貴族やドゥーマ会議官だった。そのさいいつも問題になるのが家柄、つまり家格の上下だった。ある役職に任命された者が、自分より家柄が低かったり官歴が劣ると考えられる者の配下になることを拒否することができる風習は、門地制と呼ばれてモスクワ・ロシアの社会的な宿弊となっていた。

コトシーヒンはロシア特有のこの慣習を説明するために、数ページにわたって多くの文言を費している。家柄の序列は貴族にはじまって士族や書記官や大商人にまで広がり、過去数世代にわたる先祖の勤務の記録が関係してくるから、複雑をきわめた。ある役職に就くことは当人の名誉にかかわるだけでなく、一門全体の現在と今後の社会的地位を決定することでもあった。

門地制に関する苦情や紛争の処理には補任官署があたったが、どう決定しても矛盾が生ずることは避けられなかったので、最終的な裁定は皇帝にゆだねられた。たとえばある士族がある貴族の補佐官になることを拒否したものの、皇帝が辞退を許さなかったとする。すると士族は見せしめのために貴族の邸に連行されることになる。「士族は貴族の家まで歩いていく途中でも、邸に着いてからも、その貴族を罵り、あらゆる悪口をならべて侮辱する。しかし貴族は罵詈雑言に対してあえて報復しない」（Ⅳ―12）などという叙述には公式文書にはないリアリティーがある。

貴族は国家の最高の支配者に忠勤をはげみながら絶えずその寵愛をきそい合うはげしい競争の世界に生きていたのである。

ロシア嫌いか

コトシーヒンが最も力をいれて解説しているのはモスクワ政府の機構である。最初に来るのは枢密官署で、他のおもだった官署とちがいこの役所の長は貴族でも士族でもなく、書記官が主宰していた。その職員たる書記官補が使節団や軍隊づきとして派遣されたというから、彼らがいわば目付＝監察官という役まわりを演じていたのである。コトシーヒン自身が使節官署に属する書記官補だった。貴族やドゥーマ会議官の怠慢や不正を取り締まることに彼はつよい使命感をいだいていたのではないだろうか。

プロの外交官として、コトシーヒンがモスクワ国家の外交慣例に通暁していたことは言うまでもない。仕事の性質上彼はしばしばモスクワから派遣される大使や公使などに随伴した。コトシーヒンはロシアの使節が外交交渉の席で指示されたことを発言しなかったり、指示から逸脱した発言をしたりすることをしばしば目撃した。その理由をコトシーヒンは次のように説明している。

　この国の人間たちは生来その性格が傲慢である上、あらゆる事に不慣れである。それというのも自国には良い教えが何一つなく、身につけたものは傲慢、無恥、憎悪、欺瞞以外に何もないからである。ロシア人が子どもを外国へ勉学に出さないのは、他国の習俗や自由を知ってしまえば帰国しないことを恐れるからである（Ⅳ―24）。

コトシーヒンはこれにつづいてロシア人の信仰のあり方にも非難の矢を放っている。正教会の迷信ぶかさに我慢がならなかったようである。

このように見てくると、コトシーヒンは外交官として西方の外国人と接したり外国を見たりするうちに同国人の信仰や性質にあきたらなくなってすすんでロシアを捨てたかのように見える。しかし他方、彼がスパイ行為を犯した事実も動かしがたく、亡命先で生きのびるために心ならずも祖国や同胞を悪罵せざるを得ない境遇にあったことも考慮しなければならない。

コトシーヒンを十七世紀の西欧崇拝者と定義するのはいささか単純すぎるかもしれない。

彼の著作は松木栄三編訳『ピョートル前夜のロシア——亡命ロシア外交官コトシーヒンの手記』として二〇〇三年に彩流社から刊行された。

オランダ人ヴィッツェンのモスクワ旅行記

新興国の使節団

ピョートル一世の父親アレクセイ帝がモスクワに君臨していたころ、オランダは黄金の世紀を迎えていた。スペインの支配を脱したのが十六世紀の末で、十七世紀にはいると、ホランド州を中心とするネーデルランドの連邦共和国は、国際貿易の領域で英国と覇を競うまでに国力を充実させていた。画家のレンブラントやフェルメール、哲学者のスピノザなどの名前を挙げるまでもなく、芸術や学問の分野でも巨匠が輩出する。

今やヨーロッパの列強に伍したオランダにとって、モスクワ大公国から届く国書が依然として「ネーデルランドの執政殿」と名宛てされているのは、すこぶる不適切と考えられた。これを主権国家にふさわしい別の表現に変更させること——それが一六六四年にヤコプ・ボレールを長として派遣された使節団に課せられた使命だった。国書の宛名の変更は、オランダの対ロシア交易条件の改善や現地ロシアに居住するオランダ商人の地位の向上にもつながるはずだった。

この使節団にニコラース・ヴィッツェンが加わっていた。ライデン大学で法律を修めたばかりの二十三歳の青年である。ヴィッツェン一門はニコラースの祖父の世代までアムステルダムの豪商として巨富を積んだが、父の代から政治の世界に進出した。オランダを代表して英国へ渡りクロムウェルと会談したとき、父は十代のニコラースを同伴した。それほどの名門の出身だったから、若輩でもボレール使節の首席随員だったのは不思議ではない。

彼の旅行記は日記体なので、日々書かれたものと思われるが、生前は未刊のままにおわり、写本が一冊だけフランスに伝わった。写本全体がオランダで出版されるのが一九六六年、ロシア語訳の出るのがその三〇年後である。ヴィッツェンの名前がロシアの歴史家のあいだで広く知られないのは、そのためであろう。

ただ、祖国の政界での彼の出世コースは順調で、ロシアから帰国後まもなく市会議員となり、一六八二年から一七〇五年まで通算して一三年間もアムステルダムの市長の座にあった。父と同様に英国との外交交渉にも当たった。

ロシアとの縁もモスクワへの旅行だけで終わらなかった。彼が一六七一年に刊行した著書『古代から現代までの造船と操船技術』がのちに若いピョートル一世の目にとまり、両者のあいだに文通がはじまる。一六九七年にツァーリが有名な大使節団の一員として西ヨーロッパを訪れたとき、オランダでの接待をヴィッツェンが一手に引き受けた。ピョートルにアムステルダムやザーンダムのドックでの船大工の実習を周旋したのはヴィッツェンである。珍奇な品々のコレクターであるヴィッツェンの家を、ピョートルはしばしば訪れたものだった。ピョートルが日本への興味をはじめてかきたてられたのは、ヴィッツェンの収集品に接したためだった。

旅の日程

ヴィッツェンの日記は一六六四年九月二十日、バルト海のノルウェー沖からはじまっている。スウェーデン支配下のリガ市に着くのが十月十四日、そこから陸路で、ロシアの国境を越えるのが十二月八日、モスクワにはいるのは翌一六六五年一月十九日、アレクセイ帝への最初の謁見は二月二日、最後の謁見は五月一日、モスクワ退去五月十八日、国境通過六月十六日、オランダの自宅に戻るのが八月八日である。以上の日付はすべてグレゴリオ暦であって、ロシア暦より一〇日すすんでいた。

出発から帰国まで三二六日を要したが、そのうちロシア国内を移動する旅が往復で七三日、モスクワ滞在は一二一日、ちょうど四カ月ほどである。道中が長くかかった理由の一つは、要所要所で一四日ずつの検疫滞留が必要とされたためだった。

好奇心にあふれた貴公子

ロシアでは外国から使者が来ると、国境で役人が出迎え、国内旅行のあいだじゅうその付添い役人が使節団全体の行動に目を光らせていた。首都では別の役人が付き添った（使節応接に関して詳しくは、オランダ使節団と入れちがいにモスクワから亡命したロシアの外交官コトシーヒンが著した『アレクセイ帝治下のロシア』にくわしく述べられている）。

ニコラース・ヴィッツェンは全身が好奇心の塊のような人物だった。国境の町プスコフでは、自分に張りついていた見張りの兵士を買収して門外へ抜け出し、城壁の周囲を一周した。そしてこの都市の防備が思ったほど堅固ではなく、大砲は一門も見えないことを確認した。別に他意があってそうしたのではない。

モスクワで使節団に与えられた宿舎は、赤の広場（ヴィッツェンの日記では単に広場としてあらわれる）をへだててクレムリンと向き合っているキタイ・ゴロドの中央部、イリインカ通りの使節迎賓館だった。ここでは道中より一層厳重な監視のもとにあったが、ヴィッツェンはときには変装してロシア人になりすまし、クレムリンの中にはいりこんで、諸官署を見てまわったり、ツァーリが参加する十字架行列やその他の行事を見物したりした。

これは私の憶測にすぎないが、入京早々、使節の命令でときの権力者ピョートル・プロゾローフスキイ公を表敬訪問したさい、クレムリンのスパスキイ門を自由に通過できる特別の許可書でも与えられたのではあるまいか。ヴィッツェンの父親の名を聞くと、自分に対する公の応接の態度が一変した、と書いているからである。それでも、常に自由行動が許されたというわけではなかった。皇太子の誕生記念日の行事を見物しようとして赤の広場に向かって宿舎の門から馬で飛び出したところ、あわてて銃兵隊員たちに引き戻されたという。皇太子関係の催しは外国人に非公開だったらしい。

ヴィッツェンの肖像。ロシア旅行後、市会議員にえらばれたころのもの。1677年（36歳）に描かれたとある。

ヴィッツェンがとくに関心を寄せた地域は、モスクワのかなたにあるカルムイク、ノガイ、タタール人らの住む土地、さらには中国までつづくシベリアだった。一六九二年に出版される彼の著作『北部、東部のタルタリア……』

はその後何回も版を重ねて、この分野の古典になった。彼がモスクワ滞在中これらの地方の住民や地誌について情報収集を怠らなかったことが、日記からうかがわれる。

人見知りというような性癖は彼には無縁だった。プロゾローフスキイ公以外に、ツァーリの侍医（英国人でのちにロシア論を書くS・コリンズも仕えていたが、ヴィッツェンが会ったのは別人だったらしい）や大商人アヴェルキイ・キリーロフの自宅を訪問した。スウェーデンの使節エーベルス（上記のコトシーヒンから国家機密を買い取った人物）とは胸襟を開いて酒を酌み交わし、外務省の高官にあたる使節官署書記官のルキヤン・ゴーロソフの場合には自宅を訪ねてラテン語で語り合った。ペルシャの商人団には最初に瀬踏みの訪問を行い、それで人物審査に合格したらしく二度目には先方の宴会に呼ばれて饗応を受け、三度目には自分たちの宿舎に彼らを招待し、さらにもう一度彼らを訪ねて話し合った。ペルシャとの交易拡大の可能性を探ることは、本国政府からとくに託された任務だったかもしれない。

仕事とはかかわりがないのに、最も頻繁におとずれた先はガザの府主教パイシオスである。彼は俗名をパンテレイモン・リガリデスというギリシャ人で、ローマのイエズス会の神学校で教育を受けていた。のち正教に改宗してエルサレム総主教管轄下のガザの府主教に任じられた。この時期ロシアに来ていたのは、ロシア総主教ニーコンの典礼改革以後モスクワの正教会が混迷の極にあったことから、ツァーリのいわば宗教問題顧問の格で招かれていたのだった。この当時パイシオスは五十代の半ば、その博識と穏やかな人柄がヴィッツェンを魅了したらしい。彼への訪問は六回に及んでいる。そこで府主教から、ロシア人は古いしきたりにこだわりすぎるというような批判を耳にした。もっとも、パイシオスの宿はおそらくキタイ・ゴロド内の神現《ボゴヤヴレンスキイ》修道院だったから、両者は隣り合わせに住んでいたようなものだった。

驚嘆に値するのは、ヴィッツェンがそのパイシオスの直接の敵手とも言うべきニーコンのもとを訪ねていることである。総主教といっても、このころ傲岸なニーコンはツァーリとの仲が円滑を欠き、首都を見捨てて西に六〇キロもはなれた新エルサレム修道院に隠棲していた。遠い郊外なので、モスクワから四日がかりの遠出になった。どういう事前の打ち合わせがあったものか、ニーコンのもとからわざわざ橇に乗った修道士が迎えに来た。ニーコンの挙措振る舞いも彼自身が創立したこの華麗な修道院も、ヴィッツェンによって精密に描写されている。

ところで、オランダ語の原書刊行にさいして編者のロッヘルとビュックの両氏がつけた注釈は詳細をきわめていて、ヴィッツェンが新エルサレム修道院を訪ねたとき、彼の従兄弟に当たるオランダ人コイエット家のだれかが同行した可能性があることを教えてくれる。このオランダ人はロシアに在住していて、新エルサレム修道院から五キロほどはなれたところでガラス製造工場を経営していたという。

ツァーリへの献上品

使節団が本国から持参したアレクセイ帝への贈物は一四八点をかぞえた。金塗り枠づきの大鏡、鼈甲枠づきの小鏡、鼈甲象眼のテーブル……と列挙されているものの中に、東インドのニス塗りの宝石箱と櫃、東インドの甘味料をおさめた大型の磁器などが含まれている。ヴィッツェンの日記の特徴は、こういう場合語られる事物が微に入り細をうがって記述されていることである。それはフランドル絵画の緻密な描写法を彷彿とさせる。最初の謁見の朝、これら一四八点の献上品が緑色の制服をまとった一四八人の銃兵隊員によって一点ずつうやうやしく捧持され、赤の広場を横切ってクレムリンの宮殿に運ばれたのである。

これも私の憶測であるが、右の「ニス塗り」と書かれた品々は日本からの漆塗りの工芸品、磁器とあるのは有田の焼物だったかもしれない。東インド会社を通じて東洋貿易を支配していることは、十七世紀のオランダの隆盛に大きく貢献していたことであろう。

ヴィッツェンのロシア観

若いオランダ人をつよく印象づけたことは、ロシア人が祭日ごとに男女をとわず飲酒にふけって街頭で醜態をさらすことだった。以下は、モスクワを去って帰国の途について四日目の記事。ロシア人の性格について一種の総括を試みているのである。

　ロシア人は立派なキリスト教徒ではあるものの、教育と躾が行きとどいていない。学問は尊敬されておらず、学者は異端者と呼ばれている。彼らは肉欲におぼれ、酒に目がない。男性のみならず女性においても、この二つの特徴がみとめられるのを思い出すと、わが身が恥ずかしくなる。彼らは早く結婚するが、その理由はさまざまである。……ツァーリ自身をのぞいて、彼らはすべて奴隷である。

もちろん、ヴィッツェンとて木石ではなかった。この年の復活祭は陽暦で四月五日にあたっていたが、この日、彼はロシアの好ましい風習に便乗して「多くの貴婦人とキスを交わした」し、復活祭につづく光明週間の木曜日にはガザの府主教をたずねて彩色された三個の卵を贈られると、さっそくさる貴婦人のもとへ駆けつけ、一個の卵を進呈して褒美に感謝のキスを与えられた。むろん、相手の名前は明示されていない。

ヴィッツェンの多芸ぶりは恐ろしいくらいで、ロシア旅行中、各所で都市や修道院の遠望図を描いた。素人離れしたその作品である一一葉が現在ウィーンのオーストリア国立図書館に所蔵されている。

使節団の主要な目的がどうなったかといえば、国書の宛名を変更するようにという申し入れは即座には受け入れられなかった。その要求が実現するのは六年後の一六七〇年のことである。

ヴィッツェンはオランダ史上の著名人であり、現在彼の名前を冠した財団がオランダで活動している。

Ⅳ　ロシアの人びと　日本の人びと

文化十年のロシア語の手紙

二〇〇三年に創建三百年を迎えたペテルブルグの誇りの一つは、ネフスキイ大通りの真ん中あたり、女帝エカテリーナ二世の銅像の立つ公園と隣り合っている国立図書館である。この図書館は古代エジプトのパピルスや初期活字本《インキュナビラ》をはじめ多くの貴重な文献を所蔵していることで知られるが、最近になって江戸時代の日本人の書いた一通のロシア語書簡が手稿部の書庫にねむっていることがわかった。以下はその紹介である。

松前のロシア人

手紙の名宛人は五人いて、いずれもロシア海軍の士官たちである。なぜ彼らは日本人から手紙を受け取ることになったのであろうか。

一八〇六年から〇七年にかけて、フヴォストフとダヴィドフの両士官に率いられたロシアの船舶がサハリンと南クリールの島々を襲って狼藉を働いた。それは二人の上司に当たるレザーノフが一八〇四年に皇帝の使節として長崎に来航したものの、幕府の当事者から冷遇されたことに対する意趣返しのようなものだった。最近では、フヴォストフらの行為は長崎でレザーノフと接触する機会のあったオランダ通詞のそそのかしによるものではなかったかという見方もあらわれている。いずれにしてもロシア人の襲来は日本側にとっては大きな衝撃であり、幕府はただちに東北の諸藩に出兵を命じて北辺の防備を固めた。そのような事情を知らずにロシアのスループ型軍艦ディアナ号が測量のために南クリール諸島に立ち寄った。艦では新鮮な飲料水を得ようとして一部の将兵がクナシリ島に上陸したが、そこに駐屯していた幕府の手の者や南部藩士たちに捕らえられてしまった。捕虜となったのは艦長で海軍大尉のワシーリイ・ゴロヴニン、少尉のフョードル・ムール、航海士でおそらく准尉格のアンドレイ・フレブニコフ、あとは四人の水兵とアイヌ人アレクセイだった。八人は捕縛されたまま松前に護送され、それから二年あまりのあいだ、囚人として獄舎で暮らすことになる。このころ蝦夷地は幕府の直轄領になっており、松前に江戸から奉行が派遣されていた。

ディアナ号に残された乗組員たちが捕虜となった味方の救出に躍起となったことはいうまでもない。副艦長のピョートル・リコルド大尉はゴロヴニンと同年生まれで、海軍兵学校の同窓生でもあった。しかしその年のうちには手の打ちようがなく、士官や水兵たちの身の回り品や若干の書籍を海岸に置いただけで、オホーツクに戻った。翌年、あらためて同僚の救出に向かったリコルドは（折からロシア本土にはナポレオンの大軍が攻め込んでいた）、クナシリ島沖で豪商高田屋嘉兵衛の持舟を襲い船主の嘉兵衛をカムチャトカに連れ去った。

カムチャトカで越冬中、リコルドは嘉兵衛の助言にもとづいてフヴォストフとダヴィドフの仕業が政府の命令によるものではなく、私的な略奪行為である旨の弁明書をイルクーツクの知事から得ることにした。結局それが決め手になってゴロヴニンらが帰国するのが一八一三年の秋十月（ロシア暦）である。それに先だち高田屋嘉兵衛は夏のうちにリコルドによってクナシリに送り届けられていた。そこではかなり友好的な雰囲気のうちにロシア人捕虜の釈放をめぐる交渉が行われていたのである。

村上貞助のロシア語学習

ゴロヴニンとリコルドはこの事件のあと、詳細な記録を執筆し、それぞれ本にして公刊した。ともに一八一六年の出版である。どちらも役所に提出するような無味乾燥な報告書の類いではなく、生き生きした描写を含む一般読者向けの著述である。

ゴロヴニンの書いた有名な『日本幽囚記』によると、はじめロシア人につけられた通訳は上原熊次郎だった。熊次郎はアイヌ語が出来たので、アレクセイを介して問答が行われた。やがて、熊次郎が村上貞助という若者を連れてきて、彼にロシア語を教えるように頼んだ。それは捕虜たちが松前に到着してからで、邦暦では文化八年（一八一一）の十月の半ばすぎだったようである。初対面のときゴロヴニンは貞助の年齢を二十五歳ほどと見たが、谷澤尚一氏の論考によると貞助は安永九年生まれであるから、実際には満三十一歳前後だった。身分は松前奉行支配下の同心である。

貞助のロシア語学習は急速にすすんだ。われわれの生徒の上達には目ざましいものがあった、とゴロヴニンは驚嘆している。やがて貞助は熊次郎と共同で、ロシア側の文書を和訳したり、日本側の文書をロシア語に翻訳したりするようになる。そればかりか、貞助はロシア人たちの肖像を墨で描いた。彼には絵の素養もあったのだ。

翌年の夏、奉行の交替にともなって貞助は江戸に出た。すると、江戸から貞助の手紙が届いた。そのことでゴロヴニンはこう書いている。「ロシア人のうちだれひとり彼の手紙〔複数――中村〕を正確に理解できたわけではないが、われわれは彼がふだんわれわれと話すときのしゃべり方や言いまわしに慣れていたので、彼の言わんとするところが難なく理解できた。こちらのほうも彼にわかりやすいような表現を用いてロシア語の返事を書き、彼はそれを充分に理解してくれた」。

明けて一八一三年の春、新任の奉行とともに、貞助はふたたび松前へやって来た。今度は調役下役に昇進していて、天文方の足立左内やオランダ通詞出身の馬場佐十郎が同行していた。

佐十郎らの要請を受けてゴロヴニンはロシア語の文法書を書いたが、その中の仮定法の文例は次のようなものだった。「貞助、馬場、左内、上原等ノ諸君ハ数年間魯西亜ニアルナラハ魯西亜語ヲ悉ク知ルナラン」。この文章は右の文法書の邦訳をそのまま引いたのである。

国立図書館の手稿部にて

さて、問題の手紙である。その大体の外見は図版から知られよう。用いられた紙は和紙である。当時のヨーロッパの紙とは異なり、透かしがない。文字はペンではなく、毛筆で書かれている。

宛名のあるのが表で、横に二つ折りして相手に渡されたものと考えられる。その上半分に七行にわたってロシア文字が書かれている。文法的に見れば単数と複数の区別や名詞の格変化が無視されているし、流言（lとr）の混同が見られるが、趣旨は明らかである。姓ではなく、名前と父称を書いているのは、貞助がロシア的慣習になじんでいたことを示している。［　］内は筆者が姓を加えたもの。

「親しき友
ワシーリイ・ミハイロヴィチ殿［ゴロヴニン］

ピョートル・イワーノヴィチ殿［リコルド］
フョードル・フョードロヴィチ殿［ムール］
ニカンドル・イワーノヴィチ殿［フィラートフ］
アンドレイ・イリイチ殿［フレブニコフ］
ならびにその他の諸氏へ」

ここには貞助にとってロシア語の師ともいうべきゴロヴニン、ムール、フレブニコフのほか、イルクーツク知事の書簡をもって同僚たちを迎えに来た艦長格のリコルドと副艦長格のフィラートフが名宛人に加えられているのが注目される。列挙の順序は完全にこの時点における階級順である。「その他の諸氏」とは船医や操舵手など士官待遇の人びとのことらしい。

裏の本文は二つ折りにして上半分は四行に書かれ、下半分には差出人の名前と日付けがしるされている。ここでも文法上の正確さは欠けているが、おおよそ次のような文意と推定される。

「さらば、まことの友よ
私の心を汲み取ってください
その他のことは語ることが出来ません
別れが残念でならないのです
村上貞助

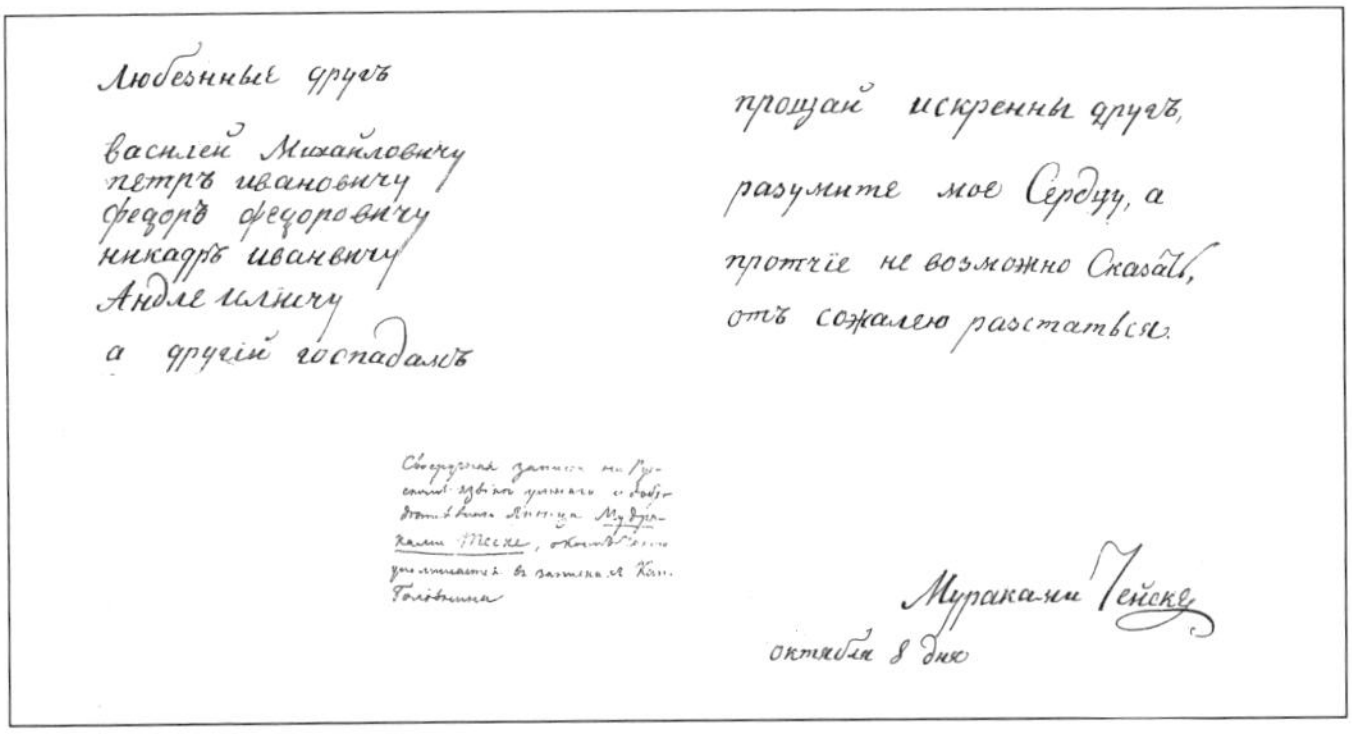
Любезные другъ

васілей Михайловичу
петръ ивановичу
федоръ федоровичу
никадръ иванвичу
Андле илисчу
а другій госпадамъ

прощай искренны другъ,
разумите мое Сердцу, а
протчїе не возможно Сказать,
отъ сожалею разстаться.

Мураками Теиске
октября 8 дню

和紙に筆と墨で書かれた村上貞助のロシア語の手紙。２世紀たった今も色あせていない。タテ 24.7cm ×ヨコ 42.2cm（ペテルブルグ国立図書館蔵）

「十月八日」

表の宛名の下に六行にわたって次のような鉛筆書きのメモがある。「ゴロヴニン中佐の記録の中でしばしば言及される賢明で親切な日本人村上貞助がロシア語で書いた自筆の手紙」。おそらく、旧蔵者が心覚えに書き留めたものであろう。

十月八日はディアナ号が箱館を出帆する二日前である。このときディアナ号が箱館に入港したのはロシア暦で一八一三年九月二十八日である。その翌日リコルドは上陸して日本側の役人にイルクーツク知事の書簡を提出した。その会談の席には通訳として貞助が加わっていた。それが貞助とリコルドの初対面であった。それから三日後にゴロヴニンとリコルドらは感激の再会を果たし、十月七日にすべてのロシア人捕虜の身柄がロシア側に引き渡された。ゴロヴニンによると、貞助と熊次郎はこの日さまざまな餞別の品をたずさえてディアナ号を訪問した。リコルドは貞助がこのときみごとなロシア語を話した、と証言している。その翌日、つまり八日については最初の訪問者としてゴロヴニンの記録の中で高田屋嘉兵衛の名前が挙げられているものの、貞助は訪ねなかったようである。

貞助の手紙を子細に観察すると、紙片を二つ折りにして小口から二センチあまりの場所に八つの針穴が見つかった。これはおそらく細い絹糸で綴じられたあとと考えられる。つまり手紙は密封されていたものらしい。とすれば、彼自身が持参したものではなく、十月八日の当日、嘉兵衛に託した可能性が高い。

この手紙がいつ、いかなる経路で国立ペテルブルグ図書館に収蔵されたかも、今のところ不明である。ゴロヴニンの息子のアレクサンドルは一八六二年の農奴解放につづく大改革の時期に文部大臣の要職につき、のちに彼の手稿類がまとめて図書館にはいったことが知られるので、ひょっとしたらその中に含まれていたのかもしれない。

リコルドは比較的長寿に恵まれて一八五五年に没するが、一八四四年にまだ生存中の村上貞助と文通を交わしたという驚くべき記事が彼の伝記に書かれている。それに関しては稿を改めなければならない。

日本にのこったロシア語の手紙

北海道文書館に『飄々謾集』という変わった題名の手書本がある。謾には「あざむく」「そしる」というような容易ならざる意味があるが、ここでは、漫に通じさせて「とりとめのない」ことを表すのかもしれない。随筆集のように見えるが、実際はゴロヴニン事件に関係して日露両国が取り交わした文書の下書を集めたものである。北海道文書館には二部あって、そのうちの一部は村上貞助自身の筆になるものであるらしい（矢澤尚一氏による）。他の一部は同じものの後代の筆写である。いずれも天地の二冊からなる。

この事件では、イルクーツクやオホーツクの政府出先機関は必死になって、捕虜になったゴロヴニンたちがフヴォストフらの海賊行為と一切かかわりがないことを証明しようとした。それらの公式書簡を村上貞助と上原熊次郎の二人の通詞が何とか日本語に移そうと懸命に努力した跡が、この文書集に歴然とのこされていて興味深い。むろん、日本の幕吏から出したロシア語の手紙もある。それにはロシア人捕虜たちの手が加わっていたにちがいない。

『飄々謾集』には、貞助と熊次郎の書いたロシア語の手紙も何通か含まれている。貞助が江戸からロシア語の手紙を何通かゴロヴニンやムールに送ったことは右に述べたとおりであるが、『飄々謾集』の中の手紙はそれとは別のようである。ただ、これらについてはまだ研究がすすんでいるとは言いがたく、文意にも名宛人にも不分明のところがある。本来、『飄々謾集』には下書を寄せ集めたという性格があり、完成原稿ではないのであるから、これは止むを得ないかもしれない。

はっきりしているのは、一八一三年（文化十）という時点で、村上貞助のロシア語運用能力が相当な程度に達していたことである。

キモノを着たロシアの提督——リコルドの手紙の謎

村上貞助がロシア語で書いた手紙のことを調べているうちに、その手紙の名宛人の一人であるリコルドの一風変わった肖像にぶつかった。この提督の身にまとっているのがキモノだった。その着衣の表は青、袖口と襟は朱色の無地。全体にツヤがあるので、生地は絹の繻子のように見える。

肖像を描いたのはドミートリイ・ペトローヴィチ・マリャーヴィン（一八二四―一八六〇）、現在ペテルブルグの海軍中央博物館に所蔵されている。リコルドはなぜキモノを着ているのか、その理由は彼の伝記の中で次のように説明されている。

リコルドの伝記から

伝記の作者はフセーヴォロド・メリニツキイ（一八二七―一八六六）といい、有名な逐次刊行物『海事集録《モルスコイ・ズボールニク》』の編集にたずさわっていた人物である。彼は一時リコルドのもとで勤務したことがあった。書物は『ピョートル・イワーノヴィチ・リコルド提督とその同時代人たち』と題され、一八五六年、つまり提督が亡くなった翌年に出版された。以下の引用の中で（ ）は原文の注、［ ］は訳者の補足である。

一八四四年にリコルドは日本の友人たちにこう書き送った。
《村上貞助、［上原］熊次郎、それにわが忠実なる親友であるタイショウ（高田屋嘉兵衛の尊称）の諸兄と箱館で別れてから三二年が過ぎ去りました。口で言うのは簡単ですが、暮らしてみれば長い年月です。今なお私が哀惜してやまない親友のゴロヴニンは、とうの昔に他界してしまいました。これによってロシアは実に賢明で高潔な人物を失い、われわれは良き友を亡くしたのです。だが、それも神の思召しです。遅かれ早かれ、われわれは死ななければなりません。死んだあとは、善人ならば、イギリス人、日本人、オランダ人、ロシア人の区別なく、明るく清らかに澄んだ空（天）に上るか、悪人ならば、夜のように暗い場所に落ちることになるでしょう。三二年間に世界中で大きな変化がどれほどあったにしても、諸兄に対する私の友情はいささかも変わりませんし、諸兄の気高くも友情溢れる力添えによって、神の思召しのままに私が日本からわが友ゴロヴニンを帰国せしめることができたことを決して忘れることはないでしょう。

日本が私の念頭から去ったことがないという証拠に、諸兄に次のことをお伝えしましょう。私の助言にもとづいて、ある商社（北アメリカ会社）［露米会社］の理事会は一八三六年に初めてエトロフ島へ諸兄の同胞を送り届けましたが、そのさいロシア船目がけて海岸から大砲が発射されたという報に接し［天保七年、五社丸の乗組員三名がウナラシュカ号によって帰国したさいのこと］、率直に言って私は悲嘆にくれました。ところが次には、同じ会社の理事会からの知らせとして、一八四一年に遭難した別の六人の日本人が同じ島へ一八四三年にまた運ばれて行ったところ［天保十四年越中の長者丸の乗組員六名が帰国した］、今度は **Kavaios, Asalgaro**［松前藩足軽小林朝五郎］がロシア船にやって来て、隊長からの命令として水と薪と食料の提供を申し出て、今後ロシア船はクナシリ、松前、本州へ来て食料の補給を受けることができるし、日本人はロシア人と友好的に交際できるようになったことを告げた由。これを聞いて私がいかに喜んだか、お察し下さい。

賢明で善良な日本人が、遂にわれわれロシア人が平和を愛する国民であり、日本国に対して友好と和合以外に何ものも求めていない、と信じてくれるにいたった、この仕合わせな日まで生きることができたことを、神に感謝します。日本の偉大な賢者 Kunyat-Ze［だれをさすか不明］は自分の身近な者を愛せと教えました。諸兄の国からの距離という点でも、行動様式の点でも、ヨーロッパの国々のうちロシア以上に諸兄に近い国があるでしょうか［以下、新約聖書の善きサマリア人の譬え話を例に、善隣関係の必要性を説く――略］。

日本とロシアは二つの大国です。両国とも国民が生きて行くために必要なものはすべて備えており、欠けているものはないのです。ただ隣国と友好的な関係をもたないことは罪であり、よくないことである、ということはわかってもらえるでしょう。

私は出来るものなら、ぜひもう一度諸兄に会い、こういったことについて話したいものです。私はもう老人ですが、いたって健康で、海を恐れてはいません。諸兄と別れて以来、しばしば大きな艦隊の司令長官としてすべての海を航海しました。友情の記念として、諸兄に私の肖像［複数形］を送ります。これは贈り物としてではなく、ペンの代わりに鑿で刻んだ手紙として受け取ってください。

諸君の健康と長寿を祈念します。

敬具

P・リコルド》

この手紙に対する返答としてリコルドは同じように友好的な書状とともに、日本の正装である「礼服」を受け取った。一八五四年のアカデミーの展覧会に出品された肖像画の中でリコルドがまとっているのがそれである。この服装をしてリコルドはよく近しい知人を招き、常に変わらぬ快活さをもって日本の「礼服」がいかに便利なものであるか説明したものだった。「このゆったりした袖はですね、日本の役人にとって筆記用具一式の置き場所なんです。この中に、紙やインキや筆や、その他の事務用品をすべてしまいこみます。われわれのハンカチの代わりに、鼻紙も入れておきます。その鼻紙は一度使うと、捨ててしまいます。われわれが使ったハンカチを捨てないで、ポケットにしまいこむのを見ると、日本人から『よくそんなものをポケットに入れたがるものですね』と言われましたよ」。

日本とカムチャトカは提督の大好きな話題だった。彼の住まいには、これらの地方にゆかりのあるものがそろっていた。さまざまな絵画、じゅうたん、ランプの覆いなどに日本人やカムチャトカ原住民の姿、あるいは彼らの調度品が描かれていた。それもごく自然なことだった。ほかならぬ日本においてリコルドは自分の親友を悪臭ただよう獄舎から助け出したのだったし、原住民の福祉のため人道的な施策を行って名をあげたときの任地はカムチャトカだったからである［中略］。

一八五二年に皇帝陛下［ニコライ一世］の思召しによってプチャーチン提督指揮下の遣日使節団の派遣が裁可されたとき、リコルドはこの件に関して意見書を上奏して、御感にあずかった……

マリヤーヴィンが描いた肖像（一七三ページ）の中で描かれている小道具について説明すれば、リコルドの右手の下にあるのは、僚友ゴロヴニンの解放までの経緯を自らの立場から叙述した著書『一八一二、一八一三年の日本国沿岸への航海と日本側との交渉の記録』であり、左側の塑像はギリシャの初代大統領カポディストリアス、その下の楕円形の肖像はゴロヴニン、机の上に開かれているのはゴロヴニンの著書『日本幽囚記』の中の地図であろう。

リコルドの経歴を多少補足しておけば、ゴロヴニンともども極東から首都に帰着したのが一八一四年、一七年にはカムチャトカの長官に任じられ五年間在任して業績を挙げる。一八二八〜三二年にはロシア艦隊を率いてダーダネルス海峡を封鎖してギリシャの独立に貢献した。カポディストリアスとの付合いが生じたのはそのときである。一八三六年には海軍省評議会のメンバーとなり、四三年に海軍大将に昇級した。ゴロヴニンとちがって長寿に恵まれたおかげで軍人として位をきわめたのである。白鷲勲章とアレクサンドル・ネフスキイ勲章も与えられている。

だれが手紙を受け取ったか

リコルド提督は右の手紙の中で、漂流民の送還にさいして日本側の態度がまったく変化したことを指摘している。言うまでもなく、これは幕府が文政八年（一八二五）に「異国船打払令」を発したものの、アヘン戦争などの新しい国際情勢の中で、天保十三年（一八四二）には「打払停止令」を発布せざるを得なくなっていたからである。外国船に薪水の供給を認めるという国策の転換は、その翌年には北の最果て蝦夷の地にもいちはやく達していたのだった。

リコルドが日本の「友人たち」に手紙を書いたのは一八四四年のことである。この年にはオランダの軍艦パレンバン号が長崎に入港して、国王ウィルレム二世が日本政府に宛てた開国をすすめる親書をもたらしていた。むろん偶然の一致などではない。ヨーロッパの識者の目から見て、鎖国の伝統を固守しようとする日本の態度がこの時期には危険この上ないものに思われたのである。ひょっとして、リコルドの手紙はオランダからの国書と一緒に長崎へ運ばれてきたのかもしれないと思われたが、実はロシアの船によって蝦夷へ届けられたものであることがわかった。かなり訛った形にせよ、松前藩の小林朝五郎という実在の役人の名前が手紙の中で言及されていることからも、それは容易に推察されて当然だった。

　一連の日露間の交渉の経緯はこういうことだった。チフメネフの露米会社史によると、一八四三年に長者丸の漂流民六名をエトロフ島に送り届けてきたのは、アレクサンドル・ガヴリーロフ大尉の指揮する露米会社の船プロムイセル号である。このときは漂流民の送還がすんなり認められただけではなく、日本側は薪水の提供が可能であることを強調したようである。小林とガヴリーロフの間で贈物の交換もなされた。幕府の政策が一変したという報告がペテルブルグに達したことから、ロシア側は日本開国にむけて積極的に取り組む方針を決めた。その政策決定にあたって、おそらくリコルドの献策ないし説得があったとしても不思議ではない。ゴロヴニンはすでに没していたので、彼はロシアの高官の中で日本と日本人をその目で見、成功裡に折衝した経験をもつ

リコルド提督の肖像。日本から贈られたというゆるやかな「礼服」をまとっている。

唯一の人物だったからである。

さしあたり露米会社が交渉の任にあたることになったが、会社の書簡とは別に、側面からの援護としてリコルドが旧友に宛てた個人的な書簡をしたためたのである。そうした情況のもとで書かれたのが右の手紙だったのである。

ガヴリーロフ大尉が再度エトロフ島にやって来たのは一八四五年のことだった。しかし、そのときこの島に駐在していたのは新任の役人で、見知った顔は一つもなかった。ガヴリーロフのもとには通訳もおらず、まったく意志の疎通ができなかった。日本側は水と食料の補給には応じたものの、その代金もロシア側からの贈物も一切受け取ることを拒んだという。それが今まで日露交渉史の中で語られてきたことである。

リコルドが手紙の中で名前を挙げている三人のうち、高田屋嘉兵衛はすでに一七年前に他界していた。上原熊次郎の没年も同じ文政十年（一八二七）である。村上貞助だけは生存中で、最晩年を迎えていた。リコルドの手紙がエトロフに届いたとされる一八四五年はわが弘化二年にあたり、貞助は六十五歳である。北辺に対する彼の関心はまだ衰えていなかった。役職からまだ隠退していなければ、幕府の普請役である。谷澤尚一氏の論考からそう推定される。

ただ、リコルドの手紙はエトロフから貞助のもとへ届いたであろうか。それは大いに疑わしいと思われる。まして自分の手紙への返答として「同じように友好的な書状」とキモノの「礼服」を日本から贈られるなどということが、可能だったであろうか。当時の日本の政治的慣習から考えて、それはほとんどあり得ないことのように思われる。第一、貞助のロシア語の知識にしても、三〇年も使わずにいるうちにかなり錆びついていたにちがいない。

疑問は果てしないが、そんな揣摩憶測をあっさり吹き飛ばすかのようにキモノを着たリコルドの肖像が現に存在していることも確かなのである。リコルドの妻のリュドミーラ・イワーノヴナは文学のたしなみがあり、賢夫人の誉れが高かった。彼女は亡き夫の伝記に目を通したにちがいないので、あからさまな作りごとなど許したはずがないと思われるのだが。

フョードル長老の生涯

刊行された伝記

欧米では一〇年ほど前から知られていたが、ロシアでもやっとフョードル長老の伝記が出版された。ペテルブルグのロシア文学研究所のゲリアン・ブローホロフ博士の編集によりアレティア出版社の中世ロシア物語叢書の一冊に加えられたのだ。フョードル長老は亡くなってまだ三〇年とたっていないが、彼の伝記は中世ロシアの伝記文学の伝統に則って書かれているので、この叢書にはいるのは不自然ではない。

長老《スターレツ》といっても、フョードルは聖職者ではなかった。だから正式には「在俗長老《ミリャーニン》」と呼ぶらしい。そればかりか、二十世紀の人間でありながら、フョードルは生涯をほとんど無筆でとおした。しかし読み書きはできなくても、教会の位階制度の中に組みこまれていなくても、彼ほど多くの人びとにキリスト教徒としての正しい生き方を教え、悩める者に喜びを与えた人物は稀だったようである。

フョードルの伝記を編んだ人物は二人いる。一人は彼より三歳年下のカマド職人ミハイル・ノースィレフ、もう一人は年齢差五十歳で孫の世代にあたる電気技手パーヴェル・レーベジェフである。二つの伝記を比べると、いくつかの点で記述が食いちがっている。フョードルは一八七九（あるいは一八八〇）年に生まれて一九七三年に没したが、ノースィレフの伝記は第二次大戦がはじまるころで終わっている。したがってフョードルの前半生は主としてノースィレフにより、後半生はもっぱらレーベジェフの記述にしたがって紹介してみよう。

生いたち

フョードル・ソコロフは北ロシア、キリーロフ修道院とヴォログダ市の中間くらいにあるルキンスコエ村で生まれた。革命前はノヴゴロド県キリーロフ郡だったが、今はヴォログダ州に属している地域である。ルキンスコエは戸数一〇戸ほどの小さな集落で、フョードルは息子五人、娘二人の総領だった。一家の住む丸太小屋にはペチカに煙突がないほど貧しい暮らしをしていた。両親は信心深くて、躾はきびしいものだった。幼いうちは次々と生まれる弟妹の子守りをし、十歳のときに仕立て職人の弟子になった。冬のあいだ村々をまわって注文主の家に泊まりこみ、外套や上着を縫い上げるのである。最初の親方は叔父のイリヤーだったが、まもなくミシンをもつ別の親方についた。春の復活祭が近づくと急に注文がふえて、徹夜が幾晩もつづいた。フョードルは腕が上がってから自分もミシンを買って独立した。十二歳になると夏は父親に連れられてペテルブルグへ出稼ぎに行った。大体が土木工事で、一日一四時間も働くのだった。

学校へは一度も行かずじまいで、字はおぼえなかった。それでも日曜や祭日に教会へ行って讃美歌を聞いたり歌ったりするのは大好きで、旧約・新約聖書の名句や祈禱の文言はすぐに暗記してしまった。

仕立て職人の弟子をしているときから、親方に五コペイカ、一〇コペイカの小づかいをもらうと、行商人から聖人伝や名僧列伝などの本を買いこみ、文字が読める知り合いをたずねては読んでもらっていた。

二つの伝記のどちらにも何歳のときとは書かれていないのだが、フョードルは同じ村のアンフィーサという娘と結婚した。そのとき両親の家をはなれて別棟の新居をつくったものの、最初の出産が難産で、アンフィーサは亡くなった。半年たってから隣り村のアンナと再婚した。この夫婦のあいだには七人の子どもが生まれるが、二人は夭折し、成人したのは息子が二人、娘が三人だった。フョードルは仕立て職人の仕事をつづけ、長女が九歳になると出先へともなっていった。

ここまではロシアによくあるムジーク（百姓）の生活である。

神秘体験

転機がおとずれたのは一九一七年のことらしい。フョードルの年はもう三十七歳である。草刈をしている最中に彼は不思議な光に照らされ、心臓と頭脳が一新し、人の魂を救う知識が体内にやどったという感覚をおぼえた——これはノースィレフの伝記にある。ほとんどリアル・タイムでこういう体験を聞かされたのだろう。ずっと後年になってからの話では、一九一七年の末（草刈の時期ではない）に天使のガブリエルがあらわれ、「神の言葉をひろめよ」と命じられて何か飲まされたことになっている。

フョードルには二人の親しい仲間がいた。伝記を書くことになるミハイル・ノースィレフと、もう一人はイワン・ニキーティチである。ミハイルは前述のようにカマドつくりの職人だが、イワンのほうは職業が不明である。三人は子どものときから付き合いのある友人同士だったらしい。フョードルはミハイルとイワンを語らって、まず祭日をキリスト教徒らしく過ごすことにした。それまで祭日といえば、酔いつぶれるまでビールやウォトカを飲むというのがしきたりだったのだ。集まる場所はフョードルとミハイルとイワンの家を祭日や日曜ごとに順番にまわることにし、各自が妻や母親をともなって訪問し合い、そこではアルコール類は出さず、もっぱら精神的なテーマについて語り合うことにした。やがてミハイルとイワンが無作為に福音書を開いてそこに書かれている章句を読み上げ、つづいてフョードルがそれについて即席で解説を加えるという式次第が定着していった。これは、ウォトカを祭日の食卓から追放した点では家族ぐるみの生活改良運動であり、話題を高尚なものに限定した点では自発的な精神修養会といった趣きがある。

「二人あるいは三人がわたしの名によって集まるところにはわたしもその中にいる」(マタイ伝一八章二〇節)というイエスの言葉を引いて、フョードルはこの集会の意味づけをした。

フョードルは福音書のどんな部分が読み上げられてもたちどころによどみなくコメントを加えたので、彼の母親や弟妹たちはフョードルの才能にびっくりしたという。内容は格別新しいことではなかったが、フョードルは人々の胸にしみわたるように話したらしい。

高まる名声

フョードルの話の評判が高くなると、ルキンスコエの村じゅうの者がこの集会に顔を出すようになった。次には近隣の他の村々からも参加者があらわれ、さらにはずっと遠方からも人々がやって来るようになった。そこではフョードルだけがしゃべるのではなく、他所《よそ》ものが質問もできるし、自分の悩みを打ち明けて助言を求めることも許された。

フョードルにはもともと他人の心の中を見抜く特別の力があった、とミハイルは書いている。ミハイルやイワンと一緒にいるときでも、「今お前はこんなことを考えているだろう」とよく言い当てられたという。

こういう能力は生まれついたものでないとすれば、小さいときから仕立て屋として他人の家庭を泊まり歩いた経験によって身についたものと考えられる。渡り職人は人情の機微に敏感にならざるを得ないのである。

そこから奇蹟までは紙一重である。フョードルのもとにあつまってきた者の中には心の悩みだけではなくて体の不調を訴える者も多かった。人口稀薄な北ロシアでは医者や病院は遠かったし、近代医術への信頼も厚くはなかった。

二種類の伝記とも、フョードルの成就した奇蹟の例を数多く挙げている。シベリアの見知らぬ町を通りかかったとき（革命後の新しい経済体制であるネップの初期に彼は何かの用でシベリアへ出かけたらしい）、大勢の幼い子どもをもつ母親の臨終に出会って彼女を生きかえらせた話、全身がひきつっていた少女の体を掌で撫でてけいれんを解いた話、脚をいため妻の肩にすがって訪ねてきた男の患部に灯明の油を塗るとたちまち痛みが消えた話、などなど。ミハイルは自分の妻と息子の病気がフョードルのおかげで快癒した経緯を経験的事実としてくわしく記述している。

フョードルの行動が人目をひいたのは当然である。ブローホロフ博士によると、一九二四年にキリーロフ地方に住んでいたイワン・ブリリアントフという学者がレニングラードの弟に宛てた手紙の中で、目下当地に予言者があらわれ、人々が群をなして押し寄せていると書いたという。

当局との折り合い

フョードロフのようにカリスマ性をもつ俗人が人気を博した場合に、最も神経をとがらせるのは正教会である。聖堂に集まるべき信徒が来なくなるからである。しかし二種類の伝記のどちらにも正教会との衝突が記録されていないのは、フョードルが用心して神父たちに楯つかなかったためと、もう一つはソビエト体制の締めつけのもとでロシア正教会自体が浮沈の瀬戸際に立っていたからであろう。

フョードルは自分のもとへ相談に来る者たちに向かって「教会へ行って懺悔しなされ、司祭さまから聖体を拝領するように」とすすめていたという。正教会のほうもそのあたりは、心得ていて、フョードルとミハイルとイワンの三人組を聖堂に招いて日曜日のミサのあと、教会主催の講話会をもよおすことがあった。すると会堂にあふれるほど信者が集まってきてその結果教会の財政もうるおった、とレーベジェフは書いている。これは一九二〇年代の末から三〇年代前半のことだったらしい。

ソビエト政権下の正教会内部にあらわれた「生ける教会」と名のる一種の革新運動には、フョードルは終始反対を貫いた。一時エヴァンゲリストと呼ばれるプロテスタント系グループに心を惹かれた時期もあったが、深入りするまえに正教会の懐に立ち戻ったという。異端には与しなかったということである。

正教会のほか、政治権力のほうもフョードルに目をつむっていたわけではない。二五人以上の集会には地区執行委員会の事前の許可が必要だった。もともとフョードルの会は前もって何人の集会になるか、予測がつかないところに価値があった。むろん、ソビエト当局の回し者は注意深くフョードルの言動を見張っていた。警察はフョードルが多額の金品をせしめていると誤解していたらしい。警戒が厳重なので、野や森の中へこっそりフョードルと会いに来て相談をもちかける人々もいた。

三〇年代末の大粛清の時代にフョードルはとうとう逮捕され、裁判にかけられた。判決はヴォログダ州からの三年間の追放だった。フョードルはヴォログダから南西のヴォルガ河畔ルィビンスク郊外で牛飼いをして暮らすことになった。孤独な生活は六十歳ちかい老いの身にはこたえたにちがいない。

晩年のかがやき

一九四一年にヴォログダ州に戻ることが許されても、ルキンスコエの自宅へは帰されなかった。サヴィンスコエ村で不自由な一人住まいを強いられた。ここではニコリスコエ湖での漁が彼の生業となった。六十を過ぎてさらに三〇年あまりの長寿を恵まれたのであるが、心や体の病いのいやしを求めて彼のもとを訪れる者はあとを断たなかった。フョードルの二つ目の伝記を編んだレーベジェフと彼の妻ヴェーラは一九六〇年代にフョードルと知り合い、フョードルが両目を失明して寝たきりになるまで、肉親も及ばぬほど面倒を見た人たちである。

最晩年にこんな出来ごとがあった。レーベジェフがフョードルと湖で漁をすませて夕方家に戻ると、三人の見知らぬ老女が戸口で二人を待ち受けていた。するとフョードルは挨拶ぬきでいきなり中央に立つ女性の腹部に頭を打ちつけた。その滑稽な仕草にみんな大笑いしてその場はおさまったが、実は彼女は胃弱を治してもらいに遠方から訪ねてきたのだった。頭突きのおかげで病気は全快したことがあとでわかった。「何用ですじゃ」などと尋ねるまでもなく、フョードルには客人の来訪の理由がわかっていたのだ。その気になれば彼はこんなおどけた瘋癲（正教会の用語では佯狂）の業もできたのだった。

レオンチイ神父

モスクワの地図

外国の町へ行って旅行者がまず手に入れようとするのは、その町の地図である。二〇〇三年の秋にモスクワにひと月ほど滞在することになって、私が何はともあれ近くのキオスクで買い求めたのも街路図だった。モスクワではとくにそれが欠かせない事情があった。一〇年あまり前に社会主義体制が崩れさってから、かなり多くの道路が次々と改名した。要するに、革命前の名前を取り戻したのである。

新しい地図を眺めているうちに、私は自分の住まいに近いベラルーシ駅の広場の一角に、旧教徒の教会があることに気づいた。それは環状線地下鉄でひと駅先だったから、さっそく散歩のついでに立ちよってみた。旧教徒というのは三五〇年ほど前に、教会儀式に関する意見の相違のためにロシア正教会から分離した一派のことで、かつては破門処分を受けていたが、今はその処分を取り消されている。それでも正教会に合流したわけではなく、現在でも独特の古式に則った典礼を守っている。概して昔気質で、生真面目な人たちである。

旧教徒の中でも最も有力なグループの総本山がモスクワの東のはずれに近いロゴシスキイという地区にあ

って、独立した位階制度をもち、二〇〇三年の時点ではその頂点にアリンピイ府主教をいただいていた。

はじめてベラルーシ駅広場の教会を見たとき、私はそれが旧教徒の教会とは信じられなかった。それほど立派な、美しい造りだったからである。中央の円屋根（クーポル）が金色に輝いていた。壁面のしっくいも真っ白で、まだ出来立てのように見えた。旧教徒は帝政時代には政府による迫害を受けていたし、無神論を奉ずるソビエト政権にも歓迎されなかった。この教会が最近になって再建されたことは明らかだった。

正面の扉を押して中にはいると、会堂の手前のこじんまりした一隅が売店になっていて、そこにはロゴシスキイ派の出版物が並べられていた。本やパンフレットや絵ハガキの種類が多くて、近年この宗派の活動が活発なことが伝わってきた。私はそこで次の年のカレンダーを買った。旧教徒は正教会より一段ときびしい戒律にしたがっているので、精進日と日毎の精進の程度を示した暦は彼らの生活を知るために格好な手引きとなるのである。

この売店で、私はロゴシスキイの総本山への道順を教えてもらった。環状地下鉄線でタガンカ駅まで行き、あとはトロリーバスに乗り継いで郊外の方向にむかう以外にないことがわかった。地図の上でロゴシスキイの在りかは知れていても、実際の交通機関となると関係者に尋ねるのが手っとり早いことがある。まだいまだに地下鉄の最寄り駅がないことは、権力に「まつろわぬ」ロゴシスキイ派がかつていかに辺鄙な場所に追われていたかを示すものである。

奥ヴォルガで知り合う

私は折りを見て日曜日にロゴシスキイ派の首座寺院をおとずれるつもりだった。そのうちロシア人の友人のヴォロージャが車で連れていってくれることになった。それは十一月の最初の日曜日で、雪の降る寒い朝だった。ロゴシスキイ派の大寺院は聖母マリアの庇護を意味するポクロフスキイの名前を冠している。何事も古式を尊ぶ旧教徒であるが、この聖堂だけは西ヨーロッパのクラシックな様式に倣った堂々たる建築である。私がここへやって来たのは、旧知のレオンチイ神父に会うためだった。

一九九四年の夏に私は友人たちと奥ヴォルガへ旅をした。十三世紀にロシアがモンゴル軍の襲撃を受けたとき、略奪を免れるためにキーテジという町がある湖の底に沈んだとされる伝説があって、深い森の中にあるそのスヴェトロヤール湖を見物に行ったのである。この伝説はとくに旧教徒のあいだで広まっていた。スヴェトロヤールへの道筋にネプリャーヒノという村があり、ちょうど教区教会の祭日にあたっているというので、ついでに祭りの儀式を見学してゆくことになった。

私たち日本人はロシアの古い歴史やフォークロアに興味をもつ七人のグループだった。モスクワから夜行列車で、ヴォルガ川とオカ川が合流する地点にあるニージェゴロド市に行った。そこからは小型バスをチャーターしたのである。そのバスに、私たちとロシア人ガイドのほか、ネプリャーヒノ村へ行くレオンチイ神父と彼の子どもたちが乗り込んできた。私はこのときはじめて神父と知り合ったのである。

レオンチイ神父はそのとき五十歳くらいで、背はそれほど高くない代わり、肩幅のひろいがっしりした体格だった。旧教徒の神父だから、あごひげを長く伸ばしていたことは言うまでもない。初対面のバスの中で神父が語った言葉が忘れられない。「私の考えでは、日本人には旧教徒と似ている点がある。日本人は仏教を受け入れても、神道を捨てなかった。近代になってヨーロッパの文明を取り入れても、神道や仏教を捨てなかった。これは新しい良いものを採用しながらも、古い伝統を尊重する精神です。わしら旧教徒も同じように、新しい文明のすぐれた点は受け入れても、祖先の心は守っていこうとしているのですじゃ」。司祭としての長年の経験のたまものだろうか、神父の話し方は闊達で、自信にあふれていた。声は朗々として深みがあった。スヴェトロヤール湖からの帰り道、ニージェゴロドの町で私たちはレオンチイ神父の自宅へ食事に招かれた。そのとき神父が学識のある人物で、モスクワに出ると宗教関係の写本や古本を求めてかならず古書店めぐりをする習慣をもつことを知った。

レオンチイ神父の子どもたちというのは、四人の娘たちと、末の独り息子だった。彼らはそろいもそろってロシアの昔話に出てくるような美人だった。背はすらっと高く、肌の白さはまるでミルクのようで、娘たちは髪の毛を三つ編みにしていた。嫁入り前のしるしなのである。息子は姉たちより一段と上背があって、昔話のイワン王子のようにハンサムだった。

昼食はバスから降りて草原で食べた。七月の奥ヴォルガではひざ頭ほどに伸びたさまざまな野草が、白や赤の小ぶりな花をつけていた。やわらかい風に吹かれて草の葉や野花がそよぐ中で、私たちはそれぞれ用意してきたサンドウィッチを分け合って食べた。

ネプリャーヒノ村の教会へレオンチイ神父が出かけるのは、この地区を管轄する長司祭という役目柄当然のことであるが、子どもたちを全部引き連れてきたのには理由があった。儀式での讃美歌の詠唱を力強いものにするためである。それは儀式に参列してみてすぐにわかった。

もう一つ驚いたことには、この儀式にはロゴシスキイの総本山からアリンピイ府主教が姿を見せていた。小さな村の教会の祭日に首都から宗派の最高責任者が臨席するのは、村民にとって名誉なことにちがいなかった。儀式のあと教会の中庭に急ごしらえのテーブルを並べて村をあげてのにぎやかな会食があり、食事がすむとまもなく府主教は小型の専用車で八〇〇キロはなれたモスクワまで引き返していった。その車のトランクにじゃがいもの袋がいくつも積み込まれるのを見た。村民からの素朴な贈物にちがいなかった。

見送りの人込みの中で、中年の信者が私に近づいてきて耳元でささやいた。「ご存じかな、レオンチイ神父は府主教猊下の血を分けた弟なのだよ」。

リハチョフ先生の一年忌で

二度目にレオンチイ神父に出会ったのはペテルブルグである。

二〇〇〇年の九月末にドミートリイ・リハチョフ博士の一周忌があった。研究集会と組み合わせて法事を主催したのはプーシキン館の別名をもつロシア文学研究所の中世ロシア部門だった。九十三歳の長寿を恵まれたリハチョフ博士は半世紀にわたってこの部門の主任をつとめたのである。博士が亡くなったときにはペテルブルグ全市をあげて市民葬がいとなまれたそうである。博士は共産党とは一線を画していたにもかかわらず、ソビエト時代の末期からはゴルバチョフの政府にかつがれて文化基金の総裁に推され、かずかずの市民運動の中心的な役割をはたしてきたから、告別式は盛大なものだったらしい。

博士のお墓はペテルブルグの著名人が眠るコマロヴォにある。市の中心から海岸ぞいに西へ車で一時間ほどはなれた森の中である。まず墓地に向かうための集合場所として指定された市内の広場に着くと、三台のバスが待っていた。人々はそれぞれ白い花を手にして集まってきた。うかつにもその準備を忘れた私は、N君に一本だけ分けてもらった。

博士のお墓はつつましい木製のもので、有名な女流詩人アンナ・アフマートワの立派な記念碑の近くにあった。一人ひとりが墓前に花をささげおわったとき、祭服をまとった数人の僧侶があらわれた。驚いたことに、その先頭に立っていたのが旧知のレオンチイ神父だった。博士自身は、私の知るかぎり、旧教徒ではなかったと思う。しかし、母方の家系を通じて旧教徒の宗派に連なっていたことは博士の回想記にも書かれている。

神父たちの読経は一〇分ほどつづいたろうか。それがすむと、レオンチイ神父が博士をしのぶスピーチをした。「教会の中にあっても信仰の何たるかわからない者たちがいます。教会の外にあっても、信仰をよく理解している人々がいます。ドミートリイ・セルゲーヴィチ［リハチョフ博士］がまさにそのような人でした。博士ほど伝統的なロシア文化を深く理解し、尊重した人はいませんでした……」

一五〇人ほどの参列者たちが神父の言葉に耳をかたむけていた。神父の声は高いモミの木の森によくひびいた。所々に白樺がまじっていて、その木の葉が金色にかがやいていた。

儀式のすんだあとで、私はレオンチイ神父に挨拶する時間があった。六年前と比べると神父の髪やひげには白いものが目立っていたが、声の力強さは変わらなかった。私は日本人の若い同僚であるN君やM君を紹介したり、アフマートワの記念碑の前で写真をとったりした。お子さん方の消息をうかがうと、娘たちはみんな結婚しました、息子はまだ勉強中です、とのことだった。

研究シンポジウムの最後の日には、同じ会場で、旧教徒の男声聖歌隊の詠唱があった。一〇〇万ともいわれるロゴシスキイ派の信者の中からとくに声の素質のいいメンバーを選りすぐったグループで、どのようなプロのコーラスにも引けをとらない演奏という印象だった。ただ、その中に神父の息子の姿が見えないのが何となく残念に思われた。

思わぬ不幸

さて、ロゴシスキイのポクロフスキイ大聖堂に着いたのは一一時過ぎで、日曜日の礼拝がおわったところだった。内部は外見よりもはるかに広壮で、予想以上にたくさんの信者が集まっていた。この教会が壮麗なのは、近代ロシアの資本家の中には旧教徒に属する者が少なからずいて、彼らが喜捨を惜しまなかったからである。たとえば革命前のロシアで屈指の実業家で大富豪だったモローゾフ一族の墓も、ポクロフスキイ寺院の裏手の墓地にあるのだ。旧教徒は信条としてアルコールを避け陰日向なく労働にはげんだから、経営者としても労働者としても、成功することが多かったのである。

私は見習僧らしい若い黒衣の神父に声をかけて、レオンチイ神父に会いたい旨を伝えた。レオンチイ神父がニージェゴロドからモスクワに移ってきたと聞いていたからである。相手がけげんそうな顔をするので、私は古い知り合いであることを説明した。すぐに話が通じて、教会から二、三〇〇メートルほどはなれた社務所のようなところへ案内された。

雪の上を歩きながら若い神父は、レオンチイ神父がモスクワではなくて近郊のオレーホヴォ＝ズーエヴォの教会の司祭をしている、と話した。それにもう一つ、驚くべきニュースを聞かされた。彼の息子が一週間ほど前に亡くなったというのである。

若い神父は部屋の中で電話をするから待ってくれ、と私に言った。電話はなかなかつながらなかった。ロシアの電話事情は相変わらずのようだった。モスクワ市内の電話はともかく、市外との通話となるとよほど混むらしいのである。ロシア人の長電話はよく知られているし、日曜日でもあって回線がふさがっていたのだろう。いかにも古ぼけた旧式のダイヤルをまわすのが一〇回を過ぎると、私は腰を浮かせかけた。しかし若い神父は手をふって私をおしとどめながら、少しもあきらめようとしない。トライアルがもう一〇回ほどつづいてから、やっと電話がつながった。受話器を受けとると、レオンチイ神父のなつかしい声が雑音と一緒に耳に飛びこんできた。

私はまず悔やみの言葉を述べ、お目にかかれなくて残念です、と言った。それに対して、レオンチイ神父は自分には近日中にモスクワへ出る用事があると言い、私の住まいがベラルーシ駅に近いことを知ると、日を指定した上で、駅の広場の一隅に立つ旧教徒教会へ六時に来るように、自分も所用のために行くからと約束した。

実を言うと私はそのときまで、オレーホヴォ＝ズーエヴォという町の名前を知らなかった。地図で見ると、モスクワの真東の方向へ九〇キロほどはなれたところにある。レオンチイ神父のような人物が小さな田舎町に赴任していることが、不審に思われた。まもなく疑問は解けた。モローゾフ一門の中でも作家のゴーリキイや芸術座のパトロンとして広く名前を知られたサーヴァ・モローゾフの伝記を読んでいるとき、彼の所有する大きな紡績工場がこの町にあったことを知ったのである。おそらくこの工場ではたらく労働者も、ほとんどが旧教徒だったことだろう。最近のロシア地理事典によると、人口は一二万人とある。とすれば、今でもここには旧教徒の大きな教区があるはずである。レオンチイ神父がそこで司祭をつとめることは不思議ではないわけである。

やがて約束の当日になった。私は五時半に教会に着いた。売り場の青年にレオンチイ神父と会うことになっていると告げると、一隅に椅子を与えられた。六時に近づくと私のほかにも面会者がいるらしく、若い男が二人やって来た。

レオンチイ神父は時間どおりに姿を見せた。すぐに私たちは売り場の二階に案内された。私はこのとき神父に対する旧教徒の挨拶の作法を目のあたりにした。神父の真ん前の床に両ひざをつき頭をたれて一礼し、神父の右手をおしいただくのである。ただ、この動作が実にすばやく文字どおり一瞬のうちに流れるように行われるので、うっかりしているとひざまずくのも立ち上がるのも見逃してしまいそうである。

私はそういう動作を身につけていないので、不器用に挨拶し、もごもご口ごもりながらお悔やみの言葉を繰り返すばかりだった。レオンチイ神父の息子の命を奪ったのは糖尿病だった。子どものときからの宿痾だった由。長い病気とはいえ、独りだけの息子を失った悲しみは察するに余りある。しかし神父の声は相変わらず力に満ちていて、うちひしがれた風は見えなかった。個人的な悲哀を表に出さないのは宗教者のたしなみなのかもしれない。人生の試練に遭遇しても自若としている神父の態度に私はいよいよ同情と尊敬の念を深めた。

神父の話ではこれからモスクワ市内のあるところで会合があるから一緒に来るようにとのことだったが、その夜はあいにく以前から約束があって辞退せざるを得なかった。私が面会者と見たのは、車に乗って神父を迎えにきた案内人たちだった。神父は私がいつまでモスクワに滞在するのか尋ね、ぜひオレーホヴォ＝ズーエヴォまで足をのばすようにすすめてくれた。近郊電車をつかえば、三時間で行けるのだそうである。ロシアとしては、それはむしろ近間なのである。今度の旅行ではそのすすめにしたがう余裕がなかったのは私にとって残念至極なことだった。

ソルジェニーツィンの日本印象記

ノーベル賞作家の来日

ロシアの作家ソルジェニーツィン氏は一九八二年の秋に日本を訪問した。正確に言えば、ニューヨークの空港から成田に着いたのが九月十六日、成田から台北に向かったのが十月十六日。ちょうど一カ月の日本滞在だった。

この作家の来日にいたる経緯、日本滞在中の動静については今は亡きロシア文学者木村浩氏の筆になる数篇の雑誌記事（のちに著書『ソルジェニーツィンの眼』、文藝春秋、一九九二、に収録される）や当時の新聞記事によってかなり細部まで判明していたが、ソルジェニーツィン氏自身の日本印象記が『新世界《ノーヴィ・ミール》』誌の二〇〇〇年十二月号に発表されたおかげで、一層くわしく知ることができるようになった。この印象記は「一粒の麦が二つの石臼のあいだにはまりこんで」という総題をもつソルジェニーツィン氏の国外追放期の回想録の一部である。彼が日本を訪れたのはソビエトを追われて八年目、米国のヴァーモント州に住むようになってから六年目にあたっていた。この印象記でとくに興味ぶかいのは、ソルジェニーツィン氏の日本観が彼自身の口からはじめて率直に語られていることである。

ソルジェニーツィン氏はかねてから韓国へ旅行するついでに日本へ立ち寄ることを計画していた。しかし一九八一年の夏に氏の作品の日本語訳を長年手がけている木村氏がヴァーモントを訪ねたとき、作家が旅行のさいの協力を木村氏に求めたのがきっかけで、翌年の訪日が実現することになる。ソルジェニーツィン氏に心服していた木村氏としては、彼を日本に招待すべく大いに奔走したものと思われる。

木村氏を通じて招待を打診してきたのは読売新聞だった、とソルジェニーツィン氏は書いている。日本側が提示した条件は日本テレビとラジオ日本に一回ずつ出演し、読売新聞に記事を書いてソビエトの現状に関して意見を述べること、ただし他のメディアとは接触しないこと、招待側は日本国内の旅行のため運転手づきの乗用車を提供し、かつ「少なからぬ報酬を支払うこと」などであった。作家は喜んでこの条件を受諾した。その後読売新聞は日本の作家やロシア研究者との座談会に出席すること、ラジオ出演をとりやめる代わりに日本の指導層のための講演を行うことを追加的に求めてきたが、これにも異議をとなえなかった。

ソルジェニーツィン氏は日本訪問にそなえ、作品執筆を一時中断して一カ月半を日本についての読書にあてた、と書いている。木村氏も日本について書かれた英語の本を二〇冊ほど丸善からヴァーモントに送らせたと述べている。作家の言葉では、彼が最も熱心に読んだのは十九世紀の作家ゴンチャローフの『フリゲート艦パルラダ号』に含まれる日本訪問記と初期のソビエト作家ピリニャークの『日本の太陽の根』だったというが、二十世紀後半のソビエト系ジャーナリストたちが書いた日本滞在記録にも目を通していることは間違いない。

ソルジェニーツィン氏の日本滞在は二つの対照的な時期に分けられる。最初の半月はお忍び《インコグニト》で国内を旅行するためにあてられ、あとの半月はテレビや新聞に出たり講演を行ったりして公衆の前に姿を見せたのである。彼の顔は日本でもよく知られていたので、当初、来日の事実そのものが秘密にされていた。さもないと、いたるところで新聞記者や読者にかこまれて、ゆっくり国内を旅行することが不可能になると懸念されたのである。

木村氏は米国にある作家の自宅まで迎えに行ったばかりでなく、日本国内の旅行の全行程に随行し最後まで面倒を見た。作家の依頼で台湾旅行まで付き合うことになる。

岸信介邸訪問

くわしい事情は不明であるが、招待側の代表は読売新聞ではなくてアール・エフ・ラジオ日本社長の遠山景久氏だった。成田空港では一般乗客とは別の特別な通路をとおり、税関さえ素通りしたソルジェニーツィンと木村の両氏は、特別待合室で遠山氏の出迎えを受け、ベンツで遠山氏宅（世田谷区尾山台）に着いた。遠山氏はフルシチョフのスターリン批判演説まではコミュニストだったが、それ以後は反共の闘士になった、と自己紹介した。ソルジェニーツィン氏がそう書いているのである。二人は同い年の生まれであるとわかったけれども共通点はそれだけで、作家は遠山氏と終始うまく折り合わなかったようである。遠山夫人が作家に対して日本流につつましく接することも、職場の部下たちが緊張し切った面持ちで応接室に控えていることも気に入らなかった。とりわけ、日程のことで最初の言い争いが生じた。遠山氏は十九日の夕刻に岸元首相宅へ表敬訪問する予定があるので、それまで東京でゆっくり休養するようにすすめた。警察当局とも相談し、日程をそう組んであることも打ち明けた。ソルジェニーツィン氏はそれでは三日間を空費することになると反対した。言い争いは一時間半に及び、結局遠山氏側が譲歩した。ソルジェニーツィン氏は当局がガードをつけることにも断乎反対したが、実際には警察が全道中にわたって警護を行うことになる。ただしソルジェニーツィン氏は一度もその警備に気づかなかった、と木村氏が書いている。

数日後、遠山氏は記者会見を行うよう求めたが、ソルジェニーツィン氏はそれもかたくなに断りとおした。その口論は深夜におよんだ。元来ソルジェニーツィン氏が大の記者会見嫌いなのを日本側では知らなかったらしい。

十月一日にソルジェニーツィン氏のいない記者会見の席で、ロシアの現役ノーベル賞作家が来日中と公表することも遠山氏の役まわりになった。

ソルジェニーツィン氏と遠山氏は九月十九日に岸信介氏を訪問した。岸氏は一九五七年〜一九六〇年に総理大臣をつとめた保守系の政治家である。一九八二年当時は政界から引退していたが、右翼の大立者として政官界に隠然たる勢力をもっていた。これは私の憶測であるが、ソルジェニーツィン氏の入国のさいの特別扱い、日本滞在中の身辺警護は岸氏の口ぞえがあって実現したのではあるまいか。それを岸氏にはたらきかけたのが遠山氏で、遠山氏としては作家の来日後なるべく早い時期に挨拶におもむく必要を感じていたにちがいない。ソルジェニーツィン氏はソビエト政府から国外追放処分を受けていただけに、彼自身の意向がどうであれ、警備だけは万全を期さなければならないという状況があった。

九月十九日の夕刻岸氏の邸宅（渋谷区南平台）には作家と遠山氏のほか、相客として京都大学教授のロシア思想史研究家勝田吉太郎氏、通訳として西田氏が招かれていた。岸氏宅にはロシア・レストランのバラライカからコックと給仕が出張していて、ボルシチをはじめロシア料理が供された。ボルシチの味はソルジェニーツィン氏に「本物に近い」と感じられた。この評価は合格すれすれということであろう。八十六歳になる岸氏は「相当な老人」という印象を与えた。白髪で「魅力的な」勝田教授からはロシア語で「若気のいたりで書いたものです」という献辞と署名のはいった『近代ロシヤ政治思想史』を贈られた。教授の会話は訥々としているが、こちらの話すロシア語はすべてわかってもらえた、と作家は感じた。

岸氏については、満州国建国に深くかかわっていて第二次大戦後戦争犯罪人として投獄されていたこと、中国共産党政権とは冷たい関係にあって台湾シンパであること、などの予備知識を与えられていたが、会食の席では政治の話、とくに国際政治がらみの話題は出なかった。ソルジェニーツィン氏としては、この日旅行先の福島市で北方領土の返還を叫ぶ右翼の街宣車を目撃したばかりであった。あの「ちっぽけな島々」のことが日本人の頭にこびりついているらしいと感じて、機会があれば自分の見解を披露したいと待ちかまえていたが、だれからもこのことで質問は出なかった。そのため、作家は物足らぬ思いがした。

遠山夫人は岸邸に同行したにもかかわらず、客席には顔を見せなかった。ここでもふたたび作家は、日本では女性が蔑視され差別されているのではないか、という不快な印象をもった。

なお岸邸訪問について木村氏の文章からは何もうかがうことができない。木村氏は同席しなかったのかもしれない。

日本縦断旅行

ソルジェニーツィン氏の日本国内の旅は、日本到着の翌日にあたる十七日にはじまり岸氏訪問をあいだにはさんで二十八日までつづき、一二日間におよんだ。

記録の意味で行程をリストにして示しておこう。車は一貫してベンツ。運転手は遠山氏の友人の松尾氏

——木村氏によれば「気のおけない親切な人物」だった。木村氏が終始同行したことは言うまでもない。

十七日（金）　東京を出て日光を見物。鬼怒川温泉泊
十八日（土）　再び日光に戻り、華厳の滝などを見物して会津に行き、中ノ沢温泉泊
十九日（日）　福島市見物、四時までに東京に戻る
二十日（月）　東京を出て御殿場経由で箱根に至り、環翠楼錦華亭泊
二十一日（火）箱根から東名高速を経て伊勢大神宮見物
二十二日（水）鳥羽、奈良を見て、奈良ホテル泊
二十三日（木）奈良市内見物。京都に至り嵐山の嵐亭泊
二十四日（金）京都見物。夜、会食の席に芸妓が来る。若い舞妓の踊りを見る。嵐亭泊
二十五日（土）姫路白鷺城見物。倉敷泊
二十六日（日）倉敷で美術館めぐり。広島原爆記念館見物。山口市湯田温泉松田屋ホテル泊
二十七日（月）山口市内野田学園で授業参観。松田屋ホテル泊
二十八日（火）新幹線で東京に戻る

この旅程の細部はともかく、大筋においてはソルジェニーツィン氏の希望にもとづいて作成されたにちがいない。二週間たらずで東北地方の福島から本州を縦断して中国地方の西端に達する大旅行だった。単に距離だけを見れば数千キロにすぎないが、日本のように人口稠密な国の数千キロであるから、人煙まれな大国の場合とは濃度が異なる。

ここから感じられるのは、限られた時間で日本という国をなるべく広く観察したいという作家の強い意気

ごみである。この旅は駆け足旅行といってもいい。それは一カ月半の集中的な読書によって日本に関する予備知識を蓄積した努力の延長上にあるものだった。作家は日本におびただしいメモ（遠山氏の記者会見での発表によるとノート五冊分）を持参してあれこれ質問をしかけたばかりでなく、旅行先でも絶えずメモをとっていた、と木村氏は証言している。

ソルジェニーツィン氏は日本についてどんな印象をもったであろうか。むろん、これは良いとか悪いとか、ひと言で表現できる筋合いのものではないし、作家も単純に総括しているわけではない。しかし全体的な筆づかいからみれば、日本滞在のひと月は楽しい日々ばかりではなかった。むしろ失望と落胆のほうが多かったらしい。

遠山氏との衝突は別としても、まず天候が作家に味方しなかった。九月半ばからの一カ月は天候が変わりやすい時期である。この年も「ひと月のあいだよく晴れた日には一度も気づかなかった」とソルジェニーツィン氏は述べている。

念のために筆者はこの年この時期の読売新聞に掲載された天気予報欄を調べてみた。すると東京の九月十六日は「雨のち時々曇」、十七日は「晴れ時々曇」、十八日は「晴れのち曇」などとあった。しかも二十一日から五日間は台風一九号の影響のためか雨の日がつづいた。関西旅行は雨に降られとおしたといってもいい。さらに十月上旬は九割方、曇か雨である。

日本の俗な言い方をつかえば、ソルジェニーツィン氏は雨男だったのである。彼自身の希望によってかなり立てこんだ行動計画が組まれていたので、天候不良のダメージがよけい深刻に感じられたにちがいない。

ソルジェニーツィン氏の癇にさわったのは、日本の宿での客あしらいである。日本の古いタイプの宿屋などではよくあることであるが、客が玄関にはいると大勢の女中が一斉に床に手をついて迎え、送り出すときも同様である。手荷物は客の手から奪うようにして部屋まで運んでくれる。廊下はスリッパで歩き、畳敷きの部屋の前ではスリッパを脱ぐ。スリッパが乱雑に脱ぎすてられていると、通りかかった女中がこまめに爪先きを前に並べ直してくれる。女中が部屋にはいるときには、一旦腰をおろして、障子あるいは襖を開け、いざるように部屋にはいる。

これらの動作の一つ一つがロシアの作家の気に入らなかった。それはソルジェニーツィン氏が慣れ親しんだロシア的（あるいはヨーロッパ風の）風習とはあまりにもかけはなれたもので、女性従業員の人間としての品位を失わせるものと思われたからだろう。

招待者側はどのような基準で賓客の宿泊先を予約しておいたのだろうか。宿の名前がわかっているところで箱根の環翠楼や奈良ホテルやホテル嵐亭などがあげられているところをみれば、各地で最高級の宿舎を確保したことは確実である。道中の警察にはあらかじめ知らせがあって、警備の便宜という配慮もはたらいたはずである。一流のホテルであったからこそ、女性従業員のしつけがよく行き届いていて、かえって作家は気づまりな思いをしたのだった。

とはいえ以下のような記述を読むと、これが一流のホテルかと疑いたくもなる。作家が具体的にどこの宿を念頭においているか不明であるが、外国人を接待する場合の参考までに引用しておこう。「壁が紙でつくられているために、日本のホテルでは個人住宅におけると同様、声が筒抜けである。夜になっても人の話し声や足音が聞こえてくる。日本の住まいでは水の流れる音をつねに聞こうと努める。川がないところでは、水をパイプから石のミゾの中へしたたらせたりして、しぶきの音でも聞きたがる」。

口に合わない食べ物

ソルジェニーツィン氏を最も苦しめたのは日本の料理だった。木村氏はあらかじめアメリカでナターリア夫人から作家が苦手とする食べ物を聞き出していた。「エビ、カニ、カキは食べない」ということだった。ナターリア夫人は日本人が肉におとらず魚を好むこと、しかもあまり手を加えず生のまま食べられる魚肉ほど珍重されていることを知っていたかどうか。

作家はこう書く。「日本にいる一カ月のあいだどうしても慣れることができなかったもの——それは彼らの食べ物である」。

容易に想像されることであるが、高級ホテルの洗練された夕食では、さぞ生きのいい魚の料理が次から次へと食卓に供されたことであろう。ところがソルジェニーツィン氏は刺身はむろんのこと、焼き魚や天ぷら、酢の物に含まれる魚など、すべてが食べられなかった。スープとなる汁物もコンブのダシの臭いのために作家の舌には失格だった。

こうなると、魚がないところでも、たとえば肉を出されても魚の臭いがした。華厳の滝を見物していたとき、偶然近くに坐っていた娘たちが手製の「ピロシキ」をふるまってくれたが、その「ピロシキ」は魚油で揚げられたようにソルジェニーツィン氏には感じられ、彼はやっとの思いでそれを呑みこんだ、という。つまり日本到着三日目にして、作家は魚の臭いが鼻についたのである。慣れない食べ物が「鼻につく」という現象には個人差があるけれども、偏食党の筆者としては、ソルジェニーツィン氏に心から同情を禁じ得ない。氏が以下のような結論を下しているからなおさらである。「日本へ来て、食べものが口に合わないとその国を好きになれないとわかった」。

その先の日本印象記を読んでも、旅行中にソルジェニーツィン氏の食卓に何らかの変化が生じた気配はない。やっと「［十月になって――中村］東京のホテルに泊まっているあいだ、私はすっかり臆病になって、ヨーロッパ風のプレーン・オムレツばかり注文していた」という程度である。

察するところ、ソルジェニーツィン氏は日本および日本人を理解しようと努めるあまり、日本滞在中にはつねに和風の宿に泊り、和風の食事をしたい、と木村氏に注文をつけていたにちがいない。しかし大部分の日本人は今やいわゆる日本風の住居では暮らしておらず、日本風の食事をしていないのである。

氏がその気になれば、和食から洋食へのメニューの変更は簡単だったことであろう。旅行中、御殿場から箱根へおもむく道筋で、ソルジェニーツィン氏は偶然ロシア・レストランのバラライカの支店を見つけた。時刻は正午をまわったばかりで、一日二食主義の作家にとっては食事どきではなかったが、氏はこの店にとびこみ異常な食欲を発揮したことを木村氏は随行記の中に書きとめている。木村氏は旅のあいだ作家の食欲が次第に減退していくことに気づいていたが、魚の臭いが鼻についたことにまで思いいたらなかったようである。

祇園にて

探究心にあふれたソルジェニーツィン氏の見学の対象はゲイシャにまでおよんだ。幸いベンツの運転を担当していた松尾氏はなかなか顔の広い人物で、祇園にコネをもっていた。祇園の料亭に上げてもらえたのはひとえに松尾氏のおかげだった。

作家たちが通されたのは、「三メートル四方」の小部屋だった。まさしく四帖半である。そこへ三人の芸妓があらわれた。うち二人は六十歳ちかい「季節外れ」（作家自身の表現）の年ごろ、もう一人も四十歳をはるかに超えているらしく思われた。

ここでもソルジェニーツィン氏の心がはずんだようには思われない。まず美しい皿に盛られて次々に運ばれてくる魚中心の料理が例によって悪臭がした。部屋はタタミ敷きなので、低いテーブルの下で脚をどの方向に投げ出して坐るべきかわからなかった。

百戦錬磨の老妓たちも、座の雰囲気を浮き立たせることができなかったようである。厨房技術の粋をつくしたおびただしい皿を目の前にしてパニックにおちいっている主客の仏頂面に、手のほどこしようがなかったらしい。食事のプログラムが半分くらいすすんだころ、十六歳になるという舞妓が来て、日本風のダンスを踊ってみせた。邦舞である。けれどもソルジェニーツィン氏は彼女の所作にいかなるエロチカも感ずることができなかったという。

もっとも四帖半の小部屋での数時間の体験の記述に作家は日本印象記の一五パーセントのスペースを与えている。やはり物珍しかったのだろう。芸妓たちが人間としてのホンネを押しかくしているというのが作家にとって最大の不満だった。しかし氏自身も正体を見せていなかったから、お互いさまである。

国内旅行のあいだ、ソルジェニーツィン氏はスウェーデン人学者ハート博士と名のっていた。おそらく、ノーベル賞受賞者であることと、十九世紀ロシアの有名な思想家ゲルツェン（ドイツ語で心臓を意味する。彼もヨーロッパへ出国してから帰国を許されなかった）との境遇の相似を意識してのことだろう。しかし芸妓たちにとってハート博士の仮面は何の意味ももたなかった。むしろ不気味だったのではないか。もしも彼がその信念のゆえにソビエト体制から迫害を受けシベリアへ流刑された体験をもつ作家、日本に関心をもつけれども食べ物の好みとしては刺身が苦手でロシア料理を好む人物として芸妓たちの前にあらわれていたとしたら、祇園でもっと楽しい時間を過ごせたかもしれない。

ただ芸妓たちとの別れぎわ、舞妓が何気なく差し出した手にソルジェニーツィン氏はさっと別れの口づけをした。木村氏はそれをヨーロッパの騎士道的エレガンスの発露と受けとった。この仕草はその場のぎこちない空気をいくらかなごませたにちがいない。

失敗の原因

ソルジェニーツィン氏が日本で失望したのはホテルの接客法や食べ物だけではなかった。日本人の話し方、笑い方、暮らし方、それに心のもちかたまでが、彼の共感を拒んだ。「私は日本へ行けば日本的性格がのみこめるだろうと思って出かけた。あの自制力、勤勉さ、小さなものを徹底的に加工する能力の秘密を知ろうと思った。だが奇妙なことに、私は日本でどうしようもない疎外感をおぼえた」。

過剰な丁重さで遇されても、心が明るくなるものではなかった。日本人が話をするときの奇妙なしゃべり方。彼らは笑うべきではないところでしょっちゅう笑っている。修学旅行の、とくに男子生徒の中に、敏感さを欠いた顔つきが多いこと。それにテレビの画面では残酷な場面が多いが、実際の日常生活は平和である。「荒くれた現代世界の息吹きをよそに、日本は何と頑固に自分の精神世界を守っていることだろう」。

日本人におけるこの敏捷さの欠如は、国際社会の中で共産主義に対して丸腰で立っているような無防備状態のあやうさにも通じている。日本社会の指導層を対象としたという講演会においても、ソルジェニーツィン氏が最も強調したことはソビエト体制の欺瞞性と中国の共産党政権の脅威であり、日本は自らを防衛する能力を高めなければならないと力説した。日本テレビのインタヴューでは、中国のコミュニズムはもはや危険ではないと発言した法眼晋作氏にはげしく反論した。日本印象記でもとくにこのことに言及しているから、親切から口にした助言をかわされたのが、よほど腹にすえかねたのだろう。

旅行中、奈良の薬師寺で茶の湯の席に出て抹茶を饗されたことがあった。そのときの感想を作家はこう叙述する。

「茶の湯について私は共感をいだいて日本へ行った。これは最も日常的ないとなみの中に生きる喜び、魂の静謐、友好の象徴を見出す芸術であると理解していた。しかしある寺院ではじめてこの苦い濃厚な茶を出されたとき、私は儀礼上最初の一口を飲みこんだきり、二度とふたたびそれを口にしたいという気がおこらなかった」。

ヴァーモントで日本研究に没頭したとき、ソルジェニーツィン氏は茶道に関する本を読み、茶道の理想とする境地を会得していたようである。しかしそこには抹茶がそれほど苦いものとは書かれていなかったのだろう。とはいえ、色は別だけれども、抹茶は濃厚さにおいてトルコ・コーヒーと大して異なるものではない。その上、大ていの日本人にとって抹茶は日常的なものではないことも指摘しておく必要がある。ソルジェニーツィン氏があらかじめ読書によってつくりあげていた日本イメージは、こうして現実のつめたい風にあたって風船玉のようにはじけたのである。

抹茶と同じように、寺院における線香の匂いもソルジェニーツィン氏には快く感じられなかった。線香の煙は正教会で用いられるお香（ラーダン）に遠く及ばないと断定している。

奈良や京都でおびただしい寺院や神社を見物したのち、作家は極端な違和感をおぼえる。カトリックやプロテスタントに比べると、アジアは「われわれ」（すなわち正教徒）に近いとソルジェニーツィン氏は思いこんでいたふしがある。しかし、どうも勝手がちがうらしいと思われてきた。同じ地球に住んでたがいに理解し合わねばならぬとしても、日本人を正教徒に改宗できるものだろうか。作家の結論はノウである。

とはいうものの、日本滞在中の最後の日曜日、ソルジェニーツィン氏は神田御茶ノ水に立つ日本ハリスト正教会の復活大聖堂（ニコライ堂）を訪れ、深い心の安らぎをおぼえる。聖職者は三人の日本人司祭、二人の日本人輔祭という陣容で、日本人信者たちのうたう讃美歌はすべて日本語だったけれども、今まで日本のどこでも感じられなかった暖かさが身にしみたのだった。

身近なもの、慣れ親しんだものにより大きな親近感をおぼえることは、だれにとっても自然な傾向である。そのような感覚こそまさに実感であり、正教徒ではない筆者もまざまざと追体験することができる。しかし線香の煙と正教会の勤行でくゆらされるお香と、どちらがより芳香を発するかについては、これを決定する客観的な基準は存在しないのではあるまいか。

日本で出会ったものすべてがソルジェニーツィン氏の意にそまなかったわけではない。作家の気に入った風景もあれば、事物もあった。とりわけ彼に好印象をあたえたのは、翻訳者の木村氏であった。

国内各地をまわっているあいだ、木村氏は絶えずソルジェニーツィン氏につきそい、「親切でよく気がつく」ガイドの役目を果たした。彼の解説は「外国人にわかりにくいこと、とくに私が知りたいこと」に関してまことに「ツボを心得た」ものだった。旅行のあとでは自宅に招き「サムライだった彼の祖父が身につけていたヨロイを着てみせてくれた」。

「一粒の麦が二つの石臼のあいだにはまりこんで」の中で、木村氏は第三部の冒頭から登場する。ソルジェニーツィン氏は木村氏をソビエト社会の現状に驚くほど通暁していて、多くの文学者と付き合いがある人物として紹介したあと、次のような注釈を加えている。「彼のあけっぴろげなロシア的真率さはどうやら非日本的な性格のようで、それがいったい生まれついてのものか、それともロシア人と付き合っているうちに体得したものなのかわからないが、私は彼と会うようになっていつもそれに気づき、日本にいるあいだ絶えず感じていた」。

ただ一言つけ加えておけば、ソルジェニーツィン氏自身にもこの「あけっぴろげなロシア的真率さ」があったならば、氏は食べ物に難儀することがなく、その日本滞在はもうすこし心地よいものになっていたのではあるまいか、というのが筆者のいつわらざる感想である。

ソルジェニーツィン日本滞在追記

招待者はだれか

夏象冬記という言葉があるが、ソルジェニーツィン氏の場合、日本を訪れてからその印象記を発表するまで一八年かかった。氏が日本へやって来たのは一九八二年であるが、『新世界《ノーヴィ・ミール》』誌に連載中の回想録「一粒の麦が二つの石臼のあいだにはまりこんで」の中で日本訪問と滞在中の見聞にふれたのはようやく二〇〇〇年になってからである。

強制された亡命生活は二〇年に及んだ。日本をたずねたのは祖国を追われてから八年目にあたっていた。滞在期間は一カ月ということもあって、日本印象記も二〇ページ足らずのさして長いものではないけれども、作家の日本観が飾らずに表明されていて実に興味ぶかい。私は一九九九年の夏、偶然の機会に恵まれてソルジェニーツィン氏と立ち話で言葉を交わしたことがある。そのときは共通の知人である故木村浩氏のことを主な話題にし、ついでに日本旅行の印象をたずねたのであるが、時間の制約もあり答えは通り一遍のものでしかなかった。刊行された印象記を読むと、真実はなかなか複雑なものだったことがわかる。

ソルジェニーツィン氏は自分を日本へ招待したのは読売新聞であると書いている。しかしそれが不正確な表現であることを私が知ったのはつい最近のことである。

もともとソルジェニーツィン氏を日本に招くことを最初に思いつき、大いに奔走したのは木村浩氏である。『イワン・デニーソヴィチの一日』以来木村氏はソルジェニーツィン氏のほとんどの作品を邦訳していて、作家と長いこと文通をつづけていた。亡命先であるヴァーモント州の自宅まで訪ねていき、面識もあった。来日後は国内旅行に随行したり一緒に座談会に出席したりした。そんなわけでソルジェニーツィン氏の作品や人となりを伝える記事をさまざまな雑誌に寄稿して、それらはのちに一冊の本『ソルジェニーツィンの眼』(文藝春秋、一九九二年刊)にまとめられた。木村氏によれば、作家の招待については契約書があったというから、そこには招待者と被招待者の氏名が甲乙として併記されていたにちがいないが、今や木村氏にそれを問い合わせるすべはない。

ところが遅ればせながら『日本よ何処へ行く　ソルジェニーツィン滞日全記録』(原書房、一九八三年刊)がやっと私の手にはいった。これはアール・エフ・ラジオ日本の編集になるもので、作家が帰国してから半年とたたないうちに出版されたのである。この本の序文でラジオ局社長である遠山景久氏がノーベル賞作家を日本に招いたのは私です、と明言しているのである。読売新聞は協賛したにすぎなかったようである。

最初の衝突

日本側の招待者が最も気をつかったのは作家の身の安全だったにちがいない。何しろ、作家は超大国ソビエト政権の不興をこうむって追放処分を受けているのである。しかもソルジェニーツィン氏は来日の条件として、日本国内を「お忍び《インコグニート》」で旅行することを希望していた。ひと月の滞在のうち前半は国内旅行、後半はテレビ出演、講演、座談会にあてるというプログラムが組まれていた。これは私の推測であるが、遠山氏は太いパイプでつながっている元首相岸信介氏の口ぞえもあって警察当局から作家を警護する保証を得ていたことだろう。

ところで作家自身はその点をあまり心配していたようには見えない。ソルジェニーツィン氏の手記では作家と遠山氏との出会いのもようは次のとおりだった。［ ］内は中村の説明である。

「税関をフリーパスで出て、すぐベンツに乗り込んだ。隣にはラジオ日本の遠山景久社長が坐った。彼は私と同年生まれとわかった。のっけから自分は日本人ばなれしていると言ったが、まさしくそのとおりだった。髪の色は黒くなく、目の形も西洋人と大してちがわなかった。おっとりしたところがなく、極端にエネルギッシュで身ぶりはひどく芝居がかっていた。話を開くと、彼はフルシチョフの第二〇回党大会の［スターリン批判］演説まではコミュニストだったが、今では反共に命を賭しているということだった。

しばらくすると、われわれはもう郊外にある彼の家にすわっていて、緑茶が出された（彼の妻はただの女中代わりで、これは日本人のしきたりなのである）。遠山氏の会社の社員が、日本風の低いテーブルのまわりに正座してすわっていたが（その不慣れな様子から卑屈な印象）、子どもがいない遠山氏は私にむかってこう言った。『この者たちは私の子どもです。自分の全財産を彼らに遺贈するつもりです』。これはどうやら本当らしかった。

勤務上の事柄と家族に属する事柄がはっきり分かれていないのは日本の人間関係の特徴なのである」。

このあと、日程をめぐって作家と遠山氏のあいだで衝突が発生した。遠山氏は三日後の十九日に予定されている岸邸への表敬訪問までゆっくりと休養するようすすめたのに対し、ソルジェニーツィン氏は岸邸訪問に異を唱えたわけではないものの、それまでどこか旅行へ出たいと主張したのである。それはまことにはげしいやりとりで、一時間半もつづいた、と作家は書いている。両者は初日から対立したわけで、この口論は最後までしこりになってのこったらしい。日本印象記の中で作家の筆づかいが遠山氏に対してきびしいのはその反映であろう。

ボディーガード決死隊

別の角度から、その間の事情を明らかにしているのが『日本よ何処へ行く』に収録されている松尾金吾氏の手記である。松尾氏は遠山氏の私生活での友人で、ソルジェニーツィン氏の日本滞在中終始ベンツを運転して彼を運んだ人物である。

松尾氏によれば、作家が成田に到着する前日、遠山氏は女性一人を含む若手の社員四人を社長室に呼んで次のような命令を与えた。その場に立ち合った松尾氏の言葉を幾分省略しながら引用しよう。

「今度、ラジオ日本がノーベル賞作家のソルジェニーツィン氏を日本に呼ぶことになった。同氏は絶えずソ連の刺客によるテロの危険にさらされている。私としては、滞日中あらゆる安全を講じて、安全に身柄を守らなければならない。君たちには同氏の護衛役と案内役、連絡役、その他一切の雑務をしてもらうが、諸君にも危害が及ぶかもしれない。どうか諸君の命をこの遠山にあずけてもらいたい。しかし強制はしない」。

松尾氏は故意に誇張しているわけではないのだろう。この社長命令に対して反応はどうだったか。松尾氏はこうつづける。

「このとき、Mさんという若い社員がただちに立ち上がってこう言った。『社長、まず数ある社員の中から私たちをえらんでくださったことを感謝いたします。私の一命は喜んで社長におあずけします』。他の三人も異口同音。私にとって、絶えて久しい感激的な瞬間だった」。

つまり、ソルジェニーツィン氏が遠山邸で目にした社長の側近の社員たちというのは、ラジオ日本局の職員の中から選ばれて編成された作家のボディガード部隊だった。一命を賭す決心を固めていたので、遠山邸に集結した若者たちの表情もいくらか暗くかげっていたことだろう。

松尾氏の手記によると、契約には国内旅行が他のマスコミにもれたら、そのあとのテレビ出演など一切の仕事を放棄してアメリカへ帰ってしまうという条項があったという。したがって招待者側としては、警備のためばかりでなくソルジェニーツィン氏の自由をなるべく拘束しておきたいという底意があったかもしれない。それにしても、日本探究の熱意に燃えている作家を三日も東京都内の一室にとじこめておくことは無理な相談だった。

京都の一夜

岸邸を訪ねた翌日、ソルジェニーツィン氏と木村氏は西にむかって旅に出た。作家の服装は草色の長袖シャツに黒ズボン、それに肩にリュックサックをかけるという軽装だった（これは写真で判明する）。車の外に出るときは大学ノートほどの大型ノートをたずさえて、絶えずメモをしていた。日本へ出かける前ヴァーモント州で日本研究に没頭したさい、すでに五冊のノートを文字でぎっしり埋めていた（遠山氏の単独記者会見での発言）というから作家は気合いを入れて準備をしていたのである。

奈良の寺々をまわってから京都に着いたのは九月二十三日のことである。この日の夕方散歩に出たとき、祇園の近くでお座敷にむかう舞妓さんに会った。さっそく木村氏に質問の雨が降った。松尾氏はこれを見て作家が舞妓につよい興味をもったと理解した。ひとり合点でそう思いこんだだけでなく、多分木村氏とも相談した上だろう、知り合いの料亭に依頼して、翌日の夕食をセットした。松尾氏の同行日記にはこう書かれている。

「夜は舞妓さんの踊りと京料理を味わいたいとの本人の希望で、これもツテを求めて粟田山荘にやっとこさ席を確保する」。

京都の格式ある花街で一見さんが冷たいあしらいを受けることは日本人の常識になっている。顔の広い松尾氏すら「やっとこさ」予約をとりつけたのである。

このあたりの状況は木村氏の書いた「日本隠密旅行記」（上記の本の一章）ではニュアンスがかなり異なっている。作家自身は夜の外出はもうたくさんと言い張ったので、木村氏は「松尾さんはこのためにきのうからずいぶん努力したのだから」と説得し、ようやく連れ出したのだという。

事実は後者の方に近かったのだろう。作家は大きなホールが用意されていると想像したが、通されたのは三メートル四方のタタミの部屋だった、とソルジェニーツィンの印象記にはある。そこへ和服を着た年かさのゲイシャが三人ついたのだから、ずいぶん息苦しい思いがしたことだろう（ゲイシャの帯の幅は四〇センチもあったというが、いくら何でもこれは過度の誇張というものだろう）。そうでなくとも、西洋人はタタミの部屋は苦手なのである。もともとサシミや焼き魚などを主体とする和食が作家の口に合わないことは松尾氏にしても先刻承知のはずだった。ソルジェニーツィン本人の言い分はこうである。

脚をどこへ出していいかわからない。そこで片方を無作法にもテーブルの下へ投げ出し、もう一方を体の下へ折り曲げる。お茶のあと、芸術的な小皿やフタつきの小さな容器。中味は海産物の謎めいたオードブル。触れるも恐ろしい。何かの汁物（臭いだけで気分が悪くなる）……

この席で最も気分を害したのは、ゲイシャたちはいつもしゃべりつづけなければならず（賢明な会話は男の食事のスパイスと考えられている）、いつも快活そうにしていて、自分は何も口にしないことである……テーブルの上には次々と皿が運ばれてきて、私はパニックにおそわれた。いやな魚の臭気がますますつのってくる。酒を飲もうにもつまむものがない。ぶざまに切ったキュウリを二かけら口に入れる。三口目にはワサビの山を口に運ぶ。

かなり待たされてからついに舞妓が登場して、二メートル四方の空間で舞いを披露した。体躯よりも両手と顔の表情に重きをおく日本風のダンスはソルジェニーツィンを大して感心させなかったが、彼女がまだ十六歳と若々しいこと、舞いのあとはふつうの娘らしい声にもどって話しはじめ、ハンカチで汗を拭いたことには好感をもった。

やっと宴がおわったとき、松尾氏がテーブルの下にお札をおくと彼の相方のゲイシャがさっとそれを受けとってタモトに入れたのを作家は見のがさなかった。日本流のチップの与え方を会得したのである。

作家の印象記では概して京都の夜の評価は芳しくないが、松尾氏の目には反対にうつった。松尾氏はこう書いているのである。

「舞妓さんは美人でかわいいと、ハラショーの連発。今まで見せたことのないような笑顔がのぞき、実にやさしい風貌になるのが新発見だった。帰りしな舞妓さんがお別れのあいさつをすると、軽く彼女の手にキスをして、英語で『シー・ユー・アゲイン』と目を細めた。謹厳でニコリともしないS氏の珍しく人間味のある夜であった」。

作家が舞妓の手にキスをしたことは木村氏も書いているし、また作家自身の日本印象記にもしるされている。ただしそのときソルジェニーツィン氏は京料理と「うば桜」のゲイシャに辟易し、疲労困ぱいの極に達していたのだった。それでも若い女性への慇懃を失わなかったのは、ロシア・インテリゲンツィヤのマナーをまもったのである。

橘耕斎の影

名前のこと

幕末の志士の中には、本名・雅号・偽名・変名を使い分けた人が少なくない。志士といえるかどうか疑問だが、わが橘耕斎もその一人。私の知るかぎりで彼の姓は立花、橘、増田、名前は久米蔵、粂左衛門、耕斎、甲斎などと称し、日蓮宗の僧職にあったときは順知と呼ばれた。ロシアにわたって正教徒になるとウラジーミル・ヨーシフォヴィチ・ヤマートフと名のる。ウラジーミルが正教徒になった印の洗礼名、教父として立ち会った日本以来の庇護者で外交官のゴシケーヴィチから、その名前のヨーシフをいわゆる父称としてもらい、ヤマートフは祖国の名にちなんだのだ。漢字での署名は大和夫と書いた。

有名な『和魯通言比考』（内実は和露辞典、一万六〇〇〇語を含む堂々たる辞書、ペテルブルグ、一八五七年刊）の扉に協力者として印刷されたのが橘耕斎であるので、以下の小文ではこの名前で通すことにする。耕斎がロシア外務省に勤めているあいだにペテルブルグへ留学に派遣された幕府の「伝習生」たちや、英国留学中にペテルブルグを訪れた薩摩の森有礼なども、彼の名前を橘耕斎と表記してその消息を伝えている。

一八七三年岩倉使節団がペテルブルグを訪問したとき、使節らは「大和夫の案内にて」ロシア風の蒸風呂銭湯をおとずれた。副使木戸孝允の日記に「米欧中未だこれほど全備にして美なる湯浴の屋を見ず」とある。使節団には、彼は正教徒としての名前で接したのだ。特命全権大使右大臣岩倉具視卿の裁量によって、一八年前の耕斎の密出国の罪が許され、帰国の許可を得たのはこのときである。正教徒への改宗も同時に宥免されたのだろう。

日本帰国は翌年の夏であるが、ロシア政府から年金を受けとることとツァーリ下賜の勲章を佩用することの承認を求める願書は、ロシア帝国の首都へ赴任したばかりの公使榎本武揚宛に書いた。そのときの名前は増田甲斎である。すでに洗礼名を返上し、仏教徒に戻っていたことがわかる。

帰国してから亡くなるまでの晩年は、もっぱら東京府平民増田甲斎として芝増上寺境内に住んだ。

戸田村で

西暦一八五五年二月に日露通好条約が下田で結ばれた。締結のための交渉中に地震とそれにともなう津波がおこり、ロシアの軍艦ディアナ号が甚大な被害を受けた末、やがて駿河湾の奥で沈んでしまう。そのため五〇〇人にのぼるロシアの将兵が伊豆半島西海岸の戸田《へだ》に仮寓して、帆船建造に従事する。幕府や地元民の協力もあって日本で作られた最初の洋船へダ号が四月に進水し、ロシアの使節プチャーチン提督らを乗せて戸田を去った。ただ、その帆船は十分な大きさではなかったので、その前後にそれぞれアメリカとドイツの商船を借り上げて、将兵が極東のロシア領へ運ばれた。耕斎がロシアの水兵にまじって伊豆半島の岸をはなれるのは七月十四日に出帆した最後の便船グレタ号だった。

どうして日本人がその場にいたのだろうか。

講談社刊の『大日本人名辞書』は「畸人」と定義して彼の履歴にかなりのスペースをさいているが、その記述は明白な誤りと信じがたい荒唐無稽の行状に満ちている。最も信憑性が高いのは、港区高輪にある源昌寺の墓石に彫られた碑文である。耕斎没後一年以内に建てられたもので、生前交誼のあった長瀬義幹という人物の撰文にかかる。もとの漢文をそのまま読みくだして示す。

「君の幼名は立花久米蔵で、遠州掛川藩士族の出である。若いころ砲術に長じ、仁侠に親しんだ。のち理由あって剃髪し池上本門寺の幹事となった。嘉永年間ロシアの船が伊豆へ来たとき、君は密かに訪ねて船将と相談し、ロシアへ行った。名前は大和夫と改めた。アレクサンドル二世に仕えて外交官となり、第三級スタニスラフ勲章を与えられた。岩倉大使の米欧巡回のさい帰国を命ぜられて辞職。皇帝は長年の勤務を賞して年金三百ルーブリと合わせて帰国旅費七百ルーブリを下賜された。異域にあること二十余年［この数字はちょっとサバを読んでいる。正しくは一九年余］、帰国してから増田甲斎と称し、その後は門を閉ざし世間との交際を絶つ。悠々と老苦を養い、俗事に関わらなかった。明治十八年五月三十一日没。文政三年生まれで享年六十五」。

橘耕斎の写真。おそらくペテルブルグの写真館で撮影されたもの。わきに自筆のサインがある。

ひところ老中までつとめた遠州藩の太田資始《すけもと》が耕斎の主君で、何かの理由で藩を出たことは確かであるが、詳細はまったく不明。藩内の派閥争いに巻き込まれたとか、あるいはある事件で裁きを誤って脱藩したとか、色恋沙汰で婦人を手にかけたとか、緒方洪庵の塾にいたとか、偽医者をしたとか、博徒と交わったとか、諸説紛々としているが、いずれも裏付けがない。本人が故意に韜晦していたフシもある。

記録にはじめて登場するのは一八五五年の春、戸田におけるロシア士官の日記である。ロシアの作家グザーノフ氏が紹介したものだが、コルニーロフという見習士官の未刊の手記によると、プチャーチン使節団の中国語通訳ゴシケーヴィチに坊さんの姿をした耕斎が日本語を教え、耕斎自身はゴシケーヴィチからロシア語を学んでいたという。その後しばらくして、コルニーロフより年長のシリング中尉の回想の中では、彼はすでに亡命希望者として言及されている。

同じとき、幕吏たちは、ロシア人と忍び逢ったり手紙のやりとりをしている廉で、村内の日蓮宗蓮華寺に籍をおく順知の召取り方を手配していた。ロシア人との交際自体が犯罪であったが、順知こと耕斎は彼らの依頼に応じ沼津あたりまで出かけて地図や書物を購入していたらしい。その書物の中に辞書があり、のちに『和魯通言比考』の底本になる。ロシア人たちが貴重な情報提供者を一所懸命かばったことは当然である。最後の一カ月ほど、見事に「犯人」を隠し通したのだ。

耕斎が時の老中あるいは旧主太田公の命令で国情調査のためロシアに入国したという推断をくだす作家たちがいるが、私は賛同できない。とても計画的な行動だったとは思えない。

船の上

グザーノフ氏は一九六九年に出版された本（『ベラルーシのオデュセウス』）で耕斎が戸田の岸から船まで棺桶の中に入れて運ばれたとしているが、一九九九年に出た作品（『ロシアのサムライ』）では棺が長い箱に代えられた。

ロシア側に雇われた船はドイツのブレーメンに船籍をもつグレタ号だった。船長タウロフの航海日誌によると、出帆当日の朝四時に樽がかつぎこまれ、蓋を開けると坊さんがはいっていたという。タウロフは当事者なので目撃しているはず。一体、四角い箱だったか丸い樽だったか、判断に苦しむ（タウロフの日記はリュードルフ『グレタ号日本通商記』に収められている）。

いずれにしても、戸田の警備を命じられていた江川太郎左衛門の手の者は、厳重な警戒下で（グレタ号に乗船する二百数十人のロシア水兵一人ひとりの顔を検分したらしい）耕斎がグレタ号に乗り込んだ形跡がなく、さりとて出帆以後も依然行方不明になっているという失踪報告書を勘定奉行に出さざるを得なかった。しかし、グレタ号はシベリアの東海岸にたどり着く前に、英国の軍艦に捕まった。クリミア戦争の最中であり、西北太平洋の制海権は英仏連合艦隊の手中にあったからである。ただ、捕虜としてイギリスの軍艦でヨーロッパまで運ばれることになったのは、ゴシケーヴィチと耕斎にとってモッケの幸いだった。船の中での余暇を和露辞典の編纂にあてることが可能だったからである。

ペテルブルグで

捕虜運送船がイギリスに着く前に、クリミア戦争は終わっていた。ディアナ号の旧乗組員らは一八五六年四月下旬（露暦）にペテルブルグに帰った。耕斎がすぐに外務省アジア局に登録されたと述べているのは『ペテルブルグ大学教授講師伝記辞典』である。職務としては例の辞書の編纂協力が重要なものだったが、グザーノフ氏によると若い見習水兵に日本語を教えることも命令された。マレンダ、ユガーノフ、カルリオーニの三人が生徒で、一通り日本語を習得した上、彼らは翌年の秋にアスコリド号に乗り組んで日本へ向かった。プチャーチンが彼らの日本語の力に目を見張ったことが、ジャーナリストの伊藤一哉氏によって紹介されている（「ゴシケーヴィチが見た幕末日本」『歴史読本』）。

耕斎の名前がユガーノフの談話として一八六一年に青森の商人藤林屋と瀧屋が箱館奉行に宛てた報告書の中にあらわれている。「夷人通詞ユカノフと申す者、六年より以前伊豆下田橘孝斎と申す医者魯西亜へ連れ参り、この節日本学文の師匠いたし重く用いられおる候由、右の者の門人にて日本語甚だ詳しく覚え居り候」（『新青森市史　資料編3近世』表記を若干改めている）。

もう一人のマレンダは一八七九年から八五年まで通訳として東京のロシア公使館に勤務した。かつての師弟は顔を合わせる機会があっただろう。

日本国内での耕斎の伝記資料はまことに少なく、九割方がロシア滞在中に交際した人々の証言やロシアの外務省文書に頼るしかないが、大体、耕斎は社交が好きではなかったらしい。耕斎の洗礼にさいして教母としてゴシケーヴィチとともに立会人をつとめてくれたのは、サルティコフ伯爵家出身の女官で著名な詩人の未亡人プラスコーヴィア・ミャートレワだったが、グザーノフ氏の述べるところによると、耕斎はその後権門ミャートレワの邸に寄りつかなかったという。

一八六〇年の遣米使節団がニューヨークで偶然耕斎に出会ったという説は木村毅のような考証家が支持しているが、根拠がまったく薄弱である。インドのベナレスで領事をつとめたという縁者の言い伝えも、耕斎の立場や性格から判断して、あり得ないことだろう。結婚して子どもがいたという話も眉つばものである。むろん可能性は否定しないけれども、証拠がないのだ。

およそ耕斎が書きのこした文章が知られない。ペテルブルグで写した二葉の写真があるが、そこには悲しげな表情があるだけで、声が伝わってこない。残っている記録は、彼の影にすぎない。
いや、耕斎の遺文がまったくないというのは誇張である。幕府がロシアへ派遣した留学生の一人の山内作左衛門が家族に宛てた手紙の中で「日本落人」耕斎の動静にふれている。露都で思いがけず同胞に邂逅したときの驚きを、山内は詰問の口調でこう詠んだ。

異国《とつくに》も天の下をし離れぬになど日の本を忘れ果てけん

これに対する耕斎の挨拶は次の一句だった。

東風《こち》ふきしじるしやけふの郷《さと》の友

さらに『和魯通言比考』の中の例文が耕斎の創作だろう。その中にこういうものがある。「流転イタシテシマッタ」「ナハメノハヂ（縄目の恥）ヲキルダロ」「ナミダハラハラトナガス」。

文久使節団

一八六二年にいわゆる文久使節団がヨーロッパ諸国を訪問しロシアへまわったとき、耕斎は接待に加わったものの表面にあらわれなかった。宿舎に刀架けが置かれていて団員を驚かせたが、姿は見せなかった。このことは『福翁自伝』によって古くから知られている。耕斎としては密出国の前科をはばかったにちがいない。日露間の外交交渉の妨げになることを恐れたのである。

この年七月二十八日にプロイセンからロシアの軍艦で露都に到着した使節団は、埠頭から宿舎となる離宮に運ばれた。グザーノフ氏によると医師の川崎道民が耕斎＝ヤマートフと同じ馬車に乗ったというが、最近の鈴木健夫氏の調査では道民の四頭馬車に同乗したのは、同じく医師の高島祐啓と通訳の松木弘安（のちの寺島宗則）とロシア側の式部官アバザーで、その次の四頭立て馬車に福沢諭吉と箕作秋坪《みつくりしゅうへい》らが乗り合わせていた。そこには耕斎の影もなかった（『ヨーロッパ人の見た文久使節団』二〇〇五年）。

一八七四年（明治七）に耕斎は帰国の運びになった。その年六月に榎本武揚がペテルブルグに着任するが、彼が八月三十一日付で妻に書いた手紙の中に次のような一節がある。「増田甲斎と申ものに頼みて差贈たる御もちゃ抔もとくに御落手之事と存候」。耕斎はなぜか西ヨーロッパには出ず、南ロシアのオデッサを経由してこの年の九月初めに日本へ戻った。以後門を閉ざして世間に出なかったことは前述の墓誌のとおりである。

そういう静かな生き方を彼は選んだのだった。

ロシア公使時代の榎本武揚の宅状

緒言

榎本武揚《たけあき》が公使としてサンクト・ペテルブルグに在任したのは、明治七年の六月から明治十年の七月までである。八年の夏に一月あまり西欧へ旅行をしているが、実質的に四年を超える長いロシア勤務であった。そのあとに二月以上を要したシベリア経由の帰国の旅がつづくことになる。

厳密に言えば、赴任途上の香港ならびにベルリンからの手紙にはじまり、明治十一年六月付でサンクト・ペテルブルグから発信したものにいたるまで、東京の家族に宛てた一一五通の榎本の書状が一括して公使時代宅状として現在国立国会図書館の憲政資料室に所蔵されている。これを受け取った側から見ると、妻のたつ（多津とも書く）宛が八〇通、姉のらく（観月院）宛三〇通、らくと兄の武與《たけとも》の連名にしているもの四通、武與宛が一通である。ただし、これらの手紙が宅状のすべてを尽くしているのではなく、何通かは失われた可能性もある。

ごく大まかに言って、妻への発信は二週間に一通の割合である。外務省への定期的な報告である「御用状」あるいは「御用便」の度に宅状を同封したらしい。家族からの手紙も外務省からの連絡便といっしょに届けられた。

以下の小論は、榎本の宅状をつうじて外交官としての彼の勤めぶりやその人柄の一端をうかがうことを主要な目的としている。

通信

東京とペテルブルグのあいだの連絡は英国あるいはフランスの郵便船によっていた。当時はこれを「飛脚船」と呼んだ。日本＝ロシア間の直通便はなく、ペテルブルグに着くまでに西欧のどこかの港で積み替える必要があり、日数は五〇日ないし六〇日かかるのが普通であった。これに対して、彼の友人の一人であとでふれる山内六三郎は、アメリカ経由で榎本に手紙を出していた。その場合は四〇日で名宛て人に届いた。

緊急の場合の連絡は電報であった。榎本が公使として露都に着いた一八七四年七月末の妻への第一信にこうある。「外務省より参りたる電信ハ長崎より二昼夜半にて当表迄相届き申候。当表より東京迄二十語なれば代値大凡《（おおよそ）》二拾三四両ニテ日数は四五日、或ハ夫《それ》よりも早く相届き申候。乍去《さりながら》日本語ニ而《て》ハ届かず英語を常トス」。[手紙からの引用はなるべく原文の形をとどめるように心がけた。当時のこととて、概して片仮名と平仮名のはっきりした使い分けはなされていない。句読点がない場合は、引用者がおぎなった。カッコ付のルビも引用者がおぎなったことを示す]。

電線が世界各地に敷設されていた時代で、電信に要する時間は急速に短縮されていった。一八七五年の正月には、東京＝露都間の所要時間は「十八時二十五分にて届キタル也」となる。それは、仕事の上で公使館と外務省のやりとりが最も盛んであったころである。明治九年十一月「長州一揆[萩の乱]之電報有之」のさいには発信の七時間二〇分後に知らせが届いている。

公使館と外務省のあいだでは暗号電報も交わされた。その写しが、やはり国会図書館に所蔵されている。

公務

宅状は家族宛ての書状であるから、そこでは彼が派遣された主要な任務であるロシア政府との外交上の折衝、とりわけ樺太問題やマリア・ルス号事件をめぐる交渉などに詳しくは触れていない。前者についての交渉は明治七年の暮から八年の初めにかけての数次の会談がヤマで、樺太すなわちサハリン島をロシアにゆずり、千島すなわちクリール諸島を日本が得るという日本政府が予期したとおりの線で決着した。条約の調印が五月七日にロシア外務大臣ゴルチャコフと榎本のあいだで行われた。明治五年ペルーの商船マリア・ルス号が中国人苦力を乗せて横浜に寄港したとき、奴隷売買は人道に反するとして彼らを中国に返させたことが、ペルーと日本の間の係争を引き起こしていた。調停者に指名されたロシア皇帝アレクサンドル二世は千島樺太交換条約締結後の六月十三日にいたって、日本に有利な判定をくだした。

他国との折衝はたがいの利害が対立しているのが常であるから、一国を代表する外交の当事者が神経をすり減らすことは当然であるが、榎本は宅状の中で仕事に関して愚痴をもらしていない。むしろ「当表手前役向抔《など》には決て御あんじ被成間敷《なされまじく》、誠に学問のためこの上なきありがたきやくめに候」「御用向は重き事なれども、つまりは人間のする仕事なれバ人の思ふほど六ケ敷《むずかしき》事には無之候」と妻に書いている。たつは七年の冬まで身重であったし、ロシア帝国の首都での外交交渉を日本の一般世論は冷やかな目で見ていたから、榎本としてはかえって妻を力づける必要を感じていたのかもしれない。明治七年十月末に誕生した長女きぬは翌年の春に夭折して、父親の顔を見ることがなかった。

公使としての任期は二、三年と思われていた。ペテルブルグ滞在が予想に反して長引いたのは、一八七七年（明治十）の四月からロシアとトルコの間に戦争がはじまったためである。翌年になってロシアの勝利が確定したので、ようやく待望の帰国が実現する。いわゆる露土戦争の勃発は榎本を落胆させたが、戦争の経過を間近で観察することに興趣を感じないでもなかった。「私情を以ていふときハ前文之命令［戦争の結果を見届けよという寺島外務大臣からの電報］は甚だ残念ながら、実は時勢心得之為めにも戦争之学問ニは得がたき好時節ニテ候」という感慨を榎本は姉宛の手紙で述べている。

公館

公使館はははじめ海軍省の裏のネヴァ川沿いにあった。榎本は着任四カ月目に「当表ニ罷在候日本人は公使館付属花房書記官始外三人、手前とも通計《つがふ》五人一所ニ住居候。勿論手前之居間は四十畳《じょう》許《バカリ》ノ間、外ニ寝所《ネドコ》十五畳程。大金は継《ツギ》ノ間ニ住わせ候……門番料理人別当小使等併せて十人」と姉宛に知らせている。このうち花房義質《よしもと》は一等書記官、大金こと大岡金太郎は個人的な使用人で、旧体制下の家士の格である。この時点での花房以外の二人の館員の名前は特定できないが、二等書記官に中村博愛がおり、通訳として志賀浦太郎がいた。二等書記官として市川文吉の名前が名簿にあらわれるのは明治八年からである。やがて内藤忠順《ただのり》、山内勝明の両アタッシェ、見習として二橋《ふたつばし》謙などがスタッフに加わる。オランダで雇入れた旧師の医務官ヨハンネス・ポンペも明治七年八月にはペテルブルグに到着していた。

「公使館はネワと申河岸にて、此河両国之二倍の大サ有之無数之蒸気船往来いたし居、河向《かわむこう》の景色抔も一目に見渡し好き景色ニ候」は上記の手紙のつづきである。

条約の調印が終わった明治八年の四月に公使館はいったんネヴァ川のやや上流の宮殿河岸一四番地に移り、九月にはネフスキイ大通りの起点の近くで右に折れるボリシャヤ・モルスカヤ通り五二番地に移転して、それ以後榎本の在任中に引越すことはなかった。いずれも、宮殿はもとより中央諸官庁から歩いて数分の至近距離である。この年には、八月下旬から九月下旬にかけて西欧旅行が行われ、その前には二月あまり近郊暮らしをした。そこは「緑陰如水《みずのごとく》にして誠に心を養ふに宜敷《よろしく》」「手前住居は楼上ニて書斎の前に老樹数本ありて其葉青々として誠に心地よし。此せつはもはや夜はよほどくらく相成申候」。榎本が選んだ「田舎」家がどこにあったかは不明。写真を家に送ったとあるが、今につたわらない。近郊の別荘住まいは、ロシアの中産階級でこのころから急速にはやりはじめた風習だった。そして七月下旬ともなると、白夜の盛りはとうに過ぎていたのである。

大礼服の榎本武揚。おそらく着任早々に、ペテルブルグで撮影されたもの。

もっとも、夏の外国旅行も別荘賃借も明治八年だけのことである。

「寒天にても日々一時間半許《ばかり》ハ歩行致し、朝は冷水にてえりを洗」うのが彼の健康法で、「鬼の如く丈夫なり」と自慢している。

別当（ロシア人の御者）をやとっていたから、当然馬車もそなえていたはずであるが、着任の年の冬が来ると、「雪橇は定紋付にて立派なる事みせたし」というほどのものを買い入れた。橇と同時にビリヤード台もそなえた。レクリエーションとして館員たちが勤務の余暇に玉を突いたのである。

食事は日本風にしていた。「料理も日本料理之方宜敷候間料理人へ申付ケ毎日別に日本料理をこしらへさせ申候」とあるが、材料もかぎられ、日本人のコックを帯同したわけではなかったので、満足のゆくような調理は期待できなかった。「両三日前ソバをうちて食候処真にヲイシカリシ。西洋料理ハ素より好まざるゆへ、日本のテンプラ屋又はソバ屋抔が当表ニアリタラバ、一度に四五両出しても度々たべにゆくなるべしと思ふ」。「只今大岡にテンプラを上げさせ晩飯を喰ひ終わりたる処。御送り之烹鰹があるので誠に飯がむまく候」ということが特筆に値したのである。

気晴らしのための遠出もした。フィンランドのヘルシンキはペテルブルグから鉄道で数時間の距離であり、農業博覧会出席などの所用も兼ねて数回おとずれた。

純粋に休養のための遠遊もあった。「先達て大金をつれペテルブルグより蒸気車にて三時半ばかりの田舎に行き一夜泊りて翼日《よくじつ》野原ニ小鳥を撃ち、或は魚を釣などして大ニなぐさミ其夜帰来り候」。「四五日前ニ「ルガ」といふ処へ二夜泊にて魚を取りに参り随分ホヨウニ相成候」。ルーガはペテルブルグの南一五〇キロほどの田舎町。同じ名前の川に沿っているのである。これらはいずれも明治十年のことで、公務と言えば、バルカン半島を主戦場とする露土戦争の戦況を報じることに尽きていたころである。

交際

外交官にとって、社交は職務である。

信任状の奉呈のときから、アレクサンドル二世は榎本公使に好感をいだいたようである。一時は幕府艦隊の司令長官で〈賊軍の首魁〉として処刑されそうになった榎本の経歴に興味をもったためであろうか、はじめての謁見直後、首都を守るクロンシタット軍港へじきじきに案内されるという栄を賜った。その後しばしばこの港へ招かれる。たとえば、明治十年十月下旬の妻宛の手紙。「魯の海軍中将ポポフ氏と同道にてコロンスタット港へ参り水雷其外を見物いたし候。魯政府より手前之為に大なる蒸気船一艘出し呉れ大檣《ほばしら》の上には日本国旗を揚げて駛《はし》り申候」。アンドレイ・ポポフ提督は海軍の有力者だった。

「当着以来度々帝城の御招ニあづかり」と榎本の宅状にある皇居は、現在のエルミタージュ美術館である。ここには元日の拝賀、折々の舞踏会や皇子ウラジーミル大公の結婚式などのために参内した。「過ル［明治八年七月］十一日ニは魯帝に御目見いたし聖上より「マリアルズ」船一件之御礼をのべ候。其節魯帝殊《こと》之外御満足ニテ暫らく御話いたし（英語ニテ）……」というようなこともあった。ペルーとの国際紛争でアレクサンドル二世が逆の判定をくだせば、「四拾八万円」の賠償を支払わされるところだったから、日本政府がよほどの恩義を感じたとしても不思議ではない。

皇族の中では、同じ海軍という誼みだろう、皇帝のすぐ下の弟で海軍行政の実権をにぎっていたコンスタンチン大公が榎本にとくに好意を寄せていた。

外交交渉の当面の相手は、ヨーロッパ政界にあまねく知られた老練な宰相兼外務大臣ゴルチャコフとアジア局長ストレモウーホフである。ロシアの駐日公使ストルーヴェが東京から帰任すると、その夫人をも交えて付き合いがあった。

外交官は別として、榎本の宅状の中で最も頻繁にあらわれるロシア人は、プチャーチンとポシエットである。米国のペリーのあとを追うように、一八五三年に軍艦パルラダ号で長崎へ来航したロシア使節とその副官だった。陸にあがったのち、プチャーチン提督はロシアの農奴解放令発布後の一時期しばらく文部大臣の職にあっただけですでに政界を引退していたが、ポシエットは現職の交通大臣だった。榎本がロシアへやって来る二年前の秋アレクセイ皇子が日本を訪れたときには、ポシエットが首席随員を勤めた。

「プチャーチン奥方の話に、同氏事八年留守なりしとき写真にて次男は父たる事を覚居り、帰国のとき直にミとめ候由」というような文言から察せられるのは、榎本は自分より三十三歳年長の先輩と相当親密に交流していたらしいことである。他にも、「プチャーチン邸で聞いた話では」などという記事がある。ちなみにポシエットにしても、榎本より十七歳年上だった。着任時、榎本は満で三十八歳である。彼ほど若くてロシアへの使臣に任じられた人物はいない。

毎年十一月三日の「天朝節」(天皇誕生日)には公使館でパーティーを催した。この日、ツァーリからは「勅使大礼服にて罷越、手前も大礼服にて応接」するのが恒例だったが、「同夜六時ニハ当表各省の卿、大輔又ハ海陸将軍等十九人を招き盛に公使館にて晩飯を共に致し候」。そんな席で、プチャーチンやポシエットは欠かせぬ常連だったことだろう。

公使館では年にもう一回、おそらく春季皇霊祭にあわせて宴会を行った。「去ル[三月]十九日之夜ニは当国外務卿、海軍卿、工部卿等十数人相招きて饗応いたし候。スツルウヱ氏も亦招き申候。同氏は気軽之好人物ニ付後日条約改正談判之手助ケニ相成可申と存候」。この手紙は明治十一年の姉宛のものである。その時点では東京の本省からの指示もあって、条約改正問題を手がけるつもりでいたのである。

外交や内政の公文書にはたとえその名があらわれないにせよ、プチャーチンやポシエットのような知日派の政治家は、ロシアの対日政策の決定にあたって何らかの役割を果たしたことであろう。祖国から遠くはなれた国にあって彼らのように日本の事情をよく心得ている知己をもつことは、榎本公使にとってははなはだ心強いものがあったにちがいない。

諸外国の使節との交流を示す書簡もある。明治九年の九月のもの。「去る七日夜当表ブラジリア公使館ニ於てブラジリア帝に御目に掛れり。余程感心の人物なり……当時［現在］アメリカ代理公使たるウァトキンといふ人ハ久敷《ひさしく》横浜ニ商人をして居たる者にて度々手前方へ尋来る……」。

関心

宅状の性質として当たり前であるが、榎本がまず尋ねることは家族の安否であった。とくに、日本を発つとき一歳二カ月になっていた嫡男の金八（のちの武憲《たけのり》）の健康を常に最も案じ、その躾に気をくばっている。妻や姉からの手紙も金八の成長ぶりを子細に報告していた。幸便があるたびにさまざまな玩具、洋服（軍服スタイルのものを含む）、自転車（これは独車《ヒトリグルマ》と呼ばれているが、おそらく三輪車）などを金八に送った。

明治七年に妻のたつは二十二歳だった。彼女は榎本がオランダへ共に留学した林研海の妹で、慶応三年彼女が十五歳のときに結婚したのであるが、戊辰戦争や入牢などのため夫婦離れ離れの暮らしが長くつづいた。榎本は述懐する。「手前はおまえの事一日も思ひ出ださぬ事はなく……」「御まえとは今迄六七月一所に住ミたる事無之ニ付とかくその事なつか敷候」。彼は日本から送らせた妻の写真をもとにロシアの画家に等身大の油絵を描かせ、公使館内の私室に掛けていた。宅状から知られるかぎり、時計や布地や指輪、さらには琥珀の根掛けやダイアモンドなどを妻に届けている。

宅状の中には肉親や親戚たちのほかに箱館戦争の同志たちへの言及が少なからずみられ、松平、永井、河村などの姓を挙げて、困窮している者があったら扶助するようにと指示している。

彼には物を贈るのを好む性癖があったらしく、親族や友人にもいろいろな物品を送っている。そのうち、天皇に献上した白狐一二枚がもっとも高価な贈物だったかもしれない。これは御意にかなった旨の連絡があった。品物は主としてロシアの物産をえらび、この国の国情を知らしめるとともに、日本の産業の振興をねらっていたのである。

宅状からうかがわれるのは、彼には科学技術への興味がとくに強かったことである。身近なところでは、獄中時代から関心があった鶏卵孵卵器。フランス製の道具を購入して公使館の中で実験していた。妻宛の手紙の追伸にこうある。「此手紙を書き了りし時家来《けらい》来りて「只今マタ生ミマシタ」とて鶏の卵を二ツ持ち来れり」。

温泉の湯を利用して鶏卵を孵化させることや野菜の温室栽培を思いついたときには、兄に依頼して箱根まで調査に赴かせている。「地所は五六百坪以上入有なり」と書いているから、事業化しようという目論見があったのである。

自分の付人である大岡金太郎に「ガルハノプラスチック」Galvanoplastikと呼ぶ電気製版技術を身につけさせるために機械一式を購入した上、ロシア人技術者を公使館に招いて実習させた。日本に帰ってから大岡は印刷所を開業することになる。

帰国間際になり日本からの問い合わせに応えるべく、おなじく大岡に香水、髪油、白粉、石鹸の製法を習得せしめた。このときもロシア人の職人を公使館に呼んで目の前で実演させた。このように榎本の興味は実用と結びついているところに特徴があった。

沈没船の引揚げ装置の模型を日本に送ったときには、まず蝦夷の江差沖で沈んだ開陽丸のことを念頭においたことであろう。

概して植物に対する榎本の関心も非常なもので、あらゆる機会を利用して、特に北海道の風土に合いそうなさまざまな栽培用植物のタネを開拓使へ送ったり、妻に命じて向島に購入させた土地に蒔かせたりした。ロシアでリョンと呼ばれる亜麻（flax）などは、自分で公使館の庭に蒔いて生長を観察している。亜麻以外では、マクワウリ、スイカ、蛇型キュウリなどに言及している。「手前着魯以来余程農業がすきに相成候」と彼は妻に書く。明治二十四年に育英黌農学科（東京農業大学の前身）が設立される萌芽がここにきざしたとみて誤りないであろう。

露土戦争のさいにはとくにロシア海軍の技術力に着目し、「ロシアにて用ゆる水雷火の雛形を内々にて手に入れ申候」という。水雷火とは魚雷のことであろうか。

電話器が実用化されたのも彼のペテルブルグ在任中である。明治十年十二月の妻宛の手紙にこうある。「この節「テレホン」とて電気《エレキ》を以て遠方と話が出来る器械《きかい》、弥《ますます》盛んに行はれかかり申候。手前事、壹ツ買《かい》てためし候処実に驚くべきもの也。今壹ツ買ひて、一ツハ我電信局へ送り一ツは留守宅へ送り候積。これハ元来アメリカ人の発明にて近来ドイツにて改正したる者也。其値ハ極々ヤスキ者也」。

友人で義兄でもある林研海のために最新式の外科道具や医学書を買い求めたり、山内六三郎（号は堤雲。戊辰戦争で旧幕軍に属し、当時は開拓使出仕、のち八幡製鉄所長官）の依頼に応じて高価な測量機械クロノメーターを入手したりするような協力も惜しまなかった。

故郷

宅状には、共通の日本の知人に関しての噂が多い。家人との通信の特徴である。中でも、榎本は勝海舟の噂をよく耳にしていたようである。同じ幕臣でも、榎本と勝は年齢で十三歳の差があり、立場も性格も対称的に異なっていた。ニュースソースは日本から届いていた新聞であろうか。明治八年十一月の妻宛の手紙で、こう知らせている。「手前ヲバ朝廷ニて呼戻し参議兼海軍卿ニせんとの見込有之由。実否は知られざれども当節之様ニヒョコヒョコ参議ノカワル連中ニはハイリタク無之候。乍去《さりながら》事は品ニ寄りては御請不致《いたさぬ》といふ訳もなし。勝もよくよく困りて海軍卿を辞せしと見えたり」。榎本が実際に海軍卿のポストにつくのは明治十三〜十四年である。

明治九年三月に廃刀令が発布されたことを知ったときには妻にこう書く。「日本は廃刀令出でたるを見ればバ政府の勢ひ稍堅く相成可慶《よろこぶべき》事ニ候。今年は昨年と違ひ世も少しくハ穏になりたる様被察《さっせられ》候……先頃手前日本出立之折勝安房曰く、君は仕合せなり今二年も過れば日本も穏になるべく、其時帰国は羨やましと頗ル時勢を見抜きたりといふべし」。ここでは、勝海舟の先見の明に素直に感服しているのである。

勝に触れる三つ目の手紙は明治十年十一月の妻宛のものである。「或人の手紙ニ勝安房ハ徳川へチョット壱万円用達《ようだて》て呉れと言出でたる処、家令とやら家扶とやらが断わりたるとて大に立腹し、御家の今日迄存《あり》之たるハ、サ、サ、サー、ダレガ御陰《かげ》ダと団十郎をきめ込ミたりと申越し候。虚実は知らねど先生も随分困るならん」。ここには勝への同情がない。

明治年間に圧倒的に知られたのは九代目の市川団十郎であるが、榎本が若いときに見ていた可能性のあるのは、八代目のほうである。とにかく「或人」が勝のこんな芝居がかった噂話を知らせて寄越したのも、榎本自身芝居好きだったからである。この或人とは榎本が公使時代に最も親密な文通をつづけていた堤雲山内六三郎かもしれない。彼は山六さんとして宅状にしばしば登場する。箱館戦争のときの部下の一人であっただけでなく、榎本の妻の母親のつるは堤雲と従兄妹の関係にあった。

次は明治九年三月の姉宛の手紙。「時候もよく国も膏腴《こへる》なれば人民［日本人のことをさしている］に智慧が不足なるは、持参金付《ぢさんきんつき》の娘に不気量《ふきりやう》多く、華族に才子稀なるが如し。［ここで旋律がはじまる記号〽をつけて］ハテ、マヽナラヌという場合にて候」。

さらに明治十年五月の姉宛。「［露土戦争のせいで］出立延期は甚迷惑千万［ここでまた〽］勤めする身の侭ならぬ、と浦里もどきのあきらめを致居候」。

この年、五世坂東彦三郎の死亡を報じる新聞を読んだときの感想は妻宛にこう書いている。「バンヒコハ大阪にて死去せし由。俳優なりとも日本にカケガへなき人物ゆへ誠に惜敷《おしき》事也」。

シベリア旅行がぼつぼつ近づいてきた明治十一年三月の妻宛の手紙。「手前も帰国之上は芝居と釣ニは是非でかけ度《（た）》く思ひ居候」。

榎本一家が多くの江戸っ子の常として、芝居の常連だったことは確かである。ただ、榎本も外国の演劇には趣味がなかったらしい。「元来自分ハヨーロッパ之芝《しば》居や音楽はきらい」と書いている。

榎本は同時代の日本の新聞をどう見ていただろうか。「手前之楽しミになる者は第一が宅状［家族からの来信］、第二が日本新聞を読むにあり。日本新聞紙は［東京］日日新聞、報知、朝野、曙之四種にして日日はさすが福地［桜痴］之筆ゆへ第一にて、その外も随分面白く候へども、只々飽果《あきれはて》るハ社説と投書議論文也」。大体榎本は新聞が「社説や理屈ポキ評論にて半分余の紙を塞ぐハ実に残念なり」と考えていた。「却て夫婦喧嘩、生酔、泥棒抔之紀事之方面白く」「岸田吟香之雑談を面白く書きたるを笑いながら皆々ほめて読申候」。岸田吟香の記事も東京日日新聞に掲載されていたのである。公使館員のあいだで日本から送られてくる新聞を回し読みしていたことがわかる。

概して、民権を唱える傾向を榎本は評価していなかった。また、当時の日本の新聞は国際ニュースはおおむね英字新聞に依拠していた。ヨーロッパをはじめいたるところで、英国とロシアは利害が対立していた。当然、ロシアに批判的な英字新聞の論調が、そのまま日本各紙に受け入れられていた。露土戦争の報道では、終始ロシア側の戦況不利が誇大に報道されていたようである。「日本新聞紙にこれ迄トルコ常に大勝にてロシア大マケと有之候ハ実ニアトカタナキ事のミ多し。これ英国よりのホラを電信する者あるによりてなり」。戦争の現地に近い場所に身をおく立場から、榎本が日本の新聞に不信感をいだいた理由も理解できる。

明治九年八月の姉宛の手紙にこうある。「鳴嶋［成島］柳北牢見舞之事彼此《かれこれ》御尽力被下《くだされ》、チョウド同人出牢之日に御行き合せ之段、奇なりと謂ふべし」。

姉の観月院がわざわざ監獄まで見舞いに行ったところをみると、榎本家は成島柳北と近しい付き合いをしていたらしい。

国情

「一体《イッタイ》日本人はロシアを大ニ畏れ、今にも蝦夷《エゾ》を襲ふならん 抔《など》といふはハシニモ棒《ボウ》ニモ掛ラヌ当推量《アテズイリヤウ》にて」という認識が榎本にシベリア経由の帰国を思いつかせたことはよく知られている。広いロシアを横断してこの国の実情をつぶさに観察する必要を感じたのである。その努力の結果はシベリア日記として結実するが、榎本は生前にその日記を公刊しようとしなかった。

確かに榎本の視野は地理的に巨大な広がりをもつことができたが、ロシア社会を深く洞察するという点では、外交官という立場が多少とも妨げになったように思われる。支配階級、というより政府の上層部のみと交際するのが日常業務だったからである。

後代の視点から見て、十九世紀七〇年代のロシアの社会関係でもっとも目立ったのはナロードニキ運動の急激な高まりである。ナロード（民衆）を地主や官吏の抑圧から解放することがこの運動の目的であったが、その中心的な担い手は学生を主体とする知識人であった。

榎本の宅状にはナロードニキ運動への言及が散見する。「旧冬［一八七四年暮］当表騒動の風説御中越ニ候へども右は学校の書生と先生との間に起りたる事にて政府を覆す抔とはまるでうそ事ニ候。当表ニ而此書生さわぎを知らぬ人多く候」。「ヴ・ナロード」（民衆の中へ）を合言葉に何千人もの学生が農村へ宣伝活動に赴いた一八七四年の夏は、歴史上「狂った夏」と呼ばれている。ペテルブルグ大学における教師と学生の衝突はその余波であった。

それから二年後の一八七六年十二月十八日にはもっと大規模な事件がおこった。榎本は翌年正月元日付の手紙の中でこう報じている。「先達て書生等三十二人一揆ケマシキ騒動ヲシテ捕縛セラレタリ。女書生十一人加われり。彼らの騒ぎハマサカ肥後の神風連や長［州］の前原の如きツジツマの合はぬ事ならねど、矢張向フ見ズの所業なり。其趣意ハ政府の抑圧を怒り自由説を唱へ、小旗に自由といふ字を書き人中にて振廻し祝声［シュプレヒコール］ヲ揚ケたるなり。三二人皆牢に入れられたり。頭立たる者ハシベリヤへやられ可中との噂」。これは聖者ニコライの祝日の当日、ネフスキイ大通りの中央にあるカザン大寺院の前で起きたので、「カザン広場のデモ」と呼ばれている事件である。三二人の逮捕者が出て、そのうち一一人が女性であったという数字はロシア政府の発表と合致している。ただ、この集会の首謀者でアジ演説をぶった革命家プレハーノフをはじめ多くのデモ参加者が逃走したという事実は榎本の宅状では抜け落ちていた。

それにしても、榎本がナロードニキの運動を熊本の神風連や長州萩の乱と対比させているのは興味深い。この年のうちに起こる西南戦争のことを考えると、この時期、日本社会も大いに動揺していたのである。運動の性格の点では、日本各地でやがて起こる自由民権運動のほうがナロードニキ主義に近いように思われるが、それとても為政者の立場から見れば、同じように警戒すべきものであった。明治九年八月付で姉に宛てた宅状の一節。「浅草観音堂にて新聞紙屋の寄合御覧ニ相成候由、右様なる事ハイギリスやアメリカニあるワルヂャレにて追々ぞう長すると人気をさわがし好《よか》らぬ事ニテ候。魯西亜抔ニ右様之事あらバ直に取押られ申候。ロシアの国風を学べといふにあらねども、日本国内まだまだズブ開ケヌに六デもなき事真似するは其意を得ず」。

むしろ榎本の考えでは、日本が国家としての基礎を固めることこそが目下の急務であった。外交の見地からすれば、国土の拡大も必要である。「手前ハ小笠原嶋より以南にあるラドローチン諸嶋をもイスパニヤより買入て日本領と為す事を先頃建言し、当節朝廷評議最中之由、寺島［外務卿］より申越せり」と明治九年九月の姉宛の便りにある。露土戦争がはじまった直後にやはり姉に宛てた手紙にはこんなデリケートな言説もある。「万一ロシア戦争中に日本より朝鮮抔へも少々手を出す気ならバ面白おかしく候得ども、左様之義は決して可無《なかるべし》之と被存候。」自分で立てた憶測を、自らが否定しているのである。

それもこれも、国際関係の舞台上での列強間の酷薄非情な駆引きを目の当たりにしているためであった。露土戦争の最中に英国は地中海に艦隊を派遣した。明治十年七月の妻宛。「イギリスが出来懸ケ様子アリと雖どもこれハトルコを助けてロシアと戦ふの趣意ニては有之間敷《（あるまじく）》、死にかかりたるトルコの領内の肝要なる場所を自分も奪ひてロシアが地中海《チチユウカイ》へ出る邪魔をする見込と見請《みうけ》候。油断ノナラヌ先生達《タチ》ナリ」。事実、キプロス島が非戦闘国たる英国の領土となるのはこの戦争の結果である。

榎本の思想はこの時代の外交官として、国際的にもきわめて正統的なものであったにちがいない。

彼の宅状にあらわれていないことがある。ペテルブルグに在任している期間中、彼は実に多くの著述を行ったことがわかっている。知られているだけでも、ロシア人A・ポロンスキイ『ロシア人日本遠訪記』、フランス人C・ダレー『朝鮮事情』などの原稿が在魯公使館の用箋に書かれているという。それは榎本個人の作業ではなかったとしても、書き漏らすわけにはいかない。

このような精励と飾らぬ人柄によって、彼は交渉相手のロシア人の愛顧と僚友である外国の使節たちの信用をかち得た。それは若いときのオランダ留学によって西洋人の気質や風習をよくのみ込んでいて、言葉にも不自由を感じなかったという事情にもよろうが、その根源は彼自身の見識と義理堅さに由来すると考えざるを得ない。

ここでは榎本武揚がペテルブルグから家族に宛てた手紙の主要な特徴を紹介したが、現存する一一五通のうち九通のみが加茂儀一編『資料　榎本武揚』（新人物往来社、一九六九年刊）の中に収められている。その他は未刊行である。

ヴェーラ・ザスーリチ異聞

初代ロシア公使の榎本武揚はずいぶん筆まめな性格だったようである。仕事柄、外務省へ頻繁に報告書を提出する義務があったことはいうまでもないが、そのほかに家族や友人に宛ててよく手紙を書いた。「自分は筆ぶしょうながら人の手紙は大スキ」などと姉への手紙で冗談まじりに書いているが、実は決して筆不精などではなかった。

明治七年から十一年まで五カ年にわたったペテルブルグ滞在中に榎本が東京の家族に送った手紙が一一五通ものこっていて、現在は国立国会図書館憲政資料室に所蔵されている。平均すれば、妻宛だけでも、ひと月にほぼ二通のペースである。まだ二十歳代半ばで子供をかかえて主《あるじ》が留守の世帯を切り回している妻と、すでに未亡人となっていた四十歳代の勝ち気な姉への書簡の調子は多少とも異なっていて当然であるが、これらの手紙からわれわれは十九世紀後半の「帝政華やかなりし」ころのロシアの宮廷のありさまをかいま見ることができ、またその宮廷に榎本がどのように迎えられたか、彼がロシア社会をどう見たかなどについて知ることができて興味深い。

冬宮にて

榎本がはじめてツァーリのアレクサンドル二世に謁見したのは赴任した年の七月十八日のことだった（日付は彼自身が使っていた新暦による。露暦では一二日遅れになる）。「手前の事はかねてご承知のおもむきなどお話これ有り候」。つまり、武揚が戊辰の役で政府軍と戦った反乱軍の首領だったことを、皇帝はすでに聞き及んでいたのだった。新任使節の経歴を事前に調査しておくことは通例の外交儀礼に属するにせよ、その二日後の二十日に皇帝とその弟で海軍を率いるコンスタンチン大公に伴われて首都の軍港クロンシタットの見学を許されたのは、やはり格別の殊遇というべきだろう（なお、武揚の手紙の中で用いられている文字は多少読みやすく書き直している）。

時の交通大臣ポシエットは、先年プチャーチン使節の幕僚として日本を何回も訪れたことのある人物だった。「この人は夫婦ともごく親切なる人で、あたかも旧友のごとくに御座候」と榎本は姉への手紙の中で書く。プチャーチンのほうはもう政界から身を引いていたが、それでも公使館で開かれる天長節などの招宴にはかならず姿を見せたし、榎本がプチャーチンの邸に招かれることもあった。

一八七五年二月五日の夜には宮中晩餐会が催され、皇帝・皇太子夫妻の臨席のもと、政府の高官や外国の大使・公使など五、六百人ほどが出席した。その場所は今エルミタージュ美術館になっている建物の大広間で、天井から五千本の蠟燭が吊り下げられていた。「その見事なる灯の下に露帝はじめ一同あちこちと歩み、天つ乙女のごとき美女百人あまり、ここに集まりかしこに踊り（もちろん中には……おたふくも随分見えたり）」という盛況ぶりを榎本は妻宛の手紙の中でことさら美文調で描写している。鉢植えの棕櫚の下のテーブルには山海の珍味とさまざまな銘酒が立ち並んでいた。「ビイドロ障子［窓ガラス］の外には白雪霏々として窓際に舞うさま……浦島太郎の竜宮にて姫と住みし時とても、かかる金のかかったご馳走はあらざりしなるべし」。

公使としての仕事

榎本の肩には北方領土問題とマリア・ルス号事件という二つの重い荷がかかっていた。プチャーチンが幕府と結んだ条約ではクリール（千島）列島はエトロフとウルップ島の間に日露の境界をおくことに決したが、サハリン（樺太）については折り合いがつかず、両国民が雑居することになった。そのために種々の混乱が生じていた。明治の新政府の内部には、サハリンをあくまでわが国の領土として保有すべきであるとする意見と、それはゆずり北海道の開拓に力を注ぐべきであるとする主張が対立していた。

榎本は一八七四年の夏から翌年春までのあいだロシア側と会談を重ね、結局五月になってロシアの外務大臣ゴルチャコフと榎本公使のあいだで、いわゆる千島樺太交換条約が調印される運びになった。榎本を公使に推した開拓使の黒田清隆などはサハリンの領有しがたいことをあらかじめ認識していたから（榎本に与えられた訓令も同様の趣旨だった）、新しい条約でこれをロシアにゆずったことは、榎本の独断による譲歩というわけではない。

マリア・ルス号事件の概略はこうである。明治五年に横浜港で、中国人労働者を満載したペルーの帆船マリア・ルス号から、一人の労働者が脱出して助けを求めた。日本側はこの船が奴隷を運ぼうとしているものと判断して出港を禁止し、彼ら全員を強制的に故郷に返させた。ペルー政府は日本側の処置を不服として強く抗議し、結局両国政府はこの事件の解決をロシア皇帝アレクサンドル二世を長とする国際的な仲裁裁判に付託することにした。アレクサンドルは一八六一年に農奴解放を行ったことで、国際的に名声が高かったのだろう。七五年の六月にはいってロシア皇帝の判決が下り、日本政府のとった処置が正当とみとめられた。榎本の伝記作家である加茂儀一氏が述べているように、千島樺太交換条約の成立とアレクサンドルが与えた日本有利の判定とはまったく無関係ではなかったことだろう。

榎本は明治十年には帰国できるものと期待していた。そのさいシベリアを横断するルートを取るという許可まで寺島宗則外務卿から得ていた。ところが九年の夏あたりからロシアとトルコの勢力がぶつかるバルカン半島の雲行きが怪しくなった。十年（一八七七）の春には実際に露土戦争がはじまってしまった。戦争が終結するまで任地にとどまるように、という命令が東京から届いた。戦争の見通し、実際の戦況の報告が榎本の新しい仕事になったのである。

ロシア軍の絶対優勢というのが榎本の最初からの予測だった。宣戦の布告後まもなく皇帝と皇子たちが戦場に近いルーマニアまで出向くというような首脳部の積極性を買ったのであるが、それでも相手のトルコ軍は善戦した。ブルガリア北部のプレヴナ要塞をめぐる戦闘では、一日に七千人もの死傷者がロシア側に出るという激しさで、砦は容易に落ちなかった。トルコ側にオスマン・パシャという名将がいて、よく指揮をとっていたせいである。ロシア軍の包囲は四カ月つづいた。「プレヴナ落城はトルコよりうって出て而して切り抜けるあたわずして城将オスマン・パシャはじめ凡そ四万人悉く降参いたし候。オスマン・パシャの勇名は甚だ評判にてロシア人誉めぬ者なし。露帝は同人にご面会これあり、その勇を称して降伏の節差し出したる同人の帯剣を差し戻され申し候」。榎本はこのように妻と姉に書いている。負け戦の辛さは榎本自身がかつて味わったものだった。

ナロードニキをどう見たか

公使は首都で為政者と交際するのが職務だったから、反政府側の情報は間接的に入手する以外なかった。それでも、榎本がロシアに着いたのはナロードニキ運動の最初の高揚期にあたっていたので、断片的ではあるが手紙の中で言及されている。たとえば一八七八年の初めにはナロードニキの組織に加わる女性ヴェーラ・ザスーリチがペテルブルグ特別市長官トレポフの狙撃殺害を企てたという有名な事件が起こった。獄中のナロードニキ・ボゴリューボフが彼の命令で体罰をこうむったことに憤激した結果である。しかも彼女は陪審裁判で無罪の評決を得た。事件の起きたのが新暦で二月五日、その裁判の判決の出るのが四月十二日である。以下の一節を含む榎本の姉宛の手紙は三月二十二日の日付をもっているから、まだ判決が出るかなり前にこんな噂が広まっていたことになる。「本年当地において、二十三歳の一婦人、当府の大警視兼陸軍中将トレポフを短筒にて撃ったるのち、婦人はもとより捕らはれ、トレポフ氏は重傷にて大いに悩みたれども、この頃全快せり。さて右婦人の思ひ人は政治上の罪人にて入牢の身なるをトレポフ氏かつて打擲せしことありを恨みて、右の婦人トレポフを撃ち殺す覚悟なりしなり。この婦人なかなか豪情者にて、裁判所にては持てあませり。然るところ、当国皇后は一日この婦人を書斎中へ招かれ、一時間あまりも長く事情を尋ねられたるところ(ただし差し向いにて)、トレポフ氏のこれまでよろしからぬ所業露見いたし、同人はいわゆる依願免職といふ工合に相なり、外国へ療治旅行と称して近々出立いたすべきことに相成り候。人殺しの一婦人を皇后の宮自身が一室に招きて是非の由来を聞きただささるるとは、さすがヨーロッパだけなるかなと感心いたし候」。

実際のところ、ザスーリチはこのとき二十八歳、ボゴリューボフとの関係は特別のものではなかった。トレポフが自ら体罰に手を下したわけでもなかった。ミローノフの近著『ロシア社会史』の説くところでは、この裁判での陪審は、ヴェーラの行為が刑法上の見地から犯罪を構成することは疑いないとしても、彼女はより高次の倫理的な規範に照らして裁かれるべきであるし、政治的行為の正当と不当は一概に論じられないという弁護士アレクサンドロフの弁論に影響されて、被告の無罪という予想外の結論に到達したのであるという。

ロシア文学の読者は榎本の紹介する皇后関与の一節を読むと、プーシキンの書いた『大尉の娘』の結末の部分を思い出すのではないだろうか。この小説では、僻地に赴任した若い将校ピョートル・グリニョーフがプガチョーフの反乱への関与を疑われて逮捕される。彼の運命がきわまったかに思われたとき、婚約者のマーシャが女帝エカテリーナ二世に直訴した結果、ピョートルの冤罪がはれ、二人はめでたく結ばれるというのである。

アレクサンドル二世の皇后マリアは御多分にもれずドイツの小公国の出身で、夫より五歳の年下だった。彼女がさまざまな慈善事業や女子教育の振興に尽くしたことはよく知られている。ロシアにおける赤十字社の成立も彼女の大きな功績の一つに数えられる。ひところキーロフ劇場と呼ばれていたマリインスキイ劇場（マリアの劇場を意味する）が彼女の名前を冠しているのも、この劇場の火災後の再建を財政面で援助したからだった。何より人々の印象にのこったのは、露土戦争の結果として生じた大勢の傷病兵や寡婦や孤児の救済に並々ならぬ努力をはらったことである。

榎本の手紙によると、女性革命家に命を狙わた市長トレポフはそれまでの悪行が発覚してあえなく失脚することになっているが、事実はフョードル・トレポフの官歴はこの事件によっていささかも傷つくことなく、一八七九年にはハリコフ県の知事に任命され、その後もウクライナやウラルの行政責任者のポストを歴任している。自由の身になってからあわただしくスイスへ去ったのはザスーリチのほうだった。政府による再逮捕を恐れたのである。のち彼女はマルクスやエンゲルスと文通したことで知られ、レーニンとも知り合うが、メンシェヴィキ派にとどまった。

彼女の放ったピストルの一発がナロードニキの悪名高いテロリズムの引き金になったとされているが、後年、彼女自身はこの行為を政治的失策であったと自己批判することになる。

それはともかくとして、皇后が彼女を引見したという榎本書簡中の噂のニュース・ソースは何であったか知りたいものである。

アムール川の榎本武揚

シベリアを横切って

榎本武揚はロシアに派遣された最初の日本公使である。首都のペテルブルグには明治七年（一八七四）から十一年（一八七八）まで駐在した。

榎本の帰国が予定より一年遅れたのは、戦争のせいだった。一八七七年の春にロシアとトルコのあいだに戦争が勃発し、その推移を見届けるために榎本は任地に留まることを命じられた。翌年のベルリン会議がすんでから、榎本は帰国できることになった。

帰国のルートとしてシベリアを選んだのは、この機会にロシア国内事情の調査を行おうという意図があったからである。その調査は、第一に日本とロシアとの貿易の可能性をさぐること、もう一つはシベリアでロシアが実施している事業を北海道の開発に役立てることを目的にしていた。だから榎本は各地でさまざまな工場や砂金採掘の現場を見学したり、食料や日用品の物価表を作成したりしている。ペテルブルグからニージニイ・ノヴゴロド（ソビエト時代のゴーリキイ市）までは鉄道が通じていて、そのあとウラルのペルミまではヴォルガ川とカマ川の船旅だったものの、それから先はタランタスと呼ばれる馬車の旅だった。「馬車の動揺は言語に絶し……この動揺は頭を打ち尻を叩き、大風浪中、船に駕するより」も困難という状況のなかで、榎本は日記をつけ続けた。

アムール賛歌

榎本には、同伴者が三人いた。公使館で通訳をしていた二等書記官の市川文吉、ペテルブルグでさまざまな新技術を修めていた大岡金太郎と寺見機一である。大岡と寺見は、実質的には榎本の私的な従者であったと考えられる。

一行は九月十一日にアムールの上流ともいうべきシルカ河畔のスレーチェンスクに着いた。ロシア帝国の西の果てにある首都を出発してから四八日目、馬車の旅をはじめてから四〇日が経っていた。ここからは当分、船の旅になる。もともと海軍育ちで近代日本最初の提督に任じられていた榎本にとって、水の上は得意の領分である。

榎本らを乗せた汽船は十三日に出航する。その船はアムール汽船会社の持船で、アレクセイ号と名づけられていた。一八七二年に東京を訪問したアレクサンドル二世の第四皇子アレクセイが帰国のさいに搭乗したことにちなむ命名である。シベリア日記によると、船の全長は三九メートル、幅は四・八メートル、吃水は〇・七五メートルで（フィートをメートルに換算）、四〇馬力の推進力をそなえていた。このように具体的な数字を書きとめられずにいられぬのが榎本の性分であった。

アムール会社は一八七一年の創立にかかり、ウスリー川での運行を兼ねて、一六隻の汽船を所有すること、スレーチェンスクからハバロフカまでは二一五〇キロあって、一等船客の運賃が六〇ルーブリ五〇コペイカだったことも、書き漏らしていない。この集落に近いウスカラの砂金採取所には人夫八〇〇人、徒刑囚六〇〇人がはたらいていて、年間採取量が四〇〇キロであると細かく書いているのは、明らかに北海道での事業を意識し、採算性を重く見ていた結果である。とにかく、馬車に比べると船旅は段ちがいに快適で、日記の記事の分量が大幅に増えている。

西から流れてきたシルカ川がモンゴル高原に源をもつアルグン川と合流してアムールと名を変える。九月十五日に榎本は六時から起き出して、甲板に立っていた。船がアムール、すなわち黒龍江にはいったのは七時である。彼はこの日、「何となく家郷へ一歩近づきし心地せり」と率直に喜びを表すとともに、何年も前からこの川の名前を知っていたので、今船上にあって「宿志を遂ぐるを得たれば余が悦び知るべし」と書く。

それから六日後、九月二十一日にアムールの旅を終えたとき、彼は次のようにこの川の印象をまとめることになる。以下はその摘録である。「アムール川の澪《みお》の深さは最も浅いところでも一・七メートルあり、吃水が〇・七五メートル程度の船ならば、心配することはない。幅五、六メートルの船でも回転は容易である。両岸は薪に富み、水は清くて魚が多い。アジアでも指折りの一大良河であって、ヨーロッパのドナウ、北米のミシシッピと比較することができる。ロシアが数百年前から注目していて、ついに手に入れた理由も理解できる。シベリアの土地が肥沃で、鉱物に富んでおり、満州に通ずるスンガリのような支流をもっているから、なおさらである……」。

榎本はアレクセイ号の船上から科学者と経世家の目でアムールの両岸を観察し、その地勢を詳細に記録しているのである。

ブラゴヴェーシチェンスクの多忙な一日

海軍士官ネヴェリスコイがはじめてアムール川を遡上して探検したのは一八五〇年代の前半で、瑷琿条約でアムール川左岸がロシア領とみとめられるのが一八五八年のことだった。榎本一行の川下りはそれからちょうど二〇年後にあたっていた。当時アムール地方のロシア最大の町はブラゴヴェーシチェンスクだった。

九月十七日の深夜二時にアレクセイ号はこのブ港に到着した。

正確には、翌日の未明である。十八日に榎本が起床すると、警察署長、電信局長、それに警備司令官の副官などが威儀をただして彼を待ち受けていた。榎本公使の帰国に最大級の便宜をはかるよう、首都から命令が届いていたのである。

九時にオッフェンベルク司令官差回しの馬車で、司令部を表敬訪問した。大佐とはドイツ語で話が通じて、歓談した。ついで大佐と同じ馬車で中学校と女学校を視察し、その後は大佐の同行を謝絶して写真屋へまわって当地の風景写真を注文した（通過する町々で、榎本は写真を買い集めていた。むろん、趣味ではなくて情報収集である）。さらに市内を見物しながら、副官からこの地に駐屯する軍隊の兵員などを聞き出した。昼食は一時に司令官の邸宅へ招かれた。邸前に軍楽隊が整列していて奏楽し、正教会の主教も来臨した。ご馳走が出されて、その中には当地産のビールやアムールのちょうざめの卵であるキャビアも含まれていた。オッフェンベルク大佐は、次回はペテルブルグでお目にかかりたい、と三回も繰り返した。

三時に汽船に戻った。ブ市の対岸にアムール川沿いでは最初の清国側の村落があるので、三〇〇メートルの急流を急いで小舟で往復して視察した。

ブ港を四時に出航したアレクセイ号は五時にアムール右岸の瑷琿港に接岸した。あらかじめロシア側から清国の司令官に知らせておいたので、町中の人間が港に集まっていた。正式な出迎えの使者としては、白馬に乗った二名の騎兵士官が待っていた。ブ市とは反対に、こちら側はぬかるみの悪路だった。三〇〇メートルばかり馬で行くと、柵に着いた。中にはいったとたん、大砲が三発とどろいた。礼砲である。司令官は依克唐阿《イクタンガ》といい、「柔和なる顔にて友愛の眼色あり。けだし資性好良なる人物と見受けられ」た。榎本はここでは筆談を行った。その文章を日記に詳細に再録している。露土戦争の結果ロシア側が大勝利を収めたことを、榎本はこの清国貴族に伝えた。ここでも食事が出された。アペリチーフはワインで、料理の種類は二五皿であった。でも榎本の口に合ったのは、ナスの油炒めだけだった。帰りぎわに司令官夫人がしぶしぶ挨拶に現れた。

九時半に汽船に帰り着き、しばらくして清国の司令官が答礼としてアレクセイ号を訪れた。彼は駕籠《かご》のようなものに乗ってきた。榎本はシャンペンを出して饗応したが、相手は下戸だった。日本茶を出すと、これは喜んで飲んだ。司令官が城を出るときの号砲は二発だった。この差は軍人の位によるものだったらしい。

ハバロフカにて

アレクセイ号がアムール川の最終駅に着いたのは九月二十一日の夜八時である。この町の名は十七世紀の中葉にここを通過したロシア人探検家エロフェイ・ハバロフに負っている。今のようにハバロフスクとなるのは一八八〇年のことで、一八八四年にはアムール州の総督府がブラゴヴェーシチェンスクからこの地に移ってきた。一八八六年の夏に黒田清隆の一行がアムールを河口からさかのぼって来たときには、コルフ伯爵が総督知事としてここに赴任していた。昔話の言い方を借りれば、榎本が訪れた一八七八年の段階でハバロフカは「一年毎というより、一時間毎に」成長している最中だった。発展の第一の理由は、ウスリー川がここでアムールに流れ込み、やはり急成長中の沿海州との結節点の役目を果たしていたことが素人目にも明らかである。

ハバロフカで榎本を出迎えていたのは、警察署長とアムール汽船会社の修理工場の所長の任にある某海軍機関将校だった。この士官の名前は、与えられた写真の裏にサインがある、と日記に書かれているが、写真が伝わらないので不明である。

上陸後、彼は木製の階段を登って高い岸に達した。市内は起伏が多いけれども眺望がよい、またこの町は商業上の好位置をしめているから将来発展の可能性があろう、というのが榎本の第一印象だった。

榎本がハバロフカでまず訪れたのは商人ブリュスニンの家だった。彼の評判はアレクセイ号に乗っているときからさんざん聞かされていた。この商人は日本人たちの訪問を喜んで、すぐに酒と茶を出してもてなしてくれた。榎本の日記によると、プリュスニンはもともとザバイカルの出身で、ハバロフカ草創の二二年前に当地へやって来た。そのとき彼の懐には一〇〇ルーブリの資本しかなかった、という。

榎本がプリュスニン家を訪れた目的は、後者がつい最近スンガリ川を遡上して満州のバヤンスース府（巴彦街？）まで達し穀類を買い付けてきたという話を耳にしたからだった。榎本は彼が買い付けてきたという粟、小麦、ハダカ麦などの穀物を実際に手にとり、一プード当たりの価格を丹念に書き留めている。ここで茶は満州でまったく産しないと聞いた。そこで、榎本は日本の茶をアムール経由でロシア領に輸出できるだろうと考え、その見本をプリュスニンに送ることを約束した。榎本はあくまで実務肌の人間なのである。

アンドレイ・プリュスニンはハバロフスク史にはかならず登場する人物である。ブリヤートのヴェルフネウジンスク（現在のウランウデ）の生まれで、弟ワシーリイとともにハバロフカの商業の発展に尽力し、巨富を築いた。

榎本の目には、彼は六十歳ほどに見えた。彼の家でウスリー産の豹の毛皮を見せられた。ブリュスニンは榎本にその毛皮を贈ろうとしたが、榎本は二五ルーブリを支払って買い取った。肖像写真を求めると、彼は自分で名前をサインせず、アレクセイ号の船長に代筆させた。榎本は彼が無筆ではないか、と疑った。ブリュスニン夫妻は「色黒く髪暗黒にして鼻筋高から」ぬ容貌であったが、彼らの娘は「人をして心酔わせしむる程の」美少女だった。彼女はバラとその他の草花を花束に編み、花瓶にさして榎本に贈った。

プリュスニン家のあと、榎本の一行は前出の修理工場長の自宅をたずね、さらにラファイロフ氏という人物をおとずれた。彼はハバロフカ第一の花園と果樹園の持主だった。ここではリンゴやスモモを味わい、果物からつくった酒を賞味した。榎本の酒豪ぶりは行く先々にとどろいていた。榎本とラファイロフは日本とアムール地方の草本類と種を交換することを約束した。ラファイロフの娘も美しい花束を榎本に与えた。彼女もすこぶる美人であった、と日記に書かれている。

この日の午後二時には榎本らはハバロフカを出てウスリー川を航行しはじめたので、町の滞在はほとんど半日に過ぎなかったことになる。榎本の狭いキャビンは花の匂いに満ちあふれていたことであろう。

瀬沼夏葉のロシア語辞書

生まれたときの名前は山田郁子、正教会の洗礼を受けてさずかった名はエレナ。神田の正教会女子神学校を卒業し、結婚してから姓が瀬沼に変わった。日本文学史の中で彼女はチェーホフの初期の翻訳者の一人として記憶される。尾崎紅葉に入門して夏葉の号を与えられた。生前の代表作は『露国文豪チエホフ傑作集』(明治四十一年、獅子吼書房)であるが、二十一世紀になってから京央書林が『瀬沼夏葉全集』上下二巻を刊行した。その瀬沼夏葉の手沢本を私が手に入れたのは、まったくの偶然からだった。

それは全四巻からなる『教会スラヴ語・ロシア語辞典』という書名の辞書で、第一巻から第三巻までは一八六七年、第四巻は一八六八年に、いずれもサンクト・ペテルブルグで出版されたものである。編集は帝室科学アカデミー、大きさはB5判の規格に近い。私が買い求めたときには二冊に合本され、革の背表紙をつけて製本されていた。私がまだ学生だった一九五〇年代のことで、その時もうかなり古びて見えた。何よりも、手でふれるたびに、油気をなくした革の細かい粉が掌にくっつき、あたりに散らかるので閉口した。そこで厚手のクラフト紙で覆いをかけて使うことにした。

あとで調べてみると、もともとこの辞書は一八四七年に初版が刊行されたものだった。三十年後に刷り直されたところをみると、大方の評判は悪くなかったのだろう。書名に教会スラヴ語とロシア語の二つを並べてあるのは、ごく大ざっぱに言って、聖書や祈禱書などに使われる文語的な語彙と、日常的な口語の語彙の両方を収めていることを意味している。

大学院でロシア文化を専攻に選ぶようになって、この辞書はますます重宝して使っていたが、旧蔵者がだれであるかには長いこと気づかずにいた。ロシア語の教師をはじめて間もなく、どういうきっかけがあったか忘れたが、瀬沼夏葉のことについて論文めいたものを書いた。その文章を書きあげてから、辞書のあいだに牛乳代金の請求書が二つ折りにされて挟まれているのに気づいた。明治三十八年十一月三十日の日付があって、宛先は瀬沼様とある。そこで、二冊の辞書の扉をつくづく眺めると、どちらにも「瀬沼」という小さな楕円形の朱印が捺してあるではないか。ロシアで出たロシア語の辞書をもっていたほどの者で瀬沼といえば、そう多くいたはずがない。請求書に刷り込まれた牛乳屋は東京市下谷区二長町五二番地の「牛乳商店和田」である。下谷区も二長町も町名としてとしては整理統合されて現存しないが、今の蔵前橋通りの台東一丁目、二丁目あたりがかつての下谷二長町だったという。とすれば、瀬沼家のある神田駿河台の日本ハリストス正教会までは一・五キロほどの距離である。あっ、そうか、と私は思わず膝を打った。

夏葉について文章を書いたとき、怠け者の私は彼女の家族関係のことをくわしく調べなかった。ところが最近中村健之介・悦子夫妻の著書『ニコライ堂の女性たち』が発表されたおかげで、夏葉の私生活が手に取るようにわかるようになった。それによると、右の請求書（兼領収書）を受け取った明治三十八年の末現在、瀬沼家の家族構成（カッコ内数えの年齢）は、夏葉（本名郁子、32）とその夫恪三郎（39）、それに長女（8）、長男（6）、次女（4）、次男（1）の四人の子どもたちだった。当時の習慣として、この他に少なくとも子守が一人、おさんどんも一人は同居していたにちがいないから、およそ八人ほどの大所帯になる。その瀬沼家が十二月の一カ月間に配達された牛乳の合計が二斗八合五勺（一日平均約七合、一・三リットル）はいいとして、一定の量が毎日配達されたのではなく、稀ではあるが、時によって四合とか五合などという日もある。牛乳屋の飼っている雌牛の都合だったのだろうか。

辞書の話に戻ろう。この『教会スラヴ語・ロシア語辞典』を最初に購入したのは、恪三郎だったにちがいない。彼は明治元年、八王子の生まれ、東京正教神学校を卒業してから、明治二十三年（一八九〇）にロシアに派遣されてキーエフ神学大学で学んだ。帰国したのは明治二十九年の初めである。同年の四月には、ニコライ主教によって三十歳足らずで校長に任命された。これは私の推察にすぎないが、彼はロシア滞在中のいつか、ロシアのどこかの町（おそらくキーエフ）で買い求めたのではあるまいか。何しろこの辞書は、いわば『広辞苑』のように当時最も「標準的な」ロシア語辞典だったから。

右の『ニコライ堂の女性たち』によると、夏葉が瀬沼恪三郎と結婚するのは、明治三十一年の一月である。そして夏葉の『露國文豪チエホフ傑作集』が単行本として獅子吼書房から発行されるのは、それから十年後の明治四十一年である。むろん彼女がチェーホフの作品の翻訳を発表しはじめるのはそれより早く、明治三十六年である。

一体、夏葉はどのようにしてロシア語を勉強したのであろうか——それが、私の一番興味をかきたてられる点である。明治三十八年には、夏葉の机辺に『教会スラヴ語・ロシア語辞典』が備えられていた。夫の恪三郎ではなくて、夏葉の座右にあったのである。その何よりの証拠は、牛乳の請求書である。四人の子もちの主婦が忙しい家事の合間に受け取った請求書を、シオリ代わりに使ったにちがいない。

夏葉が学んだ女子神学校にはロシア語の授業がなかった。男子のための正教神学校は聖職者を養成するという目的があったから、ロシア語は必修だった。その上、優秀な学生はロシアへ留学させる慣例だった。神学校の女子部にはロシア語が授業科目にはいっていなかった。

夏葉自身が語っているところによると、彼女はツルゲーネフの『片恋』（出版は明治二十九年十一月）を読んで、ロシア文学を研究したいという気持ちを抑えきれなくなった。そこでじかにニコライ主教の部屋を訪ねて、その希望を述べた。文学研究に欠かせないロシア語を学習したいという意志も同時に表明したのだろう。すると主教は教会内の図書室の蔵書の中からロシア語の入門書をもってきて与えてくれた。彼女はその日から「ある親切な教師」についてロシア語を学びはじめた、というのである。この教師がだれか、わからない。私の想像では、帰朝したてで、やがて夫となる恪三郎だったのだろう。このとき、イロハのイからロシア語の勉強をはじめたのである。

『露国文豪チエホフ傑作集』につけられた口絵。訳者30歳代半ばで4人の子どもがいた。

語学の学習に不可欠なのは辞書である。そのころ、露和辞典としては文部省編集の『露和字彙』上下（初版明治二十年）が出回っていた（この辞書の底本は例のロシアで出た『教会スラヴ語・ロシア語辞典』だという説があるが、賛成しがたい）。文部省の出した辞書は二冊で五・二キロもある重たいもので、女の細腕では使いこなせなかっただろう。幸い、明治二十九年にもっと小型で手軽な、高須治輔編『露和袖珍字彙』が出版された。それはちょうど夏葉のロシア語事始めに間に合ったはずである。

恪三郎が神学校の校長ということもあって、瀬沼家は人の出入りのはげしい家庭だったようである。夏葉はロシア人と交際するのを億劫がる性質ではなかった。子宝に次々と恵まれたことは語学の勉強にずいぶん負担となったにちがいないが、他方、正教会という環境は否応なしに、ロシア人やロシア語と触れ合う機会を提供してくれたことだろう。明治という時代を考えれば、正教会という環境を切り離して、女性が自発的にロシア語を身につけることが可能だったとは考えられない。

ただ、正教徒だったからといって、だれもがロシア語をものにすることが容易だったわけではない。かりにロシア語をマスターしたとしても、だれもが翻訳者として業績を残すことができたわけではない。生まれついた天賦の才もあったろうが、大所帯を切り回しながら、ずいぶんと人知れぬ努力を重ねたはずである。

夏葉のあとにつづく女性ロシア文学者としては湯浅芳子、網野菊のような人たちが思い出されるが、彼女らが出現するまでには、あと一世代か二世代待たなければならなかった。

夏葉は明治四十二年にはウラジヴォストークへ旅行し、また明治四十四年にはサンクト・ペテルブルグへ出かけて半年あまり滞在する。この旅は、夏葉がロシア人の暮らしを知り、ロシア語の表現力を磨くうえで、貴重な教室となったことだろう。

言葉の読み書きというが、文章を書くという点では、夏葉の力はどうであったか。彼女の同時代人の中には二葉亭四迷のような傑物がいて見事なロシア語の手紙や文章を残しているが、管見のかぎりで、夏葉にはロシア語の文章がない。そのころでも和露辞書としては、やや古いけれどもゴシケーヴィチ編『和魯通言比考』(一八五七年刊)を使うことができたはずである。ニコライ堂の図書室にはゴシケーヴィチの辞書が何部も備えつけられていたといわれる。この辞書の編者はニコライ主教が日本へ赴任してきたときの駐日領事だった。

夫の恪三郎は神学大学出身だけあって、立派なロシア語を書いた。明治三十五年に作家のレフ・トルストイに宛てて書いた六通の手紙が四〇年ほど前にソビエトで刊行された。最初の手紙では『アンナ・カレーニナ』の翻訳をしたいとして許可を求め、あとの手紙では実際に翻訳にとりかかり、まもなく単行本として出す予定です、などと報じている。さらにトルストイが正教会から破門処分を受けたことは十分承知していて、彼の宗教論文の入手方法などを尋ねている。

有名な回心後のトルストイとしては、一旦その存在価値を否認し、著作権を放棄した昔の恋愛小説を日本語に訳されるのは、あまりうれしくなかったことだろう。他方、ニコライ主教は正教会を攻撃するトルストイを蛇蝎のごとく忌み嫌っていたから、神学校の校長の地位にある人物がその小説を訳すことを知ったら、決して快く思わなかったにちがいない。

もっと不可思議なのは、恪三郎が一切妻の名前を出さずにトルストイと文通を交わしていたことである。同人雑誌には夏葉女史の名前で翻訳が発表されていたのである。夫婦は一心同体と言っても、これにはどうも違和感を覚えざるを得ない。ただし、この手紙が書かれたのは、夏葉がチェーホフの短編の翻訳を商業雑誌に発表しはじめる一年前のことである。翻訳家としての彼女の未来は、海のものとも山のものともまだ予測がつかぬ時期だった。

ロシア語の文章をたくさん読み、翻訳家として修業を積み、さまざまな人生の試練を経たあとでは、彼女もロシア語を自在に書きこなせるところまで成長していたかもしれないのである。

享年四十一はあまりに短い一生だった。

瀬沼夏葉のシベリア鉄道の旅

鉄道の普及は十九世紀からはじまるが、この世紀の末になって、いよいよシベリアを横断する路線が着工のはこびになった。ロシアの側から眺めると、この鉄道は極東の自国領を開発するための大動脈で、同時にいざという時には軍隊・兵器の輸送にも大いに役立つはずのものだった。今からおよそ一〇〇年前、日露戦争のはじまる直前に完成したことが象徴的である。

他方、日本人にとってシベリア鉄道はヨーロッパへの近道という意味があった。

明治の末に、一人の日本女性がシベリアの東の玄関口であるウラジヴォストークから西の終点のサンクト・ペテルブルグまで、約一万キロを乗り通した。彼女の名前は瀬沼夏葉――今では知る人も少ないが、ロシアの作家チェーホフの作品の翻訳家として文学史にその名をとどめる人物である。私は彼女にシベリア鉄道の紀行文があることを知ってぜひ読んでみたいと思ったものの、古い雑誌に発表されたものなので、なかなか機会がなかった。つい先だって『瀬沼夏葉全集』上下二巻（瀬沼寿雄編、京央書林、二〇〇四―二〇〇五年刊）が刊行されて、ようやく願いが叶った。彼女の旅の跡をたどってみるのは、さまざまな意味で興味深いものだった。

夏葉が東京を出発するのは明治四十四年（一九一一）四月二十九日である。新橋駅がそのころの東海道線の始発駅だった。翌日福井県の敦賀に着き、ロシアの汽船でウラジヴォストークへと出港する。日本海を横切る航海は一昼夜半にあたる三六時間ほどで、五月二日に汽船は目的地の金角湾にはいった。ここで一泊し、三日の午前一〇時に汽車が動き出した。

ウラジヴォストークからペテルブルグまで通しで二等車のチケット代として、彼女は一一二円を支払った。寝台を備えつけた四人用のコンパートメントである。明治の末年、東京―大阪間の鉄道料金（三等）は四円たらずだった。距離と等級の割合で見れば、シベリア鉄道の乗車賃はそれほど高額なものではない。しかしこのころ国家公務員の初任給が五五円で、警察官のそれが一五円だったことを考えれば、汽車の切符代は決して安いものではない。大体、旅行は高くついたのである。

しかも、夏葉は独りではなかった。この年の正月に生まれたばかりで、三女にあたる乳飲み子をかかえていた。この嬰児に飲ませる牛乳は、駅々で買い求めたのだろうか（それとも、練乳の缶詰を持参したか）。ただ、牛乳を温めたり割ったりするための熱湯を手に入れるために、停車するたび広いホームを駆けまわる必要があった。

首都ペテルブルグ駅到着は五月十六日。シベリア鉄道を端から端まで乗りきるのに一三日もかかったのは、彼女が利用したのが各駅停車の普通列車で、直通ではなかったからである。ウラジヴォストークで乗車した列車はハルビン経由で満州里止まり、ここでイルクーツク行きに乗り換えた。それ以後もチェリャービンスク、ヴャトカと、合計四回も乗り換えを繰り返す。列車を変えるたびに、駅ではこういう情景が展開した。夏葉の言葉を聞こう。

「右より左より人々は寄集って自分を見つめた。背に子を負っている、日本の女、足を見なさい、靴がない、変な扮装《ふう》じゃないか。成程、負ったほうが両手が空いているから、ものをもつのに便利だろう、などと囁いて……紋切型に『ご遠方へ?』と口を切り出すのである」(一部、漢字とカナ遣いを変えた)。

彼女自身の表現を借りれば「普段着のネンネコ半天のナリのまま」、靴ではなくて草履か下駄をはいた姿で夏葉はペテルブルグのニコライ駅に降り立ったのである。幼子をかかえた長旅のあいだには、頭痛や腹痛に悩まされたこともあった。大きな手荷物が五個もあり、いくら赤帽の助けがあったとはいえ、乗り換えや税関検査ではずいぶん気骨が折れたにちがいない。このとき彼女は三十六歳だった。

夏葉は日本ハリストス正教会の信者で、夫の瀬沼恪三郎は正教会附属の神学校の校長をつとめていた。夏葉はすでに『露国文豪チエホフ傑作集』(明治四十一年刊)という本を出版していたほどだから、ロシア語にはまったく不自由はなかつた。

「東京より聖彼得堡(サンクト・ペテルブルグ)まで」というのが雑誌『劇と詩』の明治四十四年十二月号に発表されたときの紀行の題名であるが、これ以外にも、夏葉はロシアの首都での体験を雑誌『新潮』や読売新聞などに発表している。

年譜によれば、夏葉はこの年の秋に日本へ戻っているが、帰路も当然シベリア鉄道に乗車したものと思われる。彼女が戻りの旅の記録を残していないのが惜しまれる。

夏葉が東京へ戻ったころ、詩人与謝野鉄幹が横浜からパリへ向かった。こちらは船旅である。その翌年の五月、鉄幹の妻の晶子がパリにいる夫のもとへ出発した。晶子が利用したのはシベリア鉄道である。ただし、夏葉がローカル列車を乗り継いだのとは異なり、晶子はモスクワまでは乗り換えなしのプルマン寝台車会社の特別急行列車に乗りこんだ。ウラジヴォストークからパリまで一〇日ですんだのはそのためである。夏葉の旅がエコノミー・クラスだったとすれば、晶子の旅はビジネス・クラスということになる。もっとも、晶子は外国語ができなかったので、さながら聾唖者のような道行だったという。ちなみに晶子は夏葉より三歳の年少であるが、彼女もパリ滞在中、キモノで通した。晶子の帰路は船旅だった。

夏葉より一七年のちの昭和三年（一九二八）に、林芙美子がシベリア鉄道に乗った。彼女の書いた紀行によると、ハルビンからパリまでやはり一〇日の旅である。ロシアの国家体制は帝政からソビエトへと変化を遂げていたが、まだ二十歳代の彼女は三等車の旅をエンジョイしたようである。彼女はパリではときどき「塗下駄でポクポク」歩いたが（「下駄で歩いた巴里」というエッセイがある）、それでも写真を見れば、洋装で写っている。大正年間に、日本のインテリ女性が身を包む衣服に革命が起こったらしい。なお、芙美子の場合も、帰途は船旅をえらんだ。

芙美子がパリへの旅に出た昭和三年に、画家の三宅克巳が『世界めぐり』という旅行案内書を刊行した。この本の中で東京─ロンドンの設定で洋行のいろいろなルートの比較が示されている。

＊　インド洋経由（西まわり）　日程約五〇日　費用二千円
＊　米国経由（東まわり）　日程約三〇日　費用二千円
＊　シベリア経由（北まわり）　日程約二二日　費用八百円

旅慣れた著者の見るところ、「シベリアは世界の近道であるとともに裏道である」というのが結論である。西ヨーロッパへのファースト・クラス旅行は、客船の一等キャビンで行くことだった。

とはいうものの、はじめのテーマに立ち返って言えば、夏葉の目的は世に言う洋行ではなく、ロシアの都のペテルブルグが最終目的地だったから、シベリア鉄道以外に選択の余地はなかった。嬰児を背負いさまざまな不便や周囲の好奇の眼《まなこ》に耐えながらロシア帝国の国土を横断し、しかも昂然と「旅らしき旅の趣味は味わい得た」と言い切る夏葉の気迫には脱帽するばかりである。

Ⅴ　日露交流

目黒髪黒の唄

佐井の舟乗りたち

江戸時代の文人で大旅行家でもあった菅江真澄が諸国民謡集ともいうべき『ひなの一ふし』を編んだのは文化六年（一八〇九）のことだった。その末尾に付録のような形で、「魯斉亜風俗距戯唄」（これにはルビがふってあり、ロシイヤブリヲドリウタと読む）として次のような唄が載せられている。

よめをとろならにほんのやうに、めぐろかみぐろとるかよい　サアハラ〳〵
サアハラ砂糖をいふとなん

細かいことを言えば、菅江真澄全集第九巻の印刷では「めぐろ」のわきに小さい漢字で黒睛、「かみぐろ」のわきに黒髪と書かれている。

この唄には注釈があって、その意味がすこぶる難解なのだけれど、大体の趣旨はこう理解できそうである。［ ］内は筆者による注釈と補足である。「むかし、テメテレラヤコウフエキというロシア人が福山［蝦夷の松前」に来たことがある。その話によると、［シベリアのイルクーツクに日本人の血をひく者たちが住んでいて、彼らは］父の故郷の佐井では盆踊といって美しい娘たちが夏の夜ごとに唄いながら踊る風習があることを伝え聞いて、［彼の地で］こういう唄をつくって今でもうたっているらしい」。

菅江真澄の後年の随筆集『筆のまにまに』では唄の由来譚はまったく異なっているが、歌詞の表記は漢字まじりでわかりやすくなっている。

嫁をとろなら日本のやうに目黒髪黒媒《とる》か能《よ》い

ちなみに、こちらでも「サハラ」という囃しことばがつけられている。

『ひなの一ふし』の後書にあらわれるテメテレラヤコウフエキという人名はたやすく突き止められた。ドミートリー・ヤコヴレヴィチが名前と父称で、姓はシャバリンというイルクーツクの商人である。彼は安永七年と八年（一七七八と一七七九）に交易開始を求めて蝦夷へ来て、松前藩士と交渉したことがあった。二回目には厚岸で日露双方の代表団が会見した。厚岸に先着したロシア側が遅れて到着した松前藩の一行を出迎えている様子を描いたのもシャバリンである。この絵は現在、ドイツのゲッチンゲン大学図書館がもっている。

佐井の漂流民というのは、延享元年（一七四四）に遭難した下北半島佐井の竹内徳兵衛の持船多賀丸の乗組員たちである。多賀丸はクリール列島に漂着し、生き残った九人がヤクーツクに送られ、その後いろいろ紆余曲折があって、一七五〇年代からはイルクーツクにおかれた日本語学校で日本語を教えていた。当時、日本はいわゆる鎖国のさ中だったのに反し、ロシアはシベリア全土をとっくに支配下におき、将来の必要にそなえて日本語の専門家を養成しようとしていたのである。

佐井の舟乗りたちが教授した日本語の片鱗がわかっている。三之助という水夫の息子で、日本名をサンパチ、ロシア名をアンドレイ・タターリノフと称した人物の作ったロシア語＝日本語の語彙集が写本の形で残っていて、一例を挙げると、「仏」（ロシア語ボーフ）は「フォドゲ」と発音していた。当然のことながら、佐井人たちは自分たち南部のお国言葉を教えていたわけである。

ドイツ人の博物学者ヨハン・ゲオルギがこの日本人たちとイルクーツクで交際したことがあり、こんな観察を書き残している。「彼らはときおりの祭日に飲んでさわぐことをのぞけば、いつも平和で、おとなしく正直な暮らしを送っており、職務に熱心である」。

夏の祭日と言えば盆であり、佐井の漂流民やその子どもたちはその時期になると盆踊に興じたのかもしれない。

伊勢の舟乗り

一七八九年の二月に伊勢の国の漂流民六人がイルクーツクへやって来た。六年前にアレウト諸島に流れ着いた神昌丸の乗組員の生き残りである。そのころにはもう佐井の漂流民はだれひとり生存していなかったが、幾組かの遺族は日本人が来たと知って訪ねてきた。

佐井人の遺児のうち、右のアンドレイ・タターリノフは大酒がもとで亡くなっていたが、父親を久助あるいは久兵衛といったイワン・トラペーズニコフは幾分日本語を覚えていた。そこで、三年後に神昌丸の船頭光太夫と小市、磯吉の三人が日本へ戻るとき、このトラペーズニコフは測量士の資格でアダム・ラクスマンの一行に加わることになる。官位は軍曹である。通訳としては日本語学校で学んだエゴール・トゥゴルーコフという、やはり軍曹格の専門家が選ばれた。ついでに付言すれば、ラクスマン使節団には水先案内人の資格で例のシャバリンも含まれていた。シャバリンはアイヌ語が少々できる点も買われたようである。

厚岸での日露間の接触は松前藩が幕府に報告せず、秘密にしていた。それでも情報は次第に世間にもれて、シャバリンの名前や佐井人の子孫のことが『赤蝦夷風説考』『蝦夷拾遺』『蝦夷草紙』などで言及されるようになるが、日本中にひろく知れ渡ったわけではない。いずれにしても、光太夫らがイルクーツクで佐井の漂流民の子孫に出会ったときにはずいぶんおどろいたにちがいない。

右のイワン・トラペーズニコフの母や妹が新来の日本人たちを自宅に招いて、「山海の珍味、酒肉をすすめ、久兵衛生涯の物語りなど細々《こまごま》とし、日本の事も尋ね問ひ、夫の……寿命の短きことぞ無念なれとて、或ひは歎《なげ》き或ひは悦ぶ」(「魯西亜国漂船聞書」より)、その人情の厚いことに光太夫らは感涙を催したものだった。

民謡

さて、よく知られているように、帰国した光太夫の談話の中に次のような唄があった。

アハ　スクシノ　メニヤ　ナツゾイ　ストロネ　フセネミロ　フセッポステロ　ドルガメロワネト
ドルガメロワネト　ナギレテラテ　ヤナシウエタ　チトッピワロ　ウテシャーロ　ヲトム　プラッチノ

これは『北槎聞略』巻の九に載っていて、いわゆるソフィアの唄として知られるものである。ソフィアは女帝エカテリーナ二世のもとで夏の離宮の御苑長をしていたブーシュという人物の妹で、彼女が光太夫の身の上を憐んでつくったのがこの唄である、と光太夫が語ったからである。彼の説明では、唄の意味はこうである。

ああ　たいくつや　我　他《ひと》の　国　皆々たのむ　みなみなすてまいぞ　なさけないぞやおまえがた
なさけないぞやおまえがた　見むきもせいで　あちらむく　うらめしや　つらめしや　いまは　なく
ばかり

二〇〇三年になって、山下恒夫氏の編集で全四巻からなる『大黒屋光太夫史料集』が出版された。そこにはすでに岩波文庫にはいっている『北槎聞略』は省かれたものの、光太夫と磯吉に関する重要な史料が網羅されている（ラクスマンの使節団はもうひとり小市も送り届けてきたのだが、彼は壊血病のため根室で冬を越せずに亡くなってしまった）。右に挙げた「魯西亜国漂船聞書」からの引用もはじめて『大黒屋光太夫史料集』で公刊されたのである。

そしてわれわれにとってきわめて興味深いことには、光太夫らはロシアからもう一つの唄をもたらしたことが判明したのである。

まず、ロシア船の来航直後に、根室で光太夫らから耳にした話を雑然とおさめている『異船航来漂民帰朝紀事』（作者は豪商の飛騨屋益郷）にはこうある。

［ロシアでは］日本人の種を賞美いたし候由。彼の国の人物は眼中ウルミ、髪赤く候に付き、日本人を賞美致し候。彼の国の時行諷《はやりうた》、日本辞《ことば》に直し左の通りの由。
ヨメニトレ〳〵　日本種ヲ　目白〔ママ〕髪黒娵《よめ》ニトレ
右の通り、諷《うた》ひ候由承り候（『史料集』第二巻九二頁）。

「目白」というのは「目黒」の書きまちがいだろう。
『松前藩医米田元丹物語の趣き』という著述は大田南畝編『沿海異聞』の中に収められているものであるが、右と同じ唄がもっとくわしく紹介されている。やはり根室での越冬中か、遅くとも松前で聞いたものであろう。

遊女歌に小歌あり。様々《さまざま》あり通じがたし。中に、
目の玉悪〔ママ〕く、髪の毛黒い人の妻になりたや。
目の黒い子をいだきたや。
といふ歌あり。右のごとくうたふにや。又ヤツハン語に訳して聞せたるにや。其の処を尋ねず。都《すべ》て此の土地の人、髪赤く、目の内うるみて白目と黒目との分チがたきよし。されば、髪の少しも黒く、目の黒白分明なるを以て美男子とす。但しヤツハン人の種、髪も目の内も黒しとぞ（第二巻一五八頁）。

『工藤万幸聞書』と名づけられた著作も右の唄と解説を含んでいるが、内容が酷似しているのであらためて挙げないでおく。

これらではいずれも唄のロシア語の形を示さず、日本語の意味を伝えているにすぎないが、一八〇五年に書き取られたという『幸太夫談話』(作者不明。光太夫はときに幸太夫とも書かれた)ではロシア語が主体になっている。

凡そ、人に対して歌はんことを請ふには、ノーイ、ポイ[ヌー・ポイ、歌ってくれ—編者注]と云ふ。旧《ふる》きをシタラヰと云ふ。ポンナと云ふは禁止の詞《ことば》也。止《やめ》よと云ふ事也。何事も新奇を好む事也。只《ただ》、[以下、ルビは( )で示す]。

チヨルノヰ(黒也) カザ(目) チヨルノイ ブルビ(眉) チヨルノヰ オロソ(髪) ウエン(妻) チヤヰナ(欲) 〱 オーウエンチヨヰナ

此の一篇のみ、人々のよく歌ふうた也。アダムがネモロへ来りし時、和人が歌を聞きたきよしを申す。うたひ候へと光太夫がすすめし時も、アダム、此の歌をうたひしとぞ(第三巻二六九〜二七〇頁)。

これにすぐつづいて言及されるのは、明らかに別の唄である。

又、いづれが貴種の人の女子、光太夫が日本より万里の外に漂流し、風波の難に逢ひ、孤島無人の境をわたり、千辛万苦一三年を経たるといふ事を長篇に作りて、光太夫に教へ歌はしむ。人、是れを聞かば覚へず涙を落つ。後には都下に伝へて、人々是れを歌ふ。光太夫が是れを歌はんとすれば、座客皆、ポンナといひてとどめし。ポンナはやめよ也。禁止の詞也（第三巻二七〇頁）。

後段で述べられているのは、明らかにソフィアの唄である。光太夫は歌詞に節をつけて歌ったのである。ソフィアの唄については別に書いたことがあるので（拙著『おろしや盆踊唄考』）、ここではこれ以上ふれないでおこう。

それからさらに一〇年後の文化十二年（一八一五）になっても、光太夫はロシア語の唄を忘れていなかった。加藤曳尾庵の『我衣』に次のような記事が見られるのである。

加藤曳尾庵『我衣』に収められている大黒屋光太夫の肖像（64 歳のころ）

日本人を見て、唱歌を作りてうたふ。

チヨルノイ（黒き事）　カーザ（眼の事）　チヨルノイ（黒き事）　ホロヒ（眉の事）　チヨルノイ　ヲロソ（髪の事）ウエンチアイナ〱〱　ヲ、ウエンチアイナ〱

是れは、ヲロシヤの人物、残らず赤毛なるゆへ、黒き眼、くろき眉毛、くろき髪ほしく物じやく〳〵、大きにほしく物じやといふ唱歌也（第三巻三一〇頁）。

『我衣』には珍しい体験をした光太夫の肖像もある。ロシアから帰国して二四年目、彼は六十五歳になっていた。

歌詞の比較

微妙な点で、語句の出入りがあるけれども、私は右で挙げた「目黒髪黒」の唄は同一のものであるように思われる。

念のために、今まで挙げたこの唄のテクストを記号で表すことにしよう。

菅江真澄『ひなの一ふし』＝『筆のまにまに』―A
飛騨屋益郷『異船航来漂民帰朝紀事』―B
『松前藩医米田元丹物語の趣き』―C
『幸太夫談話』（作者不詳）―D
加藤曳尾庵『我衣』―E

この順序は、私がここで紹介した順序であって、時代順ではない。編纂の順、あるいは現存の写本の最終稿ができた順序で並べれば、B、C、D、A、Eということになる。

共通しているのは、どの編者も自分の耳でロシア人の歌っているのを直接聞いて書きしるしたのではない、ということである。Aは不明の経路による伝聞、B～Eの情報源は光太夫であり、しかもDとEは日本語のテクストを含まない。

A、B、Cの日本語テクストの特徴は、すでに日本語としてととのった形式をなしていることである。すなわち、音拍の数で見ると、Aは7＋7＋7＋5、Bは7＋7＋7＋5、そしてCは7＋7＋10＋7＋5である。

単に音拍の数が7あるいは5のような日本の伝統的な形式を踏んでいるだけではなく、日本語の詩歌のことばとして熟している。そのまま歌うことも可能であるように感じられる。

それぞれのテクストの特徴を見ておこう。

Aは菅江真澄の後書では、シャバリン経由で日本に伝来したかのように説かれている。しかし、光太夫らの根室到着のころまで彼が蝦夷松前に滞在したらしいこと、『ひなの一ふし』の歌謡集の成るのが光太夫らの帰国してから十数年も後であることなどを考えれば、彼がなぜ光太夫の名前に言及しないのか、大いに疑問である。シャバリンは日本語ができなかったし、ロシアからの光太夫らの帰還は、厚岸での日露交渉と異なって、日本中で周知の事実だったからである。Dにつけられた説明によると、使節のアダム・ラクスマン自身もこの唄を歌ったという。佐井人やその子孫だけの唄ではなかったことは、Cに関してこれが遊女の唄だったと解説されていることからも明らかである。

百歩ゆずって、真澄が光太夫の帰国以前に、厚岸での日露交渉のさいにロシア側からもたらされた「目黒髪黒」の唄の話を聞いてそれを書きとめたとしても、その後光太夫を通じて知られるようになった同じ唄に気づかずにいた、などとは想像できない。

テクストとしては、サーハラ（ロシア語で砂糖の意）という囃しことばを含んでいるのはこれだけである。

Bは多分、光太夫の翻訳になるものか。第二句の「日本種を」という表現が不自然である。男の立場から見ての唄である。

Cはそれとは逆に、女の立場から歌っていて、「妻になりたや」「子をいだきたや」と述べる。おそらくは、Bが第一節なら、Cが第二節というように、掛け合い風に歌われたものか。

ロシア語のテクストDとEでは、眼と髪のほかに眉毛が言及される。また「結婚式をあげる」という動詞があらわれている。これはおそらく、ロシア語の歌詞に含まれていた語であろう。

光太夫のもたらしたのがいかなるロシアの唄であるか突き止めることは今後の宿題としたい。

長崎のロシア村——稲佐盛衰記

発端

日露戦争のころまで日本の中に「ロシア村」があった。場所は長崎の町の対岸といってもよいが、もっとわかりやすく言えば、長崎港の一番奥まったところ、そこに北から流れ込む浦上川の河口の西側である。かつてこのあたりは稲佐村と呼ばれた。現在は長崎市の中に含まれている。浦上川をへだててＪＲ長崎駅と直接向かい合う位置である。

稲佐村の庄屋の長男が志賀浦太郎（のちに親朋《ちかとも》）といい、幕末から明治初年にかけてロシア語通訳として活躍した。それも偶然ではなかった。ロシアの使節プチャーチンが来航して日本とのあいだに和親条約を結んだのが安政元年の末、陽暦では一八五五年の二月である。その年から三年後にロシアの軍艦アスコリド号が修理のため長崎に入港し、士官たちが稲佐の悟真寺に宿泊した。浦太郎は士官の一人ムハーノフからロシア語を学んだとされる。やがて箱館にロシアの領事館が開設されたとき、浦太郎は通訳として領事のゴシケーヴィチに雇われた。その雇用契約が切れると、今度は箱館奉行所に採用される。幕臣の端くれに加わったのである。もともと長崎はロシアと関係の深い土地柄だった。

浦太郎が蝦夷の地にいる間に、長崎にはロシア軍艦の来航が多くなった。一八六〇年にロシアが、北京条約を結んでウスリー川以東の沿海州を獲得し、やがて金角湾に軍港を築きはじめたのである。のちのウラジヴォストークである。長崎郊外の稲佐ではこの一八六〇年(万延元年)のうちに、ロシア側の要請にもとづいて軍艦の水兵たちのためにいわゆるマタラス(マドロス)休息所がつくられた(渡辺淳一氏に「長崎遊女館」という作品がある)。幕府が崩壊して明治政府となり、その八年目の一八七五年ころからロシア軍艦の寄港がさらに頻繁になった。この年に千島樺太交換条約が締結され日露関係が一応安定期を迎えたことも、これと関係があるかもしれない。具体的な艦船の数や上陸した将兵の人数などの統計はまだ不明であるが、たとえば、プチャーチン提督がやってきたフリゲート艦パルラダ号は四八六人を乗せていて、その内訳は士官二二名、下士官三二名、軍楽隊員二六名、水兵三六五名、その他となっていた。もっと小規模の軍艦でも、一隻に一〇〇人程度の乗組員を数えることは珍しくなかったらしい。

ロシア人の見た稲佐

私が管見したかぎりでは、モスクワで発行されていた週刊雑誌『世界めぐり』の一八八五年(明治十八)七月十四日号に「日本のロシア村」と題された記事が掲載された。執筆者はK・ペトロフという人物である。それによると、長崎がロシア艦船の越冬地として選ばれたのには二つの理由があった。まず第一は、ここにはドックがあって、船体の修理が可能だったこと、第二にはロシア式の蒸風呂(バーニャ)がもうけられていて、乗員の保養という条件が満たされることだった。いささか古い言い回しでは、将士とも大いに〈浩然の気〉をやしなうことができたのである。ここにはロシア人用の桟橋があり、村人も多少はロシア語を解してくれた。

ペトロフの描くところでは、ロシアの軍艦が港にはいると、まず稲佐村の長老であるシガさんがまっさきに出迎える。彼は洋服を着用し、ステッキをつき、金縁のメガネをかけていて、申し分のない紳士である。噂では、シガ氏は青年時代をロシアで過ごし、鉱山学を修めたという［これは誇張である――中村］。ヨーロッパをまわったことがあり、パリやロンドンも見ていた［浦太郎はロシア語通訳として幕府の遣欧使節に随行したし、榎本公使の千島樺太交換条約締結のさいにも現場に居合わせたから、ヨーロッパをよく知っていたのは不思議ではない］。日本に帰国して侍従となったが今は稲佐に隠退しているのである。［侍従の地位はともかく、宮中でロシア語通訳の役目を果たした経歴はあった］。ロシア語名はアレクサンドル・アレクセーヴィチという［事実、彼はロシア滞在中に正教会の洗礼を受けていた由。名付親はアレクセイ親王だったという。一八八五年の時点で浦太郎の年齢は四十三歳である。大正五年に天寿をまっとうする］。

私は来日ロシア人研究会という変わった名前のグループに属していて、二〇〇四年に長崎日ロ協会と共同でシンポジウムを行った。そのときの長崎合宿では、郷土の歴史に詳しい松竹秀雄さん（長崎日ロ協会会長）の案内で、ロシア人の墓の多い国際墓地を見学したほか、旧志賀邸の跡を訪ねることができた。ロシア側に貸し付けられた同家の庭先の一隅には、たしかにバーニャの施設があった

長崎ロシア村の宣伝にもっと力があったのは、一八九五年にペテルブルグで出版されたドミートリイ・シュレイデルの『日本と日本人』だったらしい。この本からの引用が目立つのである。同書の稲佐関係の記事の一部を以下に引用しよう。著者は一八九三年（明治二十六）二度目に日本をおとずれたさいの見聞を書いているのである。上記同様、［　］の中は私の注釈である。

「荷物をすっかりベルヴュー・ホテルに置いたまま、私はすぐに稲佐へ向かった。ここへ着くためには、一マイルほどの幅がある長崎湾を対岸までサンパン舟で横切る必要があった。

稲佐は外見上、私が長崎市内で見た他の街区と何一つ変わったことがないようだった。家々は同じように一階建てか二階建て、家のつくり方もそっくりで、そこに住む人々の顔つきの印象も変わらなかった。しかし、否応なく目に入ってくる特徴がいくつかあった。あるものは即座に、あるものは注意ぶかくこの村を観察しているうちに気づくことであった。とにかく、ここは正真正銘の日本の村というより、半分ロシアで半分日本の村なのである。

まず第一に驚かされるのはここの看板である。さまざまに彩色された漢字の看板のわきに、「クロンシタット」「ペテルブルグ近くの軍港」、「プレヴナ」「ブルガリアの町で、露土戦争の有名な激戦地」などという看板がある。さらに背が低くてひ弱そうな黒髪の日本人と並んで、大柄でがっしりした体格のロシア人の水兵の姿が見える。その水兵のある者はロシア風の衣服を身につけているが、キモノを着ている者もいる。早口の日本語の合間に、声高なロシア語や磊落な笑い声がひびいてくる。何より奇妙なのは、ここの通りを走りまわっているおびただしい子供たちである。その連中はほとんどが日本系とコーカソイド（白人系）のまざりあったような容貌をしていて、英語ともロシア語とも日本語ともつかぬ言葉でわめき交わしている。その言葉の意味をつかめるのは、よほどの言語学者にちがいない……」。

日露親善の何よりの証明として、混血の子どもたちがたくさん生まれていたことがわかる。ここには、著者が言及した遊女屋以外にも、志賀家の所有する将校用ホテル「ネヴァ」、諸岡家の経営する料亭「ヴォルガ」、さらには諸岡マツの庇護を受けて道永お栄がやはり稲佐に建てたホテル「ヴェスナ」などがあった。

悟真寺や外人墓地の北にあたる一角が花街と化していたのである。大きな軍艦が一隻はいっただけでも、遊廓全体が非常な盛況を呈したにちがいない（このことに関しては、松竹秀雄氏『長崎の対岸　稲佐風土記』長崎文献社、一九八五年刊、白浜祥子氏『ニコライの首飾り　長崎の女傑おエイ物語』彩流社、二〇〇二年刊、などが参考になる）。

シュレイデルはこれにつづけて、ロシア人を父にもち日本女性を母親とする子どもたちがすこしも差別をうけていないことを強調し、人情とあわせて稲佐の自然を賛美する。「稲佐は自然を愛するロシア人には最適の場所だった。それは長崎湾に面して常緑樹におおわれた高い山々の麓に位置している。その周辺には昔ながらの杉の森や竹の林、いくつかの谷川や峡谷があり、そこには銀色のリボンのようにかがやく大小の渓流が流れている。下には、鏡のような長崎湾の投錨地の水面が広がっていて、大きさも船形もさまざまな舟が機を織るように行き交っている」。

この美しい自然は今では想像すべくもない。時代の流れと言うしかない。

さらにシュレイデルは言葉をつづけて、ロシアの海の男たちと日本女性が結婚にいたるまでの儀式や結婚後の生活の実態にまで説き及んでいる。

明治二十四年（一九九一）にロシアのニコライ皇太子が軍艦「アゾフ記念」号に座乗して長崎港に来航したとき、ひそかに稲佐を訪ねて歓を尽くしたことはよく知られたエピソードである。そのころ、すでに所帯をかまえて稲佐に腰を落ち着けたロシア人も相当な数にのぼっていたらしい。

日本側資料

「ロシア人旅行家の目にうつった稲佐」とでも言うべき私の紹介に対して、いくつかの質問が呈された。その中に、こういう問いかけがあった。ロシア海軍の長崎寄航について日露間に特別の条約が結ばれていたのではないか、というのである。私にはこの疑問に答える用意がなかったが、この件は松竹さんがすでに関心を寄せて調査されていた。以下は、当日の松竹さんの説明と、後日同氏から頂戴した資料にもとづく受け売りである。

要するに、ロシア海軍が長崎を一種の冬営地として利用することは幕府時代から黙認されていたことで、明治政府の時代になっても政府間の格別の取り決めはなかった。しかし、それは日本当局が長崎における事態に無関心だったことを意味しなかった。たとえば、ロシア側が志賀邸の庭先にバーニャを設営するにさいしては、稲佐郷の志賀親憲（浦太郎の父親）、長崎県令宮川房之、外務卿寺島宗則らの間で文書のやりとりがあった。「魯国海軍用借地ノ義ニ付申上書」などと題された一件書類がそれで、長崎県立図書館に所蔵されている。明治七年後半のことである。志賀家から借り受けたその土地への出入りのために木製の桟橋をつけるよう大工に依頼したところ、当局の承認がなければ建設できないと大工が主張するので許可してもらいたい、という文書が一八七六年付で長崎駐在ロシア領事のA・オロロフスキーから県令の宮川房之宛に出されている。長崎の領事館は一八七三年から開設されていた。大体、水兵は屈強な若者で、それが酒を飲み精力を発散させるために上陸するのだから、大小さまざまな事件が起きたことであろう。明治九年四月十四日付の「露西亜軍艦乗組士官寄宿ノ義ニ付申諜」では、士官が一時休憩のためと称して指定された居留地外に雑居することは「不取締」だから、幕末以来「因循経過」したこの慣行を条約改正のさいにもちだして禁止すべきである、というような意見が長崎県参事から上申されている。

長崎県立図書館に所蔵されている文書の中に、県庁外事課事務簿の「内外人契約ノ部」というものがある。それによると、明治二十年の前半だけで、三四人の士官が稲佐で一時滞在のための部屋を借りた。貸主、借り手の士官の氏名、所属軍艦名、貸借期間（少なくて二週間、最高は五カ月）、貸借料（一月五ドルないし一五ドル）、貸借条件（ほとんどが「召使下女雇人」である）を県庁に届け出るのが義務だったことがうかがえる。蝶々夫人が大勢いたのだ。

最近までこの件はあまり注目されてこなかったが、昨今若い研究者があらわれてきたのは心づよい。

日本にロシア村があるというシュレイデルの友好的な記事は大いにロシア人の関心を呼んだらしく、のちに一九〇四年春と一九〇五年春の発行の雑誌にそのまま引用して紹介された。それが日露戦争の最中である。これは編集者が時局に対して鈍感であったためか、日本にたいする認識の薄さのためだったか、判断がむずかしい。戦う相手をみくびっていたことはたしかだろう。

いずれにしても、日露戦争を境に稲佐の繁栄はにわかに終焉したようである。

カチューシャの唄をめぐって

長野県清野村

私の叔父は先年百歳の天寿を全うした。母方五人きょうだいの中で最高の長寿だった。その叔父の一周忌のときに、私は従姉妹にあたる叔父の娘たちから、こんな話を聞いた。若いころ叔父は女優の松井須磨子と文通をしており、何通か手紙をもらったことがある。しかし文通の件は周囲には内緒にしていた、というのである。

私は思わず「えっ」と驚きの声をあげたが、年代からみればこれは不可能なことではない。須磨子が没したのは大正八年（一九一九）であり、そのとき叔父は十七歳をむかえていたからである。充分にファンレターを書ける年齢に達していた。

それればかりではない。叔父が生まれた長野県清野村は須磨子、本名小林正子の故郷でもあった。叔父や私の母の生まれ育った家は早く没落して今は清野村にないが、そこから一キロほどへだたった須磨子の生家は建て直されて彼女にゆかりのある人たちが住み、現在この地区の観光の目玉といった観すら呈している。須磨子の故郷はそろって海軍の将官にまで昇進した富岡兄弟の出身地でもあるが、彼らの名前を記憶している者は今やほとんどいない。須磨子の名前は燦然と輝いている。二人の提督は須磨子よりかなり年長で、実は彼女と縁つづきでもあったらしい。けれども兄弟は生前、血縁関係にあることを迷惑と感じこそすれ、誇りにはしなかったようである。

須磨子はロシアの作家トルストイの書いた長編小説『復活』にもとづく芝居で、一躍その名前を全国的に知られるようになった。この芝居の中で、須磨子はカチューシャという女主人公の役を演じたのである。同時に、芝居の脚本を書き演出をした島村抱月との恋愛関係や、それに起因する幹部メンバーの芸術座からの脱退さわぎも、スキャンダルとして日本中の新聞に書き立てられた。

芸術座によって『復活』が初演されたのは大正三年の三月であるが、この上演は前代未聞ともいうべき成功を収めた。はじめは東京の帝国劇場で演じられ、四月には大阪の浪花座の舞台にかけられ、ついで京都の南座で大当たりをとり、神戸にまわった。

この年の五月には早くも地方巡業がはじまった。二十六日付の読売新聞に「故郷に錦を飾る松井須磨子」という見出しで次のような記事が出ている（引用では漢字と仮名づかいを現代風に改めている）。

「現日本における女優の花形である松井須磨子氏は長野県埴科郡松代の生まれであるが、きたる二十九日より長野市三幸座において芸術座一団とともに興行することになり、須磨子氏は二十五日朝先発して松代におもむいた。

一行は二十七日同市に繰りこみ二十八日試演会を開き、関係者を招待する由であるが、須磨子氏出生の地だけに、故郷に錦を飾る同氏の得意思うべし」。

この記事で須磨子の故郷が松代とあるのはいささか正確さを欠いている。実際には清野村である。ただ清野は松代町に隣接する小村にすぎず、須磨子の実家の小林家は四十数年前まで松代に城をかまえる真田家につかえた武士だったことを考えれば、記者はひどくまちがったことを書いているわけではない。

またこの記事は長野市でだけ公演が行われたように述べているが、芸術座興行総目録一覧表によれば長野県内での巡業地の中に松代の名前が含まれている。十万石の城下町として松代にも芝居小屋はあったにちがいないから、五幕の『復活』はともかく、すでに芸術座のレパートリーに入っていたチェーホフの一幕もの

28歳の松井須磨子。『復活』が当たり女優として第一人者の名声を確立していた。

『熊』なら容易に上演できたにちがいない。この件は今後の調査の宿題である。

いずれにしても、大正三年に須磨子が帰省したとき、彼女自身は二十八歳、私の叔父は十二歳、母は十五歳だった。須磨子は二人挽きの人力車に乗ってきたと語り伝えられているので、五人きょうだいはそろって生家までの沿道へ見物に出かけたのだろう。清野村だけではなくて、「県をあげてのさわぎだった」と戸板康二『松井須磨子　女優の愛と死』には書かれている。

それから須磨子が没する大正八年までは五年足らずである。その間に彼女はさまざまな芝居に出演して、名声は高まるばかりだった。『復活』の中で歌われた「カチューシャの唄」をはじめ、須磨子が劇の中で口ずさむ「ゴンドラの唄」「さすらいの唄」などは日本中で爆発的に流行した。林芙美子は私の叔父より二歳

年少であるが、彼女が十二、三歳のころ北九州直方の炭鉱の町でも「カチューシャの唄」が大はやりだった、と『放浪記』に書いている。

その人気絶大の女優に若い叔父がファン・レターを送ったことは大いにありそうなことである。同郷の青年からの手紙ということで、多忙な須磨子も短い返事をくれたかもしれない。しかしそのことを周囲から秘密にしておく必要があったことは、清野村における須磨子の評判が必ずしも芳しいものではなかったことを示している。

叔父はまもなく清野村を出て、上諏訪町で青果業をおこした。それでも商売のかたわらバイオリンをひいていた。ひょっとして須磨子の成功に刺激を受けてひそかに芸能の道にすすむことを夢見たのではあるまいか、というのが私の空想である。

芸術座のレパートリー

早稲田大学教授坪内逍遙の提唱のもとに文芸協会が創立されたのは明治三十九年のことである。その協会の目的は「我が文学、芸術、演芸の改善進歩およびその普及をはかり、もって社会の風尚を高めるとともに、国勢の勃興に応ずべき文運を振作する」ことにあった。芸術全体の近代化が官立ではなく私立の教育機関によって意図されたのだった。

明治四十二年に協会内部に演劇研究所が新設され、研究生が公募された。家元制度や世襲制にもとづく歌舞伎や能のような伝統的演劇に対して、新しい自由な傾向をもつ演劇をめざす運動がおこったのである。小林正子、のちの松井須磨子は一五人の第一期生の中の一人として採用された。

この研究所で養成された俳優たちによって明治四十三年から大正二年までの三年間にイプセンの『人形の家』にはじまりシェイクスピアの『ジュリアス・シーザー』を最後とする六本の芝居が上演された。演目の大部分をヨーロッパの作品が占めたのは偶然ではない。伝統的な演劇手法から脱却するために、新しい脚本が求められたのであり、明治の末年にいたって文学者の側がようやくそれを供給する能力を獲得しはじめたということだろう。文芸協会が解散を余儀なくされたのは、島村抱月と松井須磨子の関係が明るみに出て社会問題化したためである。抱月は坪内逍遙が信頼した高弟で、文芸協会の中心的メンバーだった。まもなく抱月は須磨子を擁し、自分を支持する若い同志たちとともに芸術座を結成した。その結果、抱月は早稲田大学の教職を退かざるを得ず、家庭も捨てた。現代ならさほど珍しくないこの種の人間ドラマも、当時としては大いに世間の耳目を集めた。

芸術座は大正二年に公演活動をはじめ、大正七年までの五年あまり活動をつづけるが、ロシア文学の影響が顕著だったことは驚嘆に値する。まず芸術座という名称そのものが、モスクワ芸術劇場に由来している。モスクワの新しい演劇集団を模範にとったことは明らかである。上演した芝居の中では、ロシアの作家の作品が格別に多かった。河竹繁俊『逍遥、抱月、須磨子の悲劇　新劇秘録』に掲載されている芸術座興行総目録によれば、一座が舞台にのせた三五本の芝居のうち七本、つまりちょうど二〇パーセントがロシアものであった。上演回数でいえば二〇一二回のうち六六二回を占めたから、舞台にかかる割合は三三パーセントに達する。

右のリストの中から、初演（カッコ内）の時期の順にしたがってロシアの作家の作品にもとづく題目、ならびにその延べ上演回数を掲げておこう。

チェーホフ『熊』（大正二＝一九一三）、三五回
トルストイ『復活』（大正三＝一九一四）、四四四回
チェーホフ『結婚申込』（大正三＝一九一四）、一四回
ツルゲーネフ『その前夜』（大正四＝一九一五）、三五回
トルストイ『アンナ・カレーニナ』（大正五＝一九一六）、八回
トルストイ『生ける屍』（大正六＝一九一七）、一〇〇回
トルストイ『闇の力』（大正七＝一九一八）、八回
このリストを一瞥しただけでも、『復活』の上演回数がずばぬけていることがわかるであろう。事実この芝居は芸術座にとっての忠臣蔵、すなわち当たり狂言で、上演回数は断然他を圧していた。第二位は座つきの脚本家中村吉蔵の筆になる一幕の現代劇『剃刀』の三三五回である。この芝居では同じ村出身の二人の同級生岡田と為吉が成人して再会してみると、岡田は官吏として出世し、為吉は床屋になって酌婦あがりの妻お廉に牛耳られている。為吉の店に岡田が立ち寄って客となったとき、かれの辛辣な皮肉に激昂した為吉は剃刀で相手の喉を刺すという筋である。ちなみに第三位はオスカー・ワイルド原作の『サロメ』の一二七回だった。これらの芝居の女主人公、すなわち『復活』のカチューシャ、『剃刀』のお廉、それにユダヤの妖姫サロメの役を演じたのは須磨子だったことは言うまでもない。
彼女は芸術座の一枚看板だった。

『復活』の脚本

芸術座がその発足の翌年、第三回公演にさいしてトルストイの『復活』を取り上げたのは決して偶然ではなかった。まず第一に、明治の末から大正にかけてトルストイの名前は全世界に鳴りひびいていた。それも『戦争と平和』や『アンナ・カレーニナ』の作者としてより、むしろ独特の人道主義を説く思想家として知られた。一八九九年に書き上げられた『復活』は、もともとカフカースで政府の迫害を受けていたドゥホボール教徒のカナダ移住費を調達するという目的で発表されたものだったが、作品全体を貫く基調は人間はいかに正しく生きるべきかを追求していた。

貴族の若者ネフリュードフが叔母の地主屋敷を訪ね、養女として育てられていた小間使いのカチューシャと愛し合う。妊娠したカチューシャは屋敷を追われた末に、身をもちくずす。一〇年後殺人事件にかかわって裁判にかけられたカチューシャは、陪審員のネフリュードフと再会する。ネフリュードフはカチューシャを誘惑した罪を自覚し、彼女を更生させるために結婚を決意して、流刑先のシベリアへ同行する。しかしカチューシャはネフリュードフの申し出を断り、国事犯のシモンソンと結婚し、シベリアにとどまって不幸な囚人たちのために尽くすことを選択する。これが『復活』の粗筋である。

第二に、抱月は早くからトルストイの『復活』に強い関心を示していた。明治三十五年から三十八年にかけてのヨーロッパ留学中、彼はロンドンやベルリンでよく劇場に足を運んだ。日記によると、三十六年中だけで八〇回観劇したという。この年に執筆し、いずれも『新小説』の四月号と六月号に発表された「英国の劇壇」「ツリーの『リサレクション』」などは出色の研究レポートである。『リサレクション』とは『復活』

のことで、抱月がこの作品を英訳を通じて読んだことを示している。内田魯庵が毎日新聞にその翻訳を掲載するにさいして日本語で『復活』という定訳を与えるのは、抱月留学中の三十六年の九月のことだった。

ツリーというのは英国の俳優ハーバト・ビアボム・ツリーのこと。当時イギリスでも指折りの名優で、一九〇三年には自らが主宰する陛下座でトルストイの『復活』を上演し、彼自身が主人公のネフリュードフを演じていたのである。脚本はフランスのアンリ・バタイユによるもので、パリではその前年の一九〇二年にオデオン座で初演されていた。

抱月は陛下座に何回か通い観察を重ねてから「ツリーの『リサレクション』」を書いたにちがいない。たとえばネフリュードフ公爵が舞台にはじめて登場する描写だけでも、次のように詳細をきわめているからである。


ツリーのネフリュードフ、背高く横これにかない、肩やや張って、顔はどちらかといえば四角な方、眉宇の間かすかに精悍の気を見せたつくり、服装は薄青地の軍服、片だすきに金と赤との綬を見せ、帯剣の上に鼠の長外套を羽織って、軍帽をかぶっています。要するにマンリーな、恰幅のよい、それでどこかに精神家の影があって、一味真実にして俗と流通せざる所のあるように見せんとしたのが、ツリーの腹であったかと思います。されば性格の一致という点から見れば成功している方ですが、その変化発展の側が、これがために犠牲に供せられ、はじめからすでに衷心にある憂鬱をいだいていはせぬかと思われる気味でした。すなわちいま少し快活な、いわば堕落している時のネフリュードフを見せる工夫はないかと思ったのです。

抱月はすでに演出家の目で陛下座の舞台を凝視していたのだ。芸術座が帝劇で『復活』を公演するより一〇年以上も前のことである。

イギリスから帰国し早稲田大学で英米文学科主任教授をつとめていた明治四十一年には、特殊講義でトルストイ研究を担当した。ロシアの文豪はまだ生存中だったが、抱月のトルストイ理解はますます深まったことだろう。

抱月の『復活』脚本は大正三年四月に新潮社から刊行された。この冒頭のはしがきの中に次のような説明がある。

「この脚本はトルストイの原作小説とバタイユの脚本とそれに小改竄を加えたツリーの所演と、三つを本にして更に芸術座第三回の上演台本に適するよう、再脚色を施したもので、大正三年三月二十六日から六日間帝国劇場で演ずる」。それから一年後、他の劇団が芸術座の巡業予定地で勝手に『復活』を上演するという事件が起きた。抱月は脚本の著作権を主張するため、さらにくわしく成立事情をこう説明した。

あの脚本は、最初にフランスのアンリ・バタイユの作を、仏文の達者な友人の力を借りて文字通りに翻訳し、その上にさらに私が日本の舞台に適合するような取捨変更増減を加えたものです。そしてその取捨変更増減の程度は私自身の工夫で、その資料はトルストイの原作小説（モードの英訳）によりました。またその訳語は往々内田魯庵氏にご相談して、快諾を得たからです。

バタイユの脚本は、地主屋敷における復活祭の夜の場をプロローグにおき、それ以下、裁判所、コルチャーギン公爵家、女囚監獄、監獄医務室、シベリア中継監獄を五幕に配した構成である。舞台にのせる必要からトルストイ原作の長編小説に対して相当な変更が加えられている。ツリーが陛下座で演じたときには、第一幕が地主屋敷、第二幕は裁判所とコルチャーギン家の二場、第三幕が女囚監獄、第四幕が監獄医務室とシベリア中継監獄の二場となっていたらしい。

これに対して抱月の脚本では、第一幕が地主屋敷、第二幕が裁判所、第三幕が女囚監獄、第四幕が監獄医務室、第五幕がシベリア中継監獄である。

最も目立つところでは、パリやロンドンでは演じられた公爵邸のパーティーがすっぽり抜けおちている。豪壮な貴族のサロンは人材の点でも道具の点でも再現不能というのが抱月の判断だったにちがいない。

カチューシャの唄

『復活』の筋も悪くはなかったが、この芝居が大あたりをとったのは芝居の中で歌われる「カチューシャの唄」が大衆の心をつかんだから、というのが定説となっている。

もともとカチューシャの唄はトルストイの小説にはないものだった。カチューシャに歌わせたのはバタイユの思い付きである。プロローグの地主屋敷でネフリュードフに「お前の名がはいっている歌をうたっておくれ」と言われてこう歌うことになっている。

カトリーヌ、おてんば娘のカトリーヌ

お前はまだ去ってはいない…
　誓った若者は知るだろう
　雪がとけてしまう前に
　　ジ、ジ、ジジピチッチ

この部分の抱月脚本は以下のとおりである。会話の部分はバタイユに忠実である。

ネフリュードフ　お前もひとつ歌をおうたい。そしてお祈りをして願をかけようよ。
カチューシャ　でも私、できないのですもの。それに叔母さまのお目をさますと大変ですわ。
ネフリュードフ　大丈夫、低い声で歌ったらいいじゃないか。お前の名を入れた歌をおうたい。
カチューシャ　そうねえ、じゃうたいましょうか…（ちょっと考えて軽く手をうち）
　カチューシャかわいや
　別れのつらさ
　せめて淡雪とけぬ間と
　神にねがいをかけましょうか
　ジ、ジ、ジジピチッチ

カトリーヌはカチューシャ（これは愛称で、正式にはエカテリーナ）のフランス風の呼び方である。「おてんばカトリーヌ」ともいうべき俗謡がフランスにあったのかもしれない。ロンドンの陛下座の舞台でも歌があった。抱月の観劇記にこう書かれている。「腰かけたままカチューシャが、軽く手拍子を打って『春は溶けます白雪が』というような恋の歌を低い冴えた調子でうたう。男も軽く手拍子とる。オーケストラでは糸のようなかすかな一条の音を合わせ奏する。最もポエチカルな夢のような場です」（陛下座ではオーケストラづきで芝居を上演していたのだ。——中村）。

「カチューシャの唄」の詞は右に示したように抱月の脚本に含まれていたが、次の第二節以下五節までは抱月の弟子にあたる詩人相馬御風の作であった。

カチューシャかわいや　わかれのつらさ
今宵一夜に降る雪の
明日は野山の　ララ路かくせ
（戸板康二氏はさらに一〇節までの詞を掲げているが、その出典は不詳）。

歌詞もなかなかのものだったが、「カチューシャの唄」に命を与えたのはメロディーの斬新さだった。作曲を担当したのは二年前に東京音楽学校ピアノ科を卒業し浅草の千束小学校の教諭をしていた中山晋平である。彼は清野村からそう遠くない長野県下高井郡新野村の出身で、明治三十八年から抱月の家に書生として住みこんでいた。その縁から、『復活』上演にあたって抱月から劇中歌の作曲を命じられたのだった。それまで晋平に作曲の経験はほとんどなかった。抱月は晋平にむかってロンドンで聞いた歌の印象を話し、「学校の唱歌ともならず、西洋の讃美歌ともならず、日本の俗謡とリード（ドイツ語で歌曲）の中間のような旋律を考えてほしい」という注文をつけたという（中山卯郎「音楽家としての生涯」『定本・中山晋平』改題普及版より）。

晋平は一カ月あまり苦吟した末、やっと「ララ」という合いの手を入れることを思い立ち、曲想を完成させることができた、というのが中山家につたわる伝承だったようである。公刊された脚本にはこの「ララ」はなく、バタイユの脚本そのままに「ジ、ジ、ジジピチッチ」とあるから、原稿が書き上げられた時点ではまだ「カチューシャの唄」の旋律は生まれていなかったのである。

「カチューシャの唄」のメロディーはまず芸術座幹部の気に入ったらしい。『復活』公演に先立ち神田美土代町のYMCAで芝居の宣伝の意味をこめた講演会が催され、昇曙夢と片上伸が話をした。昇と片上は当時のロシア文学者の双璧である。ただ『復活』の最初の邦訳者の内田魯庵の名がないのはなぜだろう。最後の講師である抱月が登壇する前に「カチューシャの唄」が披露された。芸術座の座員の田辺若男と松島千鳥が歌い、慶応大学の学生がマンドリンの伴奏をした。

帝劇での『復活』の公演の成功も「カチューシャの唄、満場の耳を奪う」というように報じられたところを見ると（東京日日、大正三年三月二十九日付）、劇中歌の印象はよほど強かったのであろう。「舞台で須磨子が歌えば、第二節以下などは観衆も唱和したものであった」と芸術座にいた河竹繁俊がのちに証言している。そして唄のメロディーは劇の内容よりはるかに急速に口から口へと伝わったものらしい。ラジオの普及よりずっと昔のことである。

見方によっては、日本における『復活』のイメージはトルストイの原作には存在しないカチューシャの唄によって形成されたとも言えるであろう。皮肉なことである。
しかもことは『復活』にとどまらなかった。大正四年初演のツルゲーネフ原作の『その前夜』のために中山晋平は「ゴンドラの唄」（作詞は吉井勇）を作曲し、これもたちまち日本中に広まった。

いのち短し恋せよ少女
朱き唇褪せぬ間に
熱き血潮の冷えぬ間に
明日の月日のないものを

大正六年初演のトルストイの戯曲『生ける屍』には北原白秋が詞を書き、やはり中山晋平が作曲した。

行こか戻ろかオーロラの下を
ロシアは北国果て知らず
西は夕焼け東は夜明け
鐘がなります中空に

これらはいずれも須磨子が舞台で歌って流行歌となり、大正年間を通じて日本の大衆のロシア・イメージの中核をなしたと考えられるのである。

追記

「私どもの芝居を英語か何かで演《や》るように思っている人もあるらしい」——これは芸術座の『復活』の信州巡演のとき、島村抱月が新聞記者に語った言葉である。東京、大阪、京都、神戸につづき長野市でこの芝居が演じられたのは、帝劇での初演から二月しかたたない大正三年五月の末で、主演女優である松井須磨子の故郷に敬意を表してのことだった。

芝居の舞台に女性が立ち、俳優たちが普通の話し言葉で語ること、それだけでも破天荒と思われた時代である。

最近になって、抱月や須磨子、それに『復活』の劇中歌であるカチューシャの唄にまつわる書物や研究の出版が盛んである。各地でさまざまな催し事も行われているらしい。

ここ一〇年ほどにかぎってみても、発表順に、山本茂実『カチューシャ可愛や　中山晋平物語』、福田秀一「島村抱月の〈渡英・滞英日記〉」、町田等（監修）『カチューシャの唄よ、永遠に』、岩佐壮四郎『抱月のベル・エポック』、池内靖子「〈女優〉と日本の近代——松井須磨子を中心に」、堀井正子『ふるさとは、ありがたきかな——女優・松井須磨子』など、目白押しである。抱月の右の嘆き節を知ったのも、当時の新聞を綿密に検討した堀井氏の調査のおかげである。この他にパンフレット類も多い。

カチューシャの唄についてはいろいろな伝説が生まれた。東京のあと京都南座で『復活』が当たりをとると、第三高等学校では学生にカチューシャの唄をうたうことを禁止した。福岡では市内の中学校と女学校の生徒にたとえ父兄同伴であろうともこの芝居に足を運ぶことを厳禁した、というような事実が新聞に報道された。『復活』を観てあまりにも大きな感激を味わったため、当分は何も手につかなかった、と回想する島根県の若い女子教員がいた（池野誠『抱月　新劇の父』一九八八）。初期の芸術座興行に参加した俳優の田辺若男の思い出だが、長崎へ巡業に行くと、芝居をかける前夜に街の女たちがすでにカチューシャの唄を口ずさんでいたという（『俳優　舞台生活五十年』）。

芝居とは別に、唄が津々浦々に広まったことは、たとえば林芙美子の『放浪記』から明らかである。「その頃／釜の底のやうな直方の町に／可愛やカチューシャの唄が流行つて来た」と芙美子が詩に書くのは大正四年のことらしい。しかし彼女が観たのは芝居ではなくて、映画だった。『放浪記』によると彼女は「たった一人で隠れてカチウシャの映画を毎日見に行った」。直方の町の辻々に「異人娘が……雪の降っている停車場で、汽車の窓を叩いている」ポスターが貼られていた。原作では確かに主人公のネフリュードフは鉄道で田舎屋敷へ出かけるが、舞台に汽車は登場しない。道具として扱いにくかったからだろう。

映画は、フランスのフィルム・ダール社とアメリカのグリフィスによっていずれも一九〇九年（明治四十二）に作られていた（サドゥール『世界映画全史』による）。日本で上映されたものがそのうちのどれか、これは未調査。ただわかっているのは、列車に乗って去ってゆくネフリュードフをカチューシャが見送るようなダイナミックな場面があるから、脚本はバタイユによらずオリジナルなものであろう。それにもかかわらずサイレント映画の弁士たちは、カチューシャの唄をうたっていたにちがいない。大正五年の新聞広告に「カチューシャ大会　本邦に於ける最後の映写二万八千呎全部上映　浅草千代田館」とあるのも、アメリカかフランスの映画であろう。ここでは、もはや『復活』という題名は捨てられ、カチューシャが作品の名前になっている。同じ現象が日本映画でもおきていた。日本映画史によると、大正三年『復活』が帝劇で初演された年の秋に、はやくも日活向島映画が『カチューシャ』を製作し大ヒットを記録したとある。日本キネトホンの映画では須磨子が手拍子でうたっている場面を写した。

レコードは須磨子の声で録音されたものがオリエント・レコード社から二万枚プレスされてすぐに売り切れ、つぶれかけていたレコード会社を『復活』させたという。

ロシア人の精進潔斎

ロシア人と付き合っていると、体格のことは別として、体力的にとてもかなわないと思うことがしばしばある。寒さに対する抵抗力もその一つだけれど、私の見るところ、格差がもっと歴然としているのは胃袋の大きさのような気がする。

先だってこんなことがあった。モスクワの友人の家に招かれたときである。夕食に呼ばれたので、昼食は少し控えめにとった。暗くなって先方の家に着くと、もう食卓が用意されていた。まず、アルコールで乾杯をする。つづいてザクースカ（前菜）として、幾皿もの肉や魚や野菜をすすめられる。日ごろ外食が多い暮らしだったから、青い野菜がうまい。肉はサラミやハムやベーコンで、これも悪くない。魚はチョウザメの燻製だった。用心してみんな少しずつ口にしているうちに、私はもう満腹にかなり近づいてくるのを感じた。スープが出されて飲み終わったころには、私の胃の腑にはいかなる余地もなくなっていた。結局、メイン・ディッシュのビーフステーキはパスせざるを得ないという醜態を演じてしまった。こういうことは、何もこれが初めてではないのである。

「日本人とロシア人では、胃の大きさがちがうようです」――私は苦しまぎれにこんな弁解をした。友人は「われわれだって、きょうは特別だから、腹を空かせておいたのです。朝から何も食べないでいたんですよ」となぐさめ顔で言ってくれた。

たしかに、ご馳走があるときにはしっかり食べる、なければないで我慢する、というのがロシア流である。「食べるなら、一日分」というロシアの諺は、彼らの暮らしに深く根ざしているようである。

そのような暮らし方を形成するのにあずかって力のあったのが宗教上の斎、つまり、ものいみの風習だったのではあるまいか。

ロシア正教会が発行しているカレンダーによると、多少とも長期にわたる斎には次の四つがある。
一　大斎、復活祭前の四八日間
二　ペテロの斎、五月の末から六月の末までの三一日間
三　生神女就寝祭（聖母昇天祭、八月末）前の一四日間
四　聖フィリープの斎、すなわち降誕祭前の四〇日間
これだけで日数を合計すると、一三三日になる。このほかにも、大きな祭日の前の一日だけの斎があるし、特別の祝日期間を除き、一年を通じて水曜日と金曜日は斎と決められている。そのすべてを合わせると、正教会が正式にものいみを求めている日数は一八七日に達する。要するに、厳格な正教徒にとって、一年の半分以上はものいみに当たっているのである。

ものいみにも、実は、いろいろある。紀元二〇〇〇年を記念して日本ハリストス正教会から刊行された『正教会暦』によると、斎には次のような四つの段階がある。
Ａ　肉を食べない
Ｂ　肉とチーズのような乳製品を食べない

C　肉と乳製品と魚を食べない
D　肉と乳製品と魚のほか、ワインと油も禁止

Aに始まってDにいたるまで、精進の程度がぐんぐん重くなっていくのである。そして、同じ大斎の期間中にもAからDまでの日が順不同で交互にあらわれる。年間を通してもっとも多いのはDであって、その割合は全体の五七パーセントである。それに反して、肉だけを避ければいいAのものいみは四パーセント足らずにすぎない。早い話が、パンとキュウリと水だけで過ごさなければならない日が、一年のうち一〇八日もあるのである。

根は正教会と同じで、さらに古式の伝統を守っていると自負する旧教徒の暦にも触れておこう。去年の旅のあいだに、モスクワのロゴシスキイ大聖堂に総本山をおく旧教派の教会の売店で、翌二〇〇三年度のカレンダーを買い求めた。それを見ると、年間の斎の日数は一八七日と正教会と完全に一致するが、ものいみのレベルは、肉だけを断つ最も軽度のものから、一切の食べものを口にしない斎まで七段階に分かれている。さすがに完全絶食は復活祭の前々日の一日だけであるが、この場合も一番多いのは、肉も乳製品も魚も食べないものいみで（五九日）、それにわずかに植物性の油だけが許されるものいみ（五一日）がつづいている。やはり、パンとキュウリと水だけの日が多いのである。正教会の場合は、きびしく斎を守ることはすべての信者に強制されるのではなく、「修道院における基本的な習慣」と注釈がつけられている。それに対して旧教派では一般信者にもかなり厳重なものいみが求められている気配である。

ただ、ものいみにも除外規定があるらしい。幼児、妊産婦、旅行者、兵士などは、特別に斎を守らなくてもよいとされた。反対に、聖職者は言うまでもなく、ツァーリをはじめとする皇族や貴族などの上流階層は、

きわめて厳格にものいみを我が身に課した。庶民に対してキリスト教徒として模範を示さなければならなかったからである。十七世紀のロシアの生活習慣を記録した書物には、ツァーリも大斎期には「黒パンとイチゴのほか、生かあるいは火を通して塩味をつけたキャベツとキノコを食するのみ」とある。

私は想像してみるだけであるが、一日中パンと水、それにせいぜい野菜だけのダイエット生活はかなり苦しいのではないだろうか。しかもそれを大斎の期間のように七週間も続けるのは、相当な難行苦行にちがいない。

そうはいっても、何事も慣れである。「習い、性となる」という諺がある。何世紀も斎と斎なしの日が定期的にかわりばんこに来る暮らしを続けているうちに、一年の半分は節食の日とし、その代わり他の半分はその埋め合わせとして十分に栄養をとる、という慣習がロシア人の中に確立したのではないだろうか。ロシア人の胃袋がはた目には伸縮自在のように見えるのは、多分そのためだろう。

ロシアの列車時刻表

『二〇〇四年〜二〇〇五年旅客列車時刻表』という本を手に入れ、折りにふれて読みふけっている。元来ぼくは出不精なのに、よその土地のことをあれこれ想像することは大好きである。時刻表にあるのは地名＝駅名と数字だけであるが、知っている地名や知らない地名からさまざまな連想が浮かんでくる。それも地名がただ漫然と羅列されているわけではなく、並行して動かない二本の鉄路があり、その上を走る列車の道筋にしたがって、順序正しく整然と並んでいるところが美しい。数字という無機質でひたすら論理的な記号と、非合理の極致といえる地名の取り合わせに感動させられる。

テレビでも鉄道の窓から眺めた風景とか、小さな町に途中下車してたった一本の大通りを紹介するというような番組を見るのが好きである。

ロシアの時刻表も基本的には日本の時刻表と機能は同じだけれど、変わっている点もいろいろある。ここではときどき夢中になって読んでいる本に関して、気づいたことをあれこれと書いてみよう。

時刻の表示

ロシアは広い。日本はたった一つの時間帯にすっぽり収まっていて、たとえば、札幌の正午は東京でも鹿児島でも正午である。ロシアは一国でありながら、一一の時間帯に分かれている。モスクワで新しい一日がはじまる深夜の〇時のとき、東の端のカムチャトカでは午前九時であり、他方、西端のカリーニングラードではまだ前日の午後一一時である（もっとも、カムチャトカ半島には、一本もレールが敷かれていない）。さまざまな土地の時間に義理立てしていてはアナーキーが生じるので、ロシアの時刻表ではローカルな時間を一切無視して、国内のすべての列車の発着時刻はモスクワ時間で表示されている。

面白いことに、この本の題名には地名による限定がない。つまり、どこの国の時刻表かは示されていない。しかし、内容を見れば、バルト三国を含め、旧ソ連邦を形成していた共和国を走るすべての鉄道が含まれていることがわかる。一九九〇年代の初め各共和国が次々と分離独立したときも、諸国が地つづきのままで、レールで結ばれた鉄道は新しい国境で分断されたり遮断されたりすることがなかったのである。鉄道に関するかぎり、《ソ連圏》の概念は依然健在である。ただ、それぞれの国の主権に敬意を表して、独立を果たした諸共和国領内の時刻だけはモスクワ時間ではなく、各国独自の時間で表されている（両者が一致していることもある）。ヨーロッパやアジアの国々とロシアを結ぶ昔からの国際列車の場合も、国ごとの時間で表示されていることは、いうまでもない。

上りと下り

ロシアでは、列車の向かう方向によって、〈上り〉と〈下り〉を区別する習慣はない。わが日本では、中央政府があり、国の象徴が存在し、多くの大企業の本社のある東京へ向かう列車を上りと呼び、その反対を下りと称するのは、いささか不愉快の感なきにしもあらずだが、そういう権威主義を気にしなければ上り下りの区別は便利である。

ロシアの時刻表でも、実は首都中心である。たとえば、《モスクワ→サンクト・ペテルブルグ（これが正式の呼び方だが、以下、サンクトを省略する）》のダイヤのあとにつづけて《ペテルブルグ→モスクワ》のダイヤが印刷されている。中心意識はやはりあるのだ。トマス・クックの時刻表でロンドンが最重要視されているようなものだろう。利用者の多いほうを優先する便宜主義、功利主義の表れというべきか。

線路の名前

鉄道の特定の区間を特別な名前で呼ぶ慣習はないようである。たとえば、東海道線とか中央線のように。ペテルブルグとモスクワ間の鉄道を敷設したさい、時の皇帝の名にちなんでこの鉄道をニコライ鉄道と呼んだ話は聞いたことがあるけれど、この時刻表にはその類いの歴史的名称はない。列車が走る区間の起点から終点まで、もっと正確にいえば、一つのターミナルから他のターミナルまでをそれぞれの駅名で呼んでいるだけである（バム鉄道はバイカル＝アムールで、命名法の点では東横線や京王線の類いである）。新しい鉄道を敷設するに当たってその線の名前がなかったはずはないが、時刻表には公式なものとして採用されていないのである。

それでは、かの有名なシベリア鉄道はどうなっているか。

ページを繰ってみると、モスクワ市内のヤロスラヴリ駅からウラジヴォストーク北駅までの九三一〇キロメートルが一一の区間に分かれていて、それぞれの区間の上り下り（この概念を便宜的に使う）が交互に記載されているだけである。右に書いた九三一〇キロという営業距離だって、区間ごとの表示を合計してわかったのである。〈シベリア鉄道〉とか〈シベリア大幹線鉄道〉というような名前はどこにも印刷されていない。時刻表にはカラー・プリントの大型の地図が挟みこまれていて（綴じこまれているわけではない）、鉄道の各区間にアラビア数字で番号がつけられている。その番号を確かめて、時刻表のページを繰ることになる。むろん、日本の時刻表のように、すべての駅名が地図に表示されているわけではない。そこに出ているのは、ごくごく主要な駅名だけである。ただ、巻末に索引があって、そこには全駅名がアルファベット順に載っている。これは、日本の時刻表にない親切である。日本の時刻表にも駅名索引がほしい。

地図では黒の実線で鉄道が表わされている。実線には比較的細い線と比較的太い線で、幹線と非幹線の区別があることになっているが、その区別は見た目には充分明瞭ではない。駅名、主要幹線については、あとでまたふれることにしよう。

国際列車

一桁台の番号は、歴史的な国際列車である。

1番の鉄道のロシア側の起点（起点は終点でもある）はモスクワとペテルブルグで、ヨーロッパ側の終点はベオグラード（セルビア）、ブラチスラヴァ（スロヴァキア）、ウィーン（オーストリア）、プラハ（チェコ）、ブロツラフ（ポーランド）、シュテッティン（同）、ブリュッセル（ベルギー）、ベルリン（ドイツ）である。それぞれの目的地に向けて別々の列車が仕立てられるのではなく、各駅に停車したりそこを終点としたりする車両が連結されているのである。たとえば、モスクワのベラルーシ駅を23時40分に出る列車を利用すれば、途中で乗りかえることなくブラチスラヴァやウィーンやプラハまで行くことができる。22時15分の列車にはワルシャワ止まりの車両と、ベルリンを通ってブリュッセルまで行く車両がつながれているというわけ。モスクワのベラルーシ駅に対応するペテルブルグの玄関口はペテルブルグ主要駅（俗称はいわゆるモスクワ駅。時刻表には一般に通用しているモスクワ駅という名前は使われていない）である。

2番の列車は起点がノヴォシビールスクで、終点がベルリンである。だが起点から終点まで直通の列車はない。ノヴォシビールスクのほか、ウファー、オムスク、スヴェルドロフスク、オレンブルグ、サラートフ、ロストフなどさまざまな都市から出る列車の一部が合流して、ワルシャワまで日に二本、ベルリンまで日に一本ずつ到着する列車が仕立てられるのである。

3番はカリーニングラードとベルリン間の列車。

4番と7番は欠番。

5番はモスクワとヴェネツィアを結ぶ列車で、ハンガリー、ブルガリア、ルーマニアなどの東欧諸国がルートに全部含まれる。

6番は南ロシア＝ソフィア（ブルガリア）間、8番はモスクワ＝ヘルシンキ（フィンランド）間をつなぐもの。

9番は東アジア諸国とシベリアを結ぶ鉄道。北京側からみれば、ウラン・バートルを経由してウラン・ウデに出てモスクワに向かう道と、瀋陽やハルビンをとおって満州里からシベリアに出る方法がある。ハルビンからは東に向かってウスリースクにぬけることも可能である。ピョンヤンから瀋陽、ハルビンへも通じている。ただ、年中かならず毎日一列車が出るわけではないらしい。

およそ国際列車というものをもたない島国日本は、世界でも稀な存在にちがいない。

二桁台の番号を有する列車は一つもなく、100番から国内線の〈モスクワ＝ペテルブルグ〉がはじまって、528番の〈クルンダ（カザフスタン）＝マグニトゴルスク〉まで続く。ただ、ぎっしりと番号がつまっているのではなく、欠番も相当ある。番号の配当はだいたい以下のような地域別である。

100番台　モスクワ以西のヨーロッパ・ロシア、ウクライナ、ベラルーシやバルト三国がここに含まれる。
200番台　クリミアとドン川下流とカフカース
300番台　ヴォルガ下流とウラル
400番台　北ロシアとシベリア全域（サハリン島の鉄道は地図上に描かれているけれど、時刻表はない）
500番台　中央アジア

ただ、線路がどこにあるかが問題ではなくて、どこに向かうか、つまり目的地がどこかが重要なのである。モスクワを出発する列車は次のようにさまざまな番号をもっている。

100番　ペテルブルグ行き
200番　ハリコフ（東ウクライナ）行き
300番　サラートフ行き
400番　ウラジヴォストーク北駅行き（シベリア鉄道終点）
（500番は欠番）

シベリア鉄道の場合

ロシアに鉄道は多いけれども、われわれにとって最も馴染みがあるのはシベリア鉄道である。日ロ戦争のはじまる直前に開通したこの巨大な幹線は、戦争がおわったあとでは日本の知識人――政治家、実業家、軍人、画家、作家たちなどにとって憧れのヨーロッパへの便利な近道になった。行きは船に乗り、帰りはシベリア鉄道という手もあった。昭和の初年に発行された三宅克巳著『世界めぐり』によると、インド洋経由の船旅だと西欧まで五〇日かかったが、シベリア鉄道を使うと二週間ですんだという。経費も安くあがったのである。

第二次大戦後は六〇万の日本人捕虜がこの鉄道で西に運ばれた。そのうちおよそ一割が異国の地に骨を埋め、のこりの人々だけがふたたびこの鉄道を東にたどって帰郷（ダモイ）を果たしたのだった。

右に書いたように、モスクワからウラジヴォストークまでの列車運行は一一の区間に分かれて記述されていて、しかも続き番号を与えられていない。モスクワからクラスノヤールスクまでの五区間が400～404番、クラスノヤールスク以後ウラジヴォストークまでが475番～480番の六区間というわけである。

ウラジヴォストーク北駅からモスクワに向けては、一日に五本の列車が出る。首都時間ではなく現地の時間に直してみれば、それぞれの発車時刻は①3・02、②12・14、③20・17、④22・32、⑤23・13である（夏時間は考慮しない）。このうち特急は①と③で、モスクワのヤロスラーヴリ駅までの所要時間は①が159時間35分、③が148時間25分である。多分世界で一番長い路線で、最長時間を走る特急だろう。正味で六日あまりになる。普通の急行列車である⑤に乗ると、224時間49分、つまり九日もかかってしまう。ただし、これには寝台車もなければ、食堂車もない。寝台と食堂の両方がそなわっているのは③だけで、この列車だけが「ロシア」号という名称で呼ばれている。

二〇〇四年～二〇〇五年の時刻表で見ると、ロシア号はヨーロッパ・ロシアにはいるとシベリア鉄道の本来の路線を南にはずれ、ニージニイ・ノヴゴロド（駅名は依然としてゴーリキイ）とウラジーミルという二つの大都市を経由して、モスクワに到着する。多くの利用者にとって、そのほうが便利ということなのだろう。「ロシア」号の走行距離は九二五八キロメートルで、本来の路線より五〇キロほど近道でもある。一口にシベリア鉄道といっても、さまざまなルートがあると考えなければならない。帝政時代にはシベリア鉄道の起点をペテルブルグと見なしていたらしい。それだと、日本海からバルト海までロシア帝国を東西に縦断していたことになり、路線の距離は九九六〇キロメートルに達する。

ぼくは今までシベリア鉄道に関しては、ナホトカのチホオケアンスカヤ＝ハバロフスク間、ウラン・ウデ＝イルクーツク間しか乗車体験がない。

つけ加えれば、二〇年ばかり前、モスクワの北にあるヤロスラーヴリへ出かけたとき、列車番号400番のウラジヴォストーク行きに乗りこんだ（おぼつかない記憶では、当時、列車名はロシアの女性「ルースカヤ」といった）。終点まで乗車勤務するという女性車掌の話を聞くと、往復で二週間ぶっ続けの仕事よ、と厚い胸をはった。こういう労働に耐えられるのも、ロシア女性なればこそと感心した。鉄道の車掌といえば、この国では中年のおばさんしか出会ったことがない。それが例外なく女丈夫である。

シベリア鉄道で印象的なのは、長い車列である。時刻表からは各列車の車両数を知ることはできないが、普通の列車の場合、二〇両ほどあったのではないだろうか。貨物列車となると話は別で、ハバロフスクの近くでアムール川の鉄橋をわたる貨物列車は百両以上だった。一つ、二つと数えはじめたものの、途中で投げだした。

列車の愛称

列車につけられた名前では、「赤い矢」が有名だった。モスクワ＝ペテルブルグ間六五〇キロを8時間で走る、ということが昔のロシア語の教科書に誇らしげに書かれていた（ちなみに東京＝大阪間の新幹線の営業キロ数は五五二キロである）。それが、モスクワを深夜に出発するのである。眠っているうちに終点に着くのがウリだった。ロシア人はちょっとした中距離旅行なら列車は夜行にかぎる、鉄道は眠るためにあると考えているフシがある。

三年ばかり前、「赤い矢」より格段に速い列車が出現したと聞き、試してみた。名前は「オーロラ」号といい、モスクワを16時30分に出て、ペテルブルグ主要駅に22時18分にすべり込む。所要時間が6時間足らず、格段の進歩である。走行時間が短いだけでなく、食事のサービスがついていた。こちらが食堂車へ出向くのではなく、フル・コースの食事がコンパートメントの座席まで運ばれてくるのである。メイン・ディッシュは、肉か魚か精進食かを選ぶことができた（ちなみに、日本の旅行会社に払った金額は、グリーン車クラスで食事付九千円）。

新しい時刻表で調べてみると、モスクワのオクチャーブリスカヤ駅（俗称レニングラード駅）からこの種類の列車が一日四本仕立てられていて（愛称は個別につけられている）、前年よりかなりスピードアップしたらしく、中には4時間半で目的地に着くものさえ現われている。「オーロラ」号で5時間15分。こうなると寝台車はいらない。眠っている暇はないからである。ロシアにも新幹線があると主張するロシア人がいたが、このことが念頭にあったのかもしれない。それでも最近の情報では、近い将来ロシアで在来線とは別に新幹線用の線路を建設することになるようである。

たとえ新幹線ができても、ゆっくり眠っているうちに目的地につく「赤い矢」の便利さは失われない。途中の景色を観賞できないのが欠点だけれど、二本立てで残してもらいたいものだ。選択肢は多いほどよい。

ぼくは日本の鉄道で気に入っているのは、列車名にひびきのいい和名を使っていることだ。「こだま」「ひかり」「のぞみ」「とき」「やまびこ」など（昔の軍艦がそうだった。海上保安庁や自衛隊では今もその良き伝統をのこしているようである）。ロシアの「オーロラ」や「赤い矢」も悪くはないが、ときどき単に「エクスプレス」などという無愛想な外来語を使って平気でいるのはいただけない。以下、単なる地名、都市や山や川などをのぞいて、面白そうな列車名を区間別の列車索引から挙げてみよう（数字は所要時間）。これらはいずれも幹線を走り、行く先々の町の歴史や土地の風物を表しているのだ。

白夜　ペテルブルグ＝ヴォログダ　12・28
ヤールマルカ（大市）　モスクワ＝ニージニイ・ノヴゴロド　8・15
みずなぎどり（嵐を告げる者）　同右
琥珀　カリーニングラード＝ペテルブルグ　22・57
うぐいす　モスクワ＝クールスク　8・44
レフ・トルストイ（『戦争と平和』の作者）　モスクワ＝ヘルシンキ　13・28
はす　モスクワ＝アストラハン　30・45
かもめ　オデッサ＝ハリコフ　14・10
織物の里　ペテルブルグ＝イワノヴォ　16・05
シベリウス（フィンランドの作曲家）　ペテルブルグ＝ヘルシンキ　5・35

デミードフ（ウラルの昔の工場主）　エカテリンブルグ＝ペテルブルグ　37・07
サーヴァ・マーモントフ（初期の鉄道王）　モスクワ＝ヤロスラーヴリ　4・13
アファナーシイ・ニキーチン（十五世紀の大旅行家）　モスクワ＝ペテルブルグ　8・27

車両の切離しと再連結

日本ではあまり聞かないが、ロシアでもヨーロッパでも、特定の車両が最初の列車から離れて、別の列車に連結されることがある。こうすれば、乗り換えなしに仙台から鹿児島へ、あるいは金沢から札幌へのようなコースが可能になるわけだ。

この方法を使って、たとえばペテルブルグから思いがけなくポルタワ（ウクライナ）まで直行する座席指定の車両があって、連結換えはハリコフで行われる。この種の便宜を網羅的に示す特別の索引があって、細かい活字で八ページがそれにあてられている。おかげで乗客は重たい荷物をかかえながら長いプラットホームをうろうろせずにすむ。ぼく自身、むかしこの手段でウィーンからイスタンブルまで、乗り換えなしで東欧諸国を一気に乗り通したことがある。そのときの体験では、係りの連結手の手際が悪かったのか、列車から車両を切離したり別の列車に再連結するときのショックが落雷のようにひびき、寝ているベッドからころげ落ちそうになった。アガサ・クリスティの小説の中の「オリエント・エクスプレス」（これは特別仕立ての豪華列車）とはうらはらに、食堂車は連結されておらず、物売りもまわってこず、二泊三日のあいだ食わず飲まずの飢餓旅行を体験した。

ロシアに駅はいくつあるか

この時刻表を買うときには、いくつかの動機があった。そのうちの一つは、オレーホヴォ＝ズーエヴォへはどう行くべきか知りたかったからである。これはモスクワの都心から真東へ一〇〇キロほどはなれた地方都市で、そこに住む知人から遊びに来るようさそわれていたのだ。挟み込みの地図には確かにこの町の名前がある。ここをとおる鉄道の線には415という番号がついている。つまり行き先はシベリア方面だということだ。先をたどって行くと、ロシアの鎌倉とでもいえそうな古都のウラジーミルや、かつて年に一度の大市が開かれたニージニイ・ノヴゴロドがある。帝政時代に、ロシアの頭脳はペテルブルグ、心臓はモスクワ、ポケットはニージニイ・ノヴゴロドとうたわれた商業都市である。ヨーロッパ第一の大河ヴォルガがここで中部ロシアを流れるオカ川と合流している。同じ鉄道をさらにすすむと、キーロフ（旧名ヴャトカ）に達して、いわゆるシベリア幹線と連絡する。

ところでオレーホヴォ＝ズーエヴォの駅名は時刻表に記載されているが、この駅にとまる列車は一本もないことがわかった。答えは簡単、この本には大都市近郊の通勤列車、つまり山手線や埼京線に当たるような近距離列車の運行は含まれていないのである。もちろん、地下鉄も問題外である。

モスクワ市内には遠距離列車が出発する駅が八つある。概して、行き先の都市名が駅名になっている。ベラルーシ駅（西行き）、カザン駅（東行き）、キーエフ駅（西南行き）、クールスク駅（南行き）、オクチャーブリ駅（旧称レニングラード駅、最初はニコライ駅と呼ばれた、西北行き）、パヴェレツカヤ駅（東南行き）、リガ駅（西北行き）、ヤロスラーヴリ駅（東北行き）である。これらの駅からは通勤列車も発着するけれど、切符の買い方や乗車ホームなどはまったく別になっている。最近では、定期的にバスが走る路線も追々増えているようだ。オレーホヴォ＝ズーエヴォの知人にしても、前もって知らせれば共通の知り合いのマイカーの便もはかってくれるといってきた。

さて本題にもどって、遠距離用の列車が止まるような駅がロシアじゅうでいくつあるだろうか。時刻表には駅名索引があるから数えるのは容易だろうと高をくくったが、そうもいかないことがすぐにわかった。

まずロシアには国際列車があるから、国外の駅名をのぞかなければならない。すべてロシア文字で印刷された索引で、駅名から国籍を知るのはむずかしい。もっと骨なのは、ウクライナをはじめ旧ソ連を構成していた共和国の名前をチェックして除外すること。これは索引を利用するだけでは、絶望的なのである。そこで、旧ソ連領ＣＩＳ（なぜかサハリンがはじめから省略されているのは前述のとおり）を全部ひっくるめることにして駅名の数をかぞえてみた。

結果は六一六四。ここにはごく稀ではあるが、上述のオレーホヴォ＝ズーエヴォのように、列車がとまらない駅も含まれている。リストに出ているかぎりを含めた数である。

ところで、この時刻表の発行元は株式会社《ロシア鉄道》遠距離客車運送局で、発行部数が一五〇〇部（前年度は七〇〇部）。本書の想定利用者は旅行案内所、出札係、旅行業者、一般乗客とトビラ裏に明記されているが、駅の数にも満たないほどの少部数でどうやって需要を充たすことができるのだろうか。

あとがき

ここに収めた小文は、いずれも過去数年のあいだにさまざまな雑誌に発表したものを集めたものである。一つだけ例外がある。それは『平家物語』と『イーゴリ軍記』の中の色彩の使い方の相違を論じた文章である。これだけは、二〇年以上も前のものである。そもそものきっかけは半世紀以前にさかのぼる。大学四年生になって卒業論文のテーマを決める必要が生じたとき、私はゼミの指導教官の金子幸彦教授に相談した。金子先生は十九世紀のロシア文学・思想史の専門家であった。先生は即座に「ロシアの中世文学に『イーゴリ軍記』という作品があります。あれをやりたまえ」とすすめられた。一九五〇年代のことである。私は深く考えなかったけれども、プーシキンにはじまりゴーゴリ、ツルゲーネフ、ドストエフスキイ、トルストイ、チェーホフを生んだ近代ロシア文学は、明治の中期以来の日本の読書界で大いにもてはやされていた（今はすっかり様変わりしているのが不思議なくらいである）。第二次大戦がおわって社会の混乱が収まってくると、ほとんど毎年のように大手出版社がきそって「世界文学全集」の企画を立て、そこには、ロシアの近代文学の作家たちの作品――たとえばゴーゴリの『死せる魂』やドストエフスキイの『罪と罰』のような有名な小説が収められるのだった。したがって、ロシア語で身を立てようという若者は、近代作家を専攻するものと相場が決まっていた。競争者がひしめく場所では怪我をしやすい、と金子先生は気づかわれたのかもしれない。いずれにしても、『イーゴリ軍記』はいわば穴場のようなもので、勉強しやすかったことはたしかである。

一九八五年は『イーゴリ軍記』でうたわれる戦闘が起こってちょうど八〇〇年目にあたっていた。五年に一回ずつ会合を開く国際スラヴィスト学会という組織があって、その直近の会議が一九八三年にウクライナのキーエフで開催された。キーエフはこの作品の主人公であるイーゴリ公にゆかりの深い場所である。私がスラヴィスト学会に提出しておいたテーマがまさに『イーゴリ軍記』に関するものだったので、私はこの国際会議の場を借りて、中世日本の著名な叙事文学の中で描かれる平家一門の滅亡する壇ノ浦の合戦も一一八五年の出来事だったことをいささか宣伝する機会を得た。

実は、『イーゴリ軍記』は自国のロシアでも、日本の『平家物語』ほどにはよく知られた作品ではなくて、かろうじてボロディンの作曲したオペラの『イーゴリ公』によって記憶されている程度なのである。それもこのオペラにイーゴリ公の敵として登場する遊牧民の勇壮な「ダッタンの踊り」によって。それというのも、ロシア文学は日本文学に比べるとずっと若い文学で、万葉集や源氏物語などのような伝統をもたなかったからである。そのロシアの「若書き」の文学作品と『平家物語』を比較して見た小論は、一九八三年の国際スラヴィスト会議用の報告集ですでに印刷されていた。数年後にはモスクワで刊行された『イーゴリ軍記』研究論文集にも再録された。その日本語バージョンは関西の研究会の紀要に掲載されたこともあるが、今回やっと単行本に含めることができた。

本書の第Ⅳ編の中の「文化十年のロシア語の手紙」と「キモノを着たロシアの提督――リコルドの手紙の謎」は、ロシア人の友人ヴャチェスラフ・ザグレービン氏と共同執筆の形で発表したものである。扱っている資料がペテルブルグの国立公共図書館に所蔵されており、彼はこの図書館の手稿部に勤務する学芸員だった。時間をかけて日本とロシアで徹底した文献調査を行い、連名で本格的な学術論文を仕上げようという約束をしていたが、彼の早世によってそれができなくなった。本書に収めたのはその学術論文の企画書のようなものである。厳密に言えば、彼はこの本の共著者である。

卒論のテーマを選んだときの事情からもわかるように、私は確固たる信念にもとづいて学究生活を送ってきたとは思われない。オポチュニストと自称できるほど状況を利用する才覚も欠けていた。要するに、時代の流れに身をまかせ、社会の波にもまれながら教師稼業で身過ぎ世過ぎをしてきただけである。

数年前にこんなことがあった。クラス会のような会合の席で「君のロシア研究の覚悟は如何」というような質問を受けた。相手は私の専攻がロシア文化とは知らず、国際関係か何かと勘違いしていたおそれがある。とかく日本には、ロシアという言葉を耳にすると思わず身構えるような雰囲気がある。この国を警戒する気配である。その気配がこちらにも乗り移ったらしく、私はこんな風に答えてしまった。「どんな偏見ももたないようにやっているよ」。これでは、まるで売り言葉に買い言葉である。およそ学問なら偏見をもたずに対象と向き合うことは常識で、私の答えはナンセンスだった。あとで考えてみると、昔の級友が訊きたかったことは「いったい君はロシアの味方かい、敵かい」という単純なことだったかもしれない。

味方という言葉が恐ろしく有効な場合もある。まだソビエト体制が健在で、いわゆる東西の二つの世界がするどく対立していたころ、私はあるロシアの地方都市の美術館を訪ねたことがある。美術館は折悪しく修復中で休館していた。大都会なら次の機会ということもあり得たが、その片田舎では再度の来訪は期しがたかった。すると、私を案内していた友人は館の責任者に向かってこう言った。「この日本人はロシア文化の味方ですよ。見せてあげてください」。問題の美術館というのは、十六世紀初頭の壁画で名高い教会だった。

材木で足場を組んで、フレスコ画の復元作業がすすめられていたのだった。「味方」という言葉は魔法のような力を発揮して教会のドアが開かれ、私と友人は足場の上にまでのぼって明るい電灯のもと専門家の解説づきで中世の壁画を心ゆくまで鑑賞することができた。

その「出来事」は私にとって印象的なものであったが、国際関係の場合とちがって、ロシア文化の味方ということは、それ以外の文化、たとえばアメリカ文化の敵であるということを意味するわけではなかった。おそらく先方もその事情は百も承知で、しかし味方という言葉に動かされて格別な便宜をはかってくれたにちがいない。

つけ加えるならば、私はロシア文化の味方になるためにロシア語を学びはじめたのではない。ロシア語を学んでいるうちに深みにはまるようにロシア文化が好きになり、その結果としてはからずも「味方」と目される光栄に浴したのだった。味方であるからには、本書に収められた文章の行文に多少とも身贔屓が、つまりは偏見が混入している可能性があることをお断りしておかなければならない。

本書は五年前のエッセー集『ロシアの風』と同じ風行社から刊行される。著者としてこれほどうれしいことはない。直接編集を担当したのは、永松信行さんである。一五年ほど前に平凡社の編集部に在籍していて私の最初の単行本『聖なるロシアを求めて』をつくってくれた碁敵である。

二〇〇六年盛夏

多摩市関戸にて　中村喜和

初出一覧

Ⅰ　名所旧蹟（世界遺産）めぐり

『世界遺産　東ヨーロッパ』毎日新聞社、二〇〇二年

Ⅱ　キリスト教諸派

・旧教徒の終末論　『歴史学研究』一九九九年六月号、青木書店
・満州に住んだロシア人旧教徒　上越大学東アジア研究会編『歴史表象としての東アジア』清文堂、二〇〇二年
・カナダBC州のドゥホボール教徒探訪記　共立女子大学総合研究所『脱植民地化の諸相　カナダにおける新しい社会像の構築』二〇〇三年
・現代に生きる悩み　カナダ・ドゥホボールの場合　ロシア・フォークロア談話会『なろうど』四三号、二〇〇一年
・ロシアのキリスト教――森安達也氏の著書によせて（解説）森安達也著『近代国家とキリスト教』平凡社、二〇〇二年

Ⅲ　中世の文学と社会

・『イーゴリ軍記』と『平家物語』――色彩の構造から見た比較など　ロシア・ソヴェート文学研究会『むうざ』一一号、一九九二年

・ボリチェフの坂――キーエフ歴史紀行　ロシア・フォークロア談話会『なろうど』四九号、二〇〇四年
・亡命者コトシーヒン　ナウカ社『窓』一一七号、二〇〇一年
・オランダ人ヴィッツェンのモスクワ旅行記　ナウカ社『窓』一三一号、二〇〇五年

Ⅳ　ロシアの人びと　日本の人びと

・文化十年のロシア語の手紙　ナウカ社『窓』一二四号、二〇〇三年
・キモノを着たロシアの提督――リコルドの手紙の謎　ナウカ社『窓』一二五号、二〇〇三年
・フョードル長老の生涯　ナウカ社『窓』一二二号、二〇〇二年
・レオンチイ神父　ロシア・フォークロア談話会『なろうど』四八号、二〇〇四年
・ソルジェニーツィンの日本印象記　来日ロシア人研究会編『共同研究　ロシアと日本』五号、二〇〇四年
・ソルジェニーツィン日本滞在追記　ナウカ社『窓』一二三号、二〇〇二年
・橘耕斎の影　ナウカ社『窓』一三三号、二〇〇五年
・ロシア公使時代の榎本武揚の宅状　来日ロシア人研究会編『共同研究　ロシアと日本』六号、二〇〇五年
・ヴェーラ・ザスーリチ異聞　ナウカ社『窓』一二九号、二〇〇四年
・アムール川の榎本武揚　ナウカ社『窓』一一九号、二〇〇一年
・瀬沼夏葉のロシア語辞書　瀬沼寿雄編『瀬沼夏葉全集』下巻、京央書林、二〇〇五年
・瀬沼夏葉のシベリア鉄道の旅　小林清美等編『リャビンカ・カリンカ』一七号、二〇〇五年

V　日露交流

・目黒髪黒の唄　ロシア・フォークロア談話会『なろうど』四七号、二〇〇三年
・長崎のロシア村——稲佐盛衰記　来日ロシア人研究会『異郷』二〇号、二〇〇四年
・カチューシャの唄をめぐって　ロシア・フォークロア談話会『なろうど』四五号、二〇〇二年十ナウカ社『窓』一三二号、二〇〇五年
・ロシア人の精進潔斎　小林清美等編『リャビンカ・カリンカ』一一号、二〇〇三年
・ロシアの列車時刻表　ロシア・フォークロア談話会『なろうど』五〇号、二〇〇三年

人名索引

ア

カ

サ

タ

ナ

ハ

マ

ヤ

ラ

ワ

中村喜和（なかむら　よしかず）

1932年　長野県に生まれる。
1962年　一橋大学大学院社会学研究科博士課程修了。
日本貿易振興会（JETRO）勤務後、東京大学教養学部、一橋大学、共立女子大学で教え、現在、一橋大学名誉教授。
1999年　ロシア科学アカデミーのロモノーソフ記念金メダル受賞。
専攻：ロシア文化史、日露文化交流史。

著書　『聖なるロシアを求めて』（平凡社、1990、第17回大佛次郎賞受賞）（『増補 聖なるロシアを求めて』平凡社ライブラリー、2003）、『おろしや盆踊唄考』（現代企画室、1990）、『遠景のロシア』（彩流社、1996）、『聖なるロシアの流浪』（平凡社、1997）、『ロシアの風』（風行社、2001）、『武器を焼け』（山川出版社、2002）

編著書　『イワンのくらし いまむかし』（成文社、1994）、『国際討論 ロシア文化と日本』（彩流社、1995）、『遥かなり、わが故郷』（成文社、2005）

訳書　『ロシア中世物語集』（筑摩書房、1970）、アファナーシエフ『ロシア民話集』上・下（岩波文庫、1987）、D.S.リハチョフ他『中世ロシアの笑い』（中沢敦夫と共訳、平凡社、1989）、『ロシア英雄叙事詩 ブイリーナ』（平凡社、1992）（『ロシア英雄物語』平凡社ライブラリー、1994）、V.ベローフ『村の生き物たち』（成文社、1997）、『宣教者ニコライの日記抄』（中村健之介他と共訳、北海道大学図書刊行会、2000）など

ロシアの木霊

2006年8月25日　初版第1刷発行

著　　者　中村喜和
発 行 者　犬塚　満
発 行 所　株式会社　風行社
〒102-0073　東京都千代田区九段北1-8-2
電話／Fax. 03-3262-1663
振替 00190-1-537252

印刷・製本　（株）理想社

　ISBN4-938662-95-7